商界40年

逐鹿人

1999—2008

《商界》考拉看看 主编 | 商界杂志社采编团队 著

浙江人民出版社

图书在版编目（CIP）数据

商界40年. 逐鹿人 ：1999-2008 /《商界》，考拉看看主编 ；商界杂志社采编团队著. -- 杭州 ：浙江人民出版社，2019. 10

ISBN 978-7-213-09443-9

Ⅰ. ①商… Ⅱ. ①商… ②考… ③商… Ⅲ. ①民营企业—企业家—生平事迹—中国—现代 Ⅳ. ①K825.38

中国版本图书馆CIP数据核字（2019）第195250号

商界 40 年：逐鹿人（1999—2008）

《商界》 考拉看看 主编

商界杂志社采编团队 著

出版发行：浙江人民出版社（杭州市体育场路 347 号 邮编：310006）

市场部电话：（0571）85061682 85176516

责任编辑：朱康平 何英娇

营销编辑：陈雯怡

责任校对：杨 帆

责任印务：聂绪东

封面设计：观止堂_未氓

电脑制版：北京唐人佳悦文化传播有限公司

印 刷：北京阳光印易科技有限公司

开 本：710 毫米 × 1000 毫米 1/16 印 张：15.25

字 数：216 千字 插 页：1

版 次：2019 年 10 月第 1 版 印 次：2019 年 10 月第 1 次印刷

书 号：ISBN 978-7-213-09443-9

定 价：68.00 元

目 录

上篇 | 几处早莺争暖树

（1999—2003）

1999年，中华人民共和国迎来第50个年头，改革开放即将进入第三个10年。

1999年9月，中共十五届四中全会通过《中共中央关于国有企业改革和发展若干重大问题的决定》，明确提出“国家要实施西部大开发战略”。

2001年，经过“黑发人谈成白发人”的艰辛谈判，世界贸易组织第四届部长级会议审议并通过了中国加入世贸组织的决定。

2003年，温家宝总理指出：“这是一场输不起的改革”，“国有商业银行的股份制改革‘只能成功，不能失败’”。2004年，国有商业银行正面临着“山雨欲来风满楼”的困境，党中央、国务院决定选择中国银行、中国建设银行作为试点，运用国家外汇储备等补充资本金进行股份制改革。

1999—2008年，中国经济进一步融入世界，中国经济体制改革继续向纵深推进。中国的互联网、房地产、制造业在宏观经济潮流的推动下奔腾向前。

第一章

暗流涌动|中国互联网时代的先驱们

1987年9月20日，钱天白教授发出我国第一封电子邮件，“越过长城，通向世界”，揭开了中国人使用互联网的序幕。

1994年4月，中关村地区教育与科研示范网络工程进入互联网，实现和Internet的TCP/IP连接，从而开通了Internet全功能服务，从此，中国被国际上正式承认为有互联网的国家。

1999年，经过了5年沉淀之后的互联网给全世界带来了非同寻常的机遇。人类经历了农业社会、工业社会，逐步迈进信息社会。信息是继材料、能源之后的又一重要战略资源，对它的有效开发和充分利用，已经成为社会和经济发展的重要推动力与取得经济发展的重要生产要素。

它正在改变着人们的生产方式、工作方式、生活方式和学习方式。

马云：重新定义商业模式

2000 年 7 月 17 日，杭州人马云成为 50 年来第一个登上《福布斯》封面的中国企业家，理由是马云创建了全球最优秀的电子商务网站。该杂志如此描写马云："凸起的颧骨，扭曲的头发，淘气的露齿笑，一个 5 英尺高、100 磅重的顽童模样。"又说："这个长相怪异的人有着拿破仑一样的身材，更有拿破仑一样的伟大志向！"

据说这是个让人疯狂的人。每年他会在全球 10 所大学演讲：在美国麻省理工学院讲台上，他口若悬河、手舞足蹈的样子，令他所说的内容仿佛不可置信；在哈佛大学讲台上他与诺基亚总裁激烈辩论，最终赢得了台下 1 000 多名听众长时间的起立鼓掌。

这是一个善于创造奇迹的人，全球商人热烈地追捧他。他的阿里巴巴两次被哈佛大学选为 MBA 案例，掀起全美研究热潮；他被"世界经济论坛"选为"未来领袖"；从公司成立到 2003 年仅 4 年时间，全球十几种语言 400 多家媒体对阿里巴巴的追踪报道从未间断！

2003 年 7 月，英国首相布莱尔访华，点名要见"中国的马云"，因为"他正在改变全球商人做生意的方式"！

（一）一个中国教师的美国传奇

马云考了三次大学，最终只考了个杭州师范学院英语专科，却因该专业当年男生名额没招满，混入了本科。他狂热地喜欢英语，有四五年时间，他每天蹲守在杭州饭店门口，一遇到外国人就找他们练口语。

马云现在很多国际上的朋友，就是当年这样认识的。1985 年，20 岁的马云应一位澳大利亚朋友之邀出国游玩。正是这第一次出国机会，改变了马云的观念——“国外的情况与我们在国内了解到的不一样啊！”他认识到，一种语言就是一种生活方式，就是一种文化和历史。真正了解不同国家的唯一途径，就是学习对方的语言，“否则，只能猜测”。

从那以后，马云的思维方式开始变得新潮而大气、快速而实用。毕业后马云被分配到杭州电子工学院教英语，他在讲台上随心所欲地授课，被同行视为异类，却被学生喜欢得不行。

1992 年，下海做生意突然变成潮流，生性活跃的马云发挥特长成立了一个海博翻译社。他课余时间四处活动接业务，然后回学校找教授翻译。初涉商海，马云对经商似懂非懂，但有较强的应变能力，他饱含高雅而浓厚的人文气质，因而有一种美好的学院派情结。海博翻译社被稀里糊涂地折腾了两年，总算没有倒闭。

到 1995 年，海博翻译社虽然没赚多少钱，却因马云超强的活动能力而赚了不小的名气。就在这一年，因他的名气而发生的一个传奇故事，使他真切地领略到了什么才是英语世界里最真实的痛苦与欢乐。

1995 年，一位美国商人签约投资浙江段高速公路，直到合约到期，美元还迟迟没能到位。于是中方聘请“杭州英语最棒”的马云为翻译兼顾问，到美国“参加对方公司的董事会”以商讨解决办法。马云带着数百民工和浙江省交通厅的重托只身飞到美国，被投资商菲利普·卡度纳别有用心地安排住到了一幢别墅里，好酒好肉地款待着。事实上，马云被软禁了，而这个美国人是个地道的骗子。

谈起这段往事时，马云的表情和语气突然令人难以捉摸。他的灵魂在重重地叹息，在努力逃出那伤心透顶的日子。总之，他与这位美国人之间调查和反调查的故事，“堪比美国大片”。“最后我终于‘胜利地’逃出了美国，回到杭州时，身上只剩下1元人民币。”语气中充满哀怨的马云重重地强调了“胜利地”三个字。

但是马云因祸得福，美国人的欺骗使他发现了今天阿里巴巴的玄机！当时美国人把马云软禁起来，一会儿带他去游山玩水，一会儿请他加盟其子虚乌有的美国公司。后来，马云识破真相，几次逃离失败后，对美国人说自己要去西雅图见一位朋友。对方也玩累了，想将马云扔掉算了。于是开车把他送到机场，并对他说：“去售票处说你叫马云，他们会将我已经买好的票给你。”马云刚下车，美国人立刻绝尘而去。到售票处一问，哪有什么“马云的票”。马云再次上当，顿感心灰意冷。幸好，他身上还藏着美国人带他去拉斯维加斯游玩时，用25美分在老虎机上赌赢的600美元。于是，马云自己买机票到了西雅图，结束了那段噩梦般的日子。

在西雅图，马云受到了真正的朋友式的款待，并第一次接触到了互联网。那一刻，决定了马云的一生。

当时互联网在中国还是一片空白。有着孩子般好奇心的马云，坐在电脑前立即将烦恼抛到脑后。他学会了上网，并请朋友为自己远在杭州的海博翻译社做了个网页，他要在网上将它介绍出去，他想知道是否真的如朋友所说会获得“前所未有的惊喜”。上午10点，马云把网页发出去，中午12点，果真收到6封反馈邮件，4封来自美国，1封来自德国，1封来自日本。“哇，我很激动啊！这真的是天上掉馅饼啊！”马云激动得眉飞色舞。

“这就是我想要的，这里有大大的生意可做！”马云意识到这是一口很深的井，这里有一座富矿，他立即决定与西雅图的朋友合作，要把中国企业的资料放到互联网上向全世界发布。

一个全球首创的B2B电子商务（企业与企业间的网上交易）模式，就这样开始有了创意。1995年4月，马云带着一颗筋疲力尽而又极度狂热的心，“胜利地”回到了杭州。

（二）来吧，所有打击我都扛得住

马云的想法是把中国企业的资料集中起来，快递到美国，由设计者做好网页向全世界发布，利润则来自向企业收取的费用。马云相信“时不我待，舍我其谁”。

找了个学自动化的“拍档”，加上妻子，共3人，2万元启动资金，租了间房，就开始了。这就是马云的第一家互联网公司——海博网络，产品叫作“中国黄页”——一个好名字。

马云坦陈他成功的秘诀是：第一没钱，第二对互联网一窍不通，第三他想得像傻瓜一样。换言之，当时的他第一不怕输，第二无知者无畏，第三痴迷加狂热加理想化。三者结合，马云无牵无挂、义无反顾。

一位杭州的朋友曾在大排档里见过马云。据他形容，马云是个喝得微醺、跟一大帮人神侃瞎聊的小市民。在他身上只有手舞足蹈，看不到杭州人的安静和从容。说到这里，马云抬起眉头：“我有一副天生的好口才，为什么不可以在大街上宣传我的公司?!”

就这样，马云每天出门对人讲互联网的神奇，请他们同意付钱并把企业的资料放到网上去。人们不相信他，“互联网是什么东西呀?”马云只好“兔子先吃窝边草”，动用自己还算优秀的个人资信，去说服朋友们把公司资料免费放到网上。不出所料，杭州望湖宾馆、杭州电视机二厂，还有一个律师事务所，都收到了国外的电话和传真。马云高兴极了，“还真的有戏!”但接下来就很残酷了，极其残酷！因为没有人愿意付钱，因为这些企业根本看不到网页，更不知道载有自己企业资料的网页究竟存不存在，怎么可能仅凭几个越洋电话就付钱给马云?!

在那段时间里，马云过的是一种被人视为骗子的生活。

直到1995年7月，上海开通互联网专线。为了证明自己没有欺骗客户，马云决定在杭州上网给客户看。他找来一台486电脑，然后从杭州拨长途电话到上海连接互联网，再通过互联网把望湖宾馆的照片和资料从美国传过来。结果花了3个半小时，照片一点一点出来了，望湖宾馆的照片终于出来了！焦躁得如热锅上的蚂蚁一样的马云欣喜若狂，委屈的泪水稀里哗啦地流了下来。

为了记录这一历史时刻，马云请了电视台记者进行了全程录像。

从此，马云挺直了腰杆，也开始有了收入。他们在全国27个城市逐个开拓业务。在所有没有互联网的城市，他们都被视为骗子，但马云仍然像疯子一样不屈不挠，天天都提醒自己："互联网是影响人类未来生活30年的3 000米长跑，你必须跑得像兔子一样快，又要像乌龟一样耐跑。"然后出门跟人侃互联网，说服客户，说服记者。业务就这样艰难地开展了起来。

1996年，马云的营业额不可思议地做到了700万元！

也是1996年，随着互联网渐渐普及，全国各地.com公司群雄并起，竞争对手步步紧逼。马云将过去的"空中轰炸"策略改为"地面跟进"。同时，他意识到另一个生存法则：背靠大树好乘凉。

他决定同杭州电信合作，对方出资占70%的股份。但是这次他却失败了。对方急于做大赚钱，马云则认为，做.com公司犹如养孩子，你不可能让3岁小孩去挣钱吧！双方分歧日深，以致马云的任何提议都被无情否决，最终，马云不得不决心与之分道扬镳，放弃了自己的海博网络。

马云遭遇了人生中第二次重大挫折，但他从不因失败而落泪。创业以来，他承受的各种白眼和闭门羹难以计数。"这些事太多太多。每次打击，只要你扛过来了，就会变得更加坚强。我又想，通常期望越高，结果失望越大，所以我总是想明天肯定会倒霉，一定会有更倒霉的事情发生，那么明天真的有打击来了，我就不会害怕了。你除了重重地打击我，还能怎样？来吧，我都扛得住。抗打击能力强了，真正的信心也就有了。"

"所以我现在最欣赏两句话，一句是丘吉尔先生对遭受重创的英国公众讲的话'Never never never give up！'（永不放弃），另一句就是'满怀信心地上路，远胜过到达目的地'。"

马云从摔倒之处爬起来，舔干血迹重新上路了。1997年底，马云以"中国互联网时代的先驱”身份，带领自己的忠实盟友远走北京，加盟了中国外经贸部下属中国国际电子商务中心，出任该中心信息部总经理。一年内，马云和他的团队为政府建立了一系列网站，净利润做到了287万元。以致后来他敢在任何场合口出狂言：“我做阿里巴巴网站不是不能赚钱，而是不急于赚钱！”

还是他的“养孩子”理论，他说，等孩子长大了，他会赚大钱。

（三）立刻！现在！马上！像拿破仑一样疯狂

一年多的北京之行，马云学会了判断国家宏观经济发展方向。更重要的是，在中国互联网大潮风急浪高、人人争锋之时，马云却可以以“过来人”的角色思考：下一个将要到来的浪潮是什么？互联网最有潜力的方向究竟在哪里？

1998年底，马云的B2B思路渐渐成熟，就是用电子商务为中小企业服务。他认为，互联网上商业机构之间的业务量，比商业机构与消费者之间的业务量大得多；前5年的经历，使他对国际贸易市场、国内生产厂家和进出口公司有较深的了解；而商业机构中最需要电子商务支持的，是大量的中小企业。

马云选择为中小企业服务的理由时，他打了一个比方：“听说过捕龙虾富的，没听说过捕鲸富的。”

1999年初，马云下定决心创办B2B网站。他灵机一动，为网站起了一个众所周知代表财富的域名“阿里巴巴”。然后他对团队说：“我要回杭州创办一家自己的公司，从零开始。愿意同去的，只有500元工资；愿意留在北京的，我可以介绍你们去收入很高的雅虎和新浪。”他说给他们3天时间考虑，但不到5分钟，伙伴们一致决定：“我们回杭州去，一起去！”

从此，一段新的人生之旅一路铺开，最精彩的演出拉开了大幕！

1999年2月的一天，从北京回到杭州的18人创业军团，在马云家里召开第一次全体会议。马云照例对这一“重大事件”进行了全程录像，他坚信这将有极大的历史价值。记者在昏暗的录像中看到，18个人或坐或站，神情肃穆，马云则站在一张桌子后手舞足蹈地发表他那疯狂的演讲。

“从现在起，我们要做一件伟大的事情。我们将为互联网服务模式带来一次革命！”激动人心的演讲结束之后，他掏出身上的钱放在桌上，“启动资金必须是pocket money（闲钱），不许向家人朋友借钱，因为失败可能性极大。我们必须准备好接受最倒霉的事情。但是，即使是泰森把我打倒，只要我不死，我就会跳起来继续战斗！”

就这样，18个像马云一样的“疯子”仅靠着“小米加步枪”上路了。

马云不断对员工宣传鼓动，“发令枪响，你不可能有时间去看对手是怎么跑的，你只有一路狂奔”，又告诫员工“最大的失败是放弃，最大的敌人是自己，最大的对手是时间”。他们每天16～18小时野兽一般在马云家里疯狂工作，困了就席地而卧。邻居们常觉得奇怪，这群人早晨六七点离开马云家，下午三四点又来了。

他们日夜不停地设计网页，讨论创意和构思。马云的想法是，阿里巴巴应由网上论坛BBS按行业分类发展而来。其他人不同意，拍着桌子同马云吵。马云就拍自己的脑袋，还是觉得自己对。1999年3月，他在外地发电子邮件要求同事立即完成这一程序，他们还是不同意。

马云发怒了，他真想马上飞回去，猛拍他们的脑袋。他抓起长途电话，尖声大叫：“你们立刻、现在、马上去做！立刻！现在！马上！”

然后就有了今天的阿里巴巴。

经过几个月的筹备建设，www.alibaba.com在互联网上出现了，效果立竿见影。一个青岛商人，每年从韩国进口一种设备，他坚信设备的产地其实就在中国，但他绞尽脑汁也无法找到中国厂家。后来他偶然发现了阿里巴巴，然后在上面发了一条求购信息，不料几天之内就同该设备的中国厂家联系上了！令他惊奇的是，该厂家竟然就在青岛！另一个例子是，众所周知，徽章等小商品多半出自浙江，如果这种企业在东北，哪有人搭理。但就有这样一家东北企业聪明地利用了网络，他们每年从网上搜集义乌、温州企业的最新产品图样，接着从那里购回样品照着生产，然后再到阿里巴巴上发布信息寻找买家。一年下来，他们46个买家中竟有44个来自阿里巴巴网站!

一传十，十传百，阿里巴巴网站在商业圈中声名鹊起。但马云知道，阿里巴巴面临着一个巨大的战略转折——国内电子商务尚不成熟，只有利用发达国家已深入人心的电子商务观念，为外贸服务，才是真正利润丰厚的大鱼。于是，阿里巴巴开设了一个专区“中国供应商”，把中国大量的中小型出口加工企业的供货信息，以会员形式免费向全球发布。

此时，最为关键的是找到全球买家。

1999—2000年，马云不断实施这个战略行动。他像一只大鸟不停地在空中飞行，他参加了全球各地尤其是经济发达国家的所有商业论坛，疯狂地去发表演讲，用他那张天才的嘴宣传他全球首创的B2B思想，宣传阿里巴巴。他相信自己就是台永不停息的发动机，是一台促销机器!

他一个月内可以去3趟欧洲，一周内可以跑7个国家。每到一地，他总是不停地演讲，在BBC（英国广播公司）做现场直播演讲，在全球著名高等学府麻省理工学院、沃顿商学院、哈佛大学演讲，在“世界经济论坛”演讲，在亚洲商业协会演讲。他挥舞着那干柴一样的大手，对台下的听众尖声大喊:“B2B模式最终将改变全球几千万商人的生意方式，从而改变全球几十亿人的生活!”他在哈佛与诺基亚总裁同台辩论，赢得台下上千人起立鼓掌！怪异的长相、雄辩而煽动性极强的口才和超越全球的商业思想，竟然综合交融在这个枯瘦弱小的中国人身上，听众无不为之惊讶。

海外媒体开始对马云表现出极大热情。第一个来到杭州的是美国的《商业周刊》，当该刊记者在杭州一个居民区住宅里找到阿里巴巴，看到屋里黑压压坐了几十个人，地上还满是床单时，惊讶得目瞪口呆!

2000年7月17日，《福布斯》评价马云:“有着拿破仑一样的身材，更有拿破仑一样的伟大志向!”

很快，阿里巴巴在欧美名声日隆，来自国外的点击率和会员呈暴增之势。到2000年底，阿里巴巴会员以每日增长一两千的速度发展，每天可收到3 500条商品供求信息，其中，700余条商品信息按类别和国别分类。一个想买1 000支羽毛球拍的美国人可以在阿里巴巴上找到十几家中国供应商，了解他们不同的价格和合同条款；位于中国西藏和非洲加纳的用户，可以在阿里巴巴网站上走到一起，成交一笔只有在互联网时代才可想象的生意。

从此，阿里巴巴开始被业界公认为全球最优秀的B2B网站。国内外模仿阿里巴巴的网站大量出现，有的直接抄袭，甚至连最后一句“如有问题，请与阿里巴巴联系”也未改掉，一时间在业内成为笑柄。

（四）打造一支现代化的集团军

但无论传教士一般的马云如何有魅力，风险投资商们都知道，阿里巴巴并没赚钱，而且缺钱，因为.com公司是“烧钱”的主，庞大的运营费用终会将马云压得喘不过气来。幸运的是，他在全球的巡回演讲起到了一箭双雕的作用——一是吸引客户，二是吸引风险投资。

吸引客户手到擒来，风险投资的到来却另有一番故事。中国台湾人蔡崇信是全球著名的风险投资公司Invest AB的亚洲代表，他听说阿里巴巴之后立即飞赴杭州要求洽谈投资，一番推心置腹之后，蔡崇信竟然出人意料地说：“马云，那边我不干了，我要加入阿里巴巴！”马云吓了一跳：“不可能吧，我这儿只有500元人民币的月薪啊！”两个月后，蔡崇信说服家人，高高兴兴地成了阿里巴巴的CFO（首席财务官）。后来，蔡崇信的妻子告诉马云：“如果我不同意他加入阿里巴巴，他一辈子都不会原谅我。”

蔡崇信在欧美风险投资界有着广泛的影响力，这一事件引起华尔街一阵惊奇和震动。随后，以华尔街高盛为首的多家公司，毫不犹豫地向阿里巴巴投入了500万美元。

高盛资金到位的第二天，马云马不停蹄飞赴北京见一位“神秘人物”。见面才知，是成功投资了雅虎网站的“全球互联网投资皇帝”、日本软银公司的董事长孙正义！面谈仅6分钟，孙正义就说：“马云，我一定要投资阿里巴巴！而且用我自己的钱。”孙正义的态度像蔡崇信一样坚决。2000 年 1 月，双方正式签约，孙正义投入 2 000 万美元。

2 500 万美元到位，马云决心大干一场。

但人们往往是在有了钱之后，就开始错误不断。很快，马云感到了一阵阵隐忧。

2000 年，阿里巴巴在美国硅谷、英国伦敦、中国香港快速发展，马云突然觉得管理起来力不从心。当时，他手下的员工都是世界级的精英，他们都有自己的理论和方法。阿里巴巴美国硅谷研发中心的同事说技术是最重要的，马云觉得对，有道理；一家全球 500 强企业的副总裁坐镇香港总部，他们认为向资本市场发展是最重要的，马云也觉得对，有道理………全球精英们各执一词，莫衷一是。此时马云反而没了主意，该听谁的？不知道！未来向哪里发展？不知道！他彻夜不眠，忧心不已——阿里巴巴成立一年就成了跨国公司，员工来自 13 个国家，究竟该如何管理？

“50 个聪明人坐在一起，是世界上最痛苦的事情。”马云后来总结说。

2000 年 9 月 10 日，马云宣布阿里巴巴处于高度危机状态。更严峻的是，马云犯了一个策略性的错误。他将阿里巴巴的英文网站放到硅谷，孰料建站后才发现犯了大错误：硅谷全是技术人才，网上交易需要的贸易人才要从纽约、旧金山空降来硅谷上班，成本奇高。“怎么可能从全世界请人到硅谷工作？那是傻瓜才做的事！”时值纳斯达克风声鹤唳、草木皆兵，大批大批的 .com 公司倒闭，阿里巴巴的硅谷中心也处于风雨飘摇之中。如不果断采取措施，整个阿里巴巴将就地阵亡。2000 年底，马云决心壮士断腕，宣布全球大裁员。顷刻间，阿里巴巴血肉模糊。

马云把这次战略收缩叫作 BtoC，即 Back to China（回到中国）！

回到中国后，马云的当务之急是对企业素质进行全面提升。2001 年 1 月，在 GE（通用电器）工作了 16 年的关明生加入阿里巴巴，就任 COO（首席运营官）。在关明生的协助下，这一年马云带领阿里巴巴做了三件大事：“延安整风运动”“抗日军政大学”“南泥湾开荒”。

“延安整风运动”的目的，是统一思想，树立价值观和使命感。此时纳斯达克正在轰然坍塌，员工对未来十分悲观，思想极为混乱，“红旗究竟还能扛多久？”马云告诉员工，阿里巴巴的目标是什么？三大点：做80年持续发展的企业，成为世界十大网站和只要是商人都要用阿里巴巴。要想在阿里巴巴做事，每天的工作就得围绕这三大目标进行。“如果认为我们是疯子，请你离开；如果你专等上市，请你离开；如果你带着不利于公司的个人目的，请你离开；如果你心浮气躁，请你离开。”员工的心一下静了下来。

马云进一步确立公司的使命感——“让天下没有难做的生意”。一次开会，有人提出：“各位，我们的使命是让天下没有难做的生意！”马云一听双眼放光，对啊！马上就改。只要客户越用越舒服，客户就会越来越多。2001年，马云同克林顿夫妇的一次交谈再次让他豁然开朗。“美国和美国总统都是一流的，没有可以模仿的对象，那么是什么在引导美国前进的方向？”克林顿说，是“使命感”，马云顿时如醍醐灌顶，茅塞顿开。他联想到中国互联网公司都在模仿雅虎、AOL（美国在线）、亚马逊，阿里巴巴能去模仿谁？“我们只有跟着使命感走！”

从此，不乏激情的阿里巴巴有了越来越明确的方向感。

阿里巴巴“抗日军政大学”的目的，是在最先进的价值观和使命感的支持下，不断培养出能打硬仗的正规军。马云有一个“YES理论”。有人曾问马云，应先赚钱还是先培训？马云答，YES，既要赚钱也要培训。问要听话的员工还是能干的员工？YES，既要听话也要能干。问你们玩虚的还是玩实的？YES，我们既玩虚的也玩实的。问制度和人谁更重要？YES，都重要，我们同步进行！“我们这样要求员工，他们的素质就会不一样。”

马云还培训员工如何进行“南泥湾开荒”，即面对客户应有的观念、方法和技巧。记者看到，公司有两层楼，每天都在对员工和客户进行培训。他们告诉员工，传统企业看到客户口袋有5元钱，想的是如何把它赚到手，而阿里巴巴员工的责任，是帮助客户把5元钱变成50元钱，再从中拿出我们应得的5元钱。这才是真正的服务！

最后，马云和他的高管团队制定了一部能使阿里巴巴持续发展80年的“宪法”，作为公司遵循的最高准则：第一条是“唯一不变的是变化”；第二条是“永远不把赚钱作为第一目标”；第三条是“永远赚取公平合理的利润”。

当马云完成了这一系列工作之后，他惊讶地发现，自己的公司发生了质的改变——员工在成长，客户在成长，新会员再次猛增，公司实力在稳健而快速地增强。阿里巴巴终于山鸡变成凤凰，由“小米加步枪”变成了一支现代化的集团军！

2001年9月10日，马云生日那天，由阿里巴巴创办、金庸为盟主的第二届“西湖论剑”如期召开，马云与王志东、丁磊、张朝阳、王峻涛等宾朋欢聚。客人们发现，马云的笑脸，从来没像那天那样灿烂过。

（五）强者马云，舍我其谁

企业内部治理成功，阿里巴巴的事业开始蒸蒸日上。

马云与孙正义曾经探讨过一个问题：一流的点子加上三流的执行水平，与三流的点子加上一流的执行水平，哪一个更有效？结果两人得出一致答案：三流的点子加一流的执行水平。

显然，优秀的领导者更注重执行能力。马云就曾将阿里巴巴称为“一支执行队伍而非想法队伍”。他在不同场合反复强调，有时去执行一个错误的决定比优柔寡断没有决定好，因为在执行过程你可以发现和改正错误；一个决定有90%的人认为正确的时候，你就应将它扔到垃圾箱里去；如果一个决定让一半的人争吵不休，那么这个决定就颇有一试的味道了。

他的理由是，工业时代的发展是人工的，而网络经济时代一切都是信息化的，难以预测。因此，阿里巴巴不是计划出来的，而是“现在、立刻、马上”干出来的。

马云带领他的阿里巴巴团队，向着自己认为正确的方向疯狂奔跑，他们以卓越的执行力带动着每一个会员。除了供求信息、商业理论，会员们还将自己的喜怒哀乐在论坛上与阿里巴巴分享，有以商会友、情感世界、商海沉浮、旅游天地等。比如，最近广州有什么好景点啦；我现在在天津啊，想怎么怎么样啊……在网络的虚拟世界里，马云同他的员工、会员沉浸在自由开放的心灵交流之中，天天激动非凡！

更重要的是，阿里巴巴的盈利模式渐渐清晰。从投资商到马云再到阿里巴巴的员工，他们越发对这一盈利模式信心百倍——构建一个超大的平台，是为了容纳巨大的资讯量；巨大资讯量是为了吸引买家和卖家的眼球；频繁的海外推广吸引了大量的买家，而“中国供应商”就是阿里巴巴装钱的囊。

由于阿里巴巴每天的资讯量是联合国贸发组织的4倍，是全球最大竞争对手的5～8倍，对于真正想从事网上交易的企业而言，这样的选择对象，千载难逢。

有人善意地画了一幅漫画：干瘦的马云身着一副阿拉伯装束，孩子般咧开嘴天真憨厚地笑着，一只手使劲儿撑开大大的钱囊，另一只手则在大把大把地往里装钱——其实此画不假。2001年12月27日，“中国供应商”会员数达到100万，成为全球第一个达到此数目的B2B网站，并实现当月盈利。这意味着，阿里巴巴真正开始赚钱了！对马云、对阿里巴巴、对中国互联网企业、对全球电子商务而言，这都堪称是一个伟大的时刻！它正式向全世界宣告，马云创建的电子商务B2B模式是正确的、可行的。

为这一天，马云奋斗了整整6年！

此后，马云的日子真正好过起来，他又开始向全球出击，到各个国家去展示他的绝世口才。他再次对台下虔诚的崇拜者口出狂言：“现在，商人们打开电脑，看到的界面是WINDOWS，将来，他们看到的会是阿里巴巴！他们需要的一切服务，阿里巴巴都将提供。阿里巴巴将是贸易的同义词！”

奇怪的是，马云越疯狂，台下的人越喜欢。

2002年，马云推出了有别于“中国供应商”的专区“诚信通”。这是阿里巴巴一次质的飞跃，它解决了网上会员的诚信问题——这其实很简单，买卖双方在交易之前可以在“诚信通”里查到对方的诚信档案，里面会有证明该企业资信的详尽信息，可以是获奖情况，可以是法院判决，可以是会员相互间的评价，当然对别人的评价也将同时出现在自己的信用记录上。这样的记录不论好坏，将伴随会员一生，“做了坏事的会员，我会让你活着比死了还难受”！有如此“恐怖使者”监督把关，会员们哪敢越雷池半步！

而外国会员必须由全球著名的企业资信调查机构邓白氏、澳美资讯等审查合格之后，方可进入。

随后，马云提出口号“只有诚信的人才能富起来”，并开始对阿里巴巴会员全面收费。“中国供应商”会员年费一涨再涨，从 1.5 万元涨到 4 万元、6 万元，而“诚信通”新增会员在 2003 年更呈火爆之势，马云不得不拼命招聘员工。据说，“诚信通”一个接线员半年内仅通过电话，就做了 100 万元的业务！

阿里巴巴公司巨大的工作区内，坐着密密麻麻的人，全戴着耳麦正在与全国、全球各地的会员和咨询者紧张对话，嘈杂、快速、巨大的音浪充斥着整个空间。马云说：“这就是我的靠山！”

是的，在马云办公室他背后的那堵墙上，全是他与员工、亲朋的合影，“是他们成就了阿里巴巴”，而好友金庸关于人才的亲笔题词，则挂在他抬眼就能看到的墙上，“那是对我的警示”！

眨眼间，阿里巴巴进入了 2003 年。

2003 年，阿里巴巴进入全球商务的高端领域，与 GE、沃尔玛等多家世界巨头开始合作；阿里巴巴的现金收入实现了 1 天 100 万元；阿里巴巴会员的续签率达到 90%；阿里巴巴服务的商人达到 210 万人；阿里巴巴投资 1 亿元全新打造 C2C 网站“淘宝”；“非典”期间，阿里巴巴成为最大的赢家，业务量增长五六倍；英国首相布莱尔访华，点名要见马云，“见见这位改变了全球商人生意方式的中国人”。

这就是 2003 年的马云，足以让人疯狂。

李国庆：敢做敢当当

1999年，如今的互联网领袖们纷纷破土而出，拉开了中国互联网的时代大幕。这一年，马化腾的QQ登上了历史舞台，年底用户突破100万人；马云也从苦闷中苏醒，率队从北京返回杭州创立阿里巴巴；同时在大洋彼岸，李彦宏在硅谷成立百度公司。

这一年10月，拿着IDG（美国国际数据集团）、软银和卢森堡剑桥三个投资机构的680万美元，借鉴亚马逊在美国成功的模式，李国庆和俞渝推出了当当网。有意思的是，夫妻两人分别拥有一个别致的头衔——联合总裁。

（一）型男与淑女

在《商界》杂志的封面人物中，李国庆是第一个要求采访时配备时尚化妆师的企业家。

一番精心打扮后，47岁的李国庆身穿韩版修身小西装，系着黑色窄面小领带，加上一头酷劲十足的发型。用时下流行的话来说，绝对是型男一枚。

在微博上横冲直撞的李国庆，其实是一个非常善于与人打交道的人。见到《商界》记者，他一边递名片一边说，自己从2002年就开始看《商界》，是《商界》的老读者。然后，他很自然地与记者聊起近几天的新鲜事儿。

采访前的周末，李国庆携家人到北京远郊踏青爬山，晚上还和儿子一起收看江苏卫视的相亲节目《非诚勿扰》，爷儿俩一直是该节目的忠实粉丝，尽管老婆俞渝评价这节目低俗。

过几天，他将和摇滚歌手崔健在媒体上对话。他饶有兴致地告诉记者，在北大念书时，他一手操办崔健北大演唱会，但遭到学校领导的批评反对，后来他倔强地成立了北大崔健后援会，使演唱会最终取得了成功，学生们反响强烈。

记者邀请这位资深型男参加几天后的“商界时尚之夜”活动，李国庆欣然答应：“咱去吧！到时候即使我没时间，我也让我老婆来。”

果然，几天后的活动现场，俞渝如约而至。而李国庆则在微博上说，他委托老婆参加活动，自己在家陪儿子为宠物剪毛。有女粉丝立即跟帖说：“爱家爱小孩的男人，才是好男人。”

在老婆俞渝的眼里，李国庆到底是怎样一个人？

名流云集的活动现场，俞渝一身素雅的着装，言谈举止从容娴静，她在拍照用的小题板上写道：时尚是一种积极的生活态度。她告诉记者：国庆是一个真实、诚恳的人，他对市场的把握能力很强，同时他又是整个公司最勤奋的人，每周的工作时间比任何人都长。

2010 年 12 月当当网上市后，在微博上口无遮拦的当当网 CEO 李国庆，迅速成为时下最抢风头的企业家。这个多年来始终低调的男人，在当当网上市后如同打了鸡血——自曝前女友，大战“大摩女”，死磕京东，怒斥百度、阿里巴巴，俨然一副语不惊人死不休的做派。

记者问俞渝：对李国庆开微博一事怎么看？她的回答直截了当：没事找事！据说，李国庆在微博上“秀恩爱”后，被俞渝撵出家门，只得在朋友家的客厅里睡了两夜。

然而，在当当网的经营决策上，夫妇两人向来是双剑合璧，披荆斩棘。

就在采访的前一周，李国庆在微博上炮轰百度，宣布停止在百度上的广告投放，将这笔资金用于降价促销，直接让利给消费者。俞渝对记者说：国庆这一举动遭到了一些股东反对，而自己则力挺丈夫，因为百度悍然涨价后，为企业推广带来的边际效应越来越小。

一个是铁齿铜牙的型男，一个是优雅睿智的淑女——李国庆和俞渝携手走过了15年的婚姻，更走过了当当网11年的漫漫征程。

光阴如水，可以磨平男人性格中的棱角，但浇不灭男人心中的热血；可以带走女人生命中的青春，但抹不去女人人生中的睿智。或许，生命的意义是，在光阴中积淀一份细水长流的情感，在光阴中慢慢地接近深埋心底的那个人生的终极目标。

他们与当当网的故事，其实是一段光阴的故事，关于热血与奋斗，还有爱情。

（二）我要高调了！

当当网上市前夕，李国庆私下对俞渝以及股东们说："我要高调了！请你们能够接受。"怎么高调？还未等大家反应过来，就在当当网上市前8天，李国庆通知公关部为他开通了新浪微博。而俞渝对于微博这个新兴玩意儿并不热衷。

李国庆微博的个人介绍写着："我口无遮拦，多有得罪，请海涵。"尽管事先为公众打了这剂心理预防针，但是，当当网上市后的2011年1月15日，李国庆和"大摩女"在微博上火爆骂战，仍然牢牢地抓住了公众的围观眼球，极大地冲击了人们的常态心理。

"一个上市公司CEO，何以至此？当当网上下情何以堪？"

"如此猛烈的情绪爆发，是因为上市之前被压抑太久？"

面对暴风骤雨般的质疑与嘲讽，李国庆却疑惑了："很多人觉得我好像突然牛了，突然狂妄了，其实他们根本就不了解我。"

李国庆是一个地道的北京爷们儿，1983年他以北京市第一名的成绩考入北大社会学系。北京、北大、社会学，这三个元素交织在一起，塑造出了他骨子里那种指点江山、"虽千万人吾往矣"的鲜明个性。

一次，一位为人厚道、向来不显山露水的企业家好友私下对俞渝说："我哪儿能跟国庆比啊！他北大毕业，然后直接到国务院秘书处工作，我就一个一般大学生，毕业后只能在小学教书。"

李国庆自称：当年在北大，他的名字在比他高三届、低四届的学生中无人不晓，绝对的风云人物。当时，他确实是一个校园红人，身为北大学生会副主席，性格耿直的他常常为学生仗义执言。

当着老校长丁石孙的面，血气方刚的李国庆跟总务处处长叫板。总务处处长说宿舍电话坏了不必非要修好，因为学生们喜欢通过电话谈恋爱。李国庆一激动，便拍桌子道："你这个老昏庸，你的责任是让它畅通无阻，你管是不是谈恋爱?!"

令人捧腹的是，他还给谈恋爱的同学发避孕套，他把避孕套放在一个信封里，信封上印着"北京高等教育思想政治研究会"。20 世纪 80 年代，整个社会思想还很保守，年轻的李国庆却有着一腔敢于打破陈旧规则的热血。如今看来，李国庆的特立独行，不过是这股锋芒毕露的热血，并没有随着年龄的增长、阅历的增加而减弱丝毫。

这股热血在他心中激荡了 20 多年。只是，当当网创业之初，夫妻俩商量分工时决定由俞渝担任当当网的公众形象，接受媒体的采访。所以，长期以来，在公众的印象中，当当网是由睿智、理性的俞渝一手创办起来的，而李国庆只是一个配角。

有时候碰到老熟人，别人问："听说你老婆的当当网做得不错。"李国庆只好哑然失笑："怎么是我老婆一人做起来的呢?"这种隐匿在俞渝身后的状态，带来的还不仅仅是误会。在微博战中，李国庆被"大摩女"用"吃软饭"这种伤自尊的词汇激怒了。

这场轰动一时的微博战，仅仅是李国庆作为一个企业家、一个上市公司 CEO，失去理智、惹是生非的闹剧吗?

在公众心目中，以李国庆的身份，他应该是一种冷静而理智的庄重形象。而他对自己的约束，远没有外界所期望的那么多。他出道时，父母只对他嘱咐了两句话：一是别太辛苦，要不挣多少钱都不值；二是一定得守法，千万别违法。

激烈的微博战背后，仍是李国庆那一腔浇不灭的热血。他用异常极端的言辞打破了 IPO（首次公开募股）企业与外资投行间的默契。

事实上，外资投行几乎垄断了中国企业海外IPO的渠道，在这一过程中，它们与IPO企业有着一致的利益大方向——把企业股票卖出去。但是，它们不只是企业的代理人，它们同时也是投资者的代理人，它们正是利用买卖双方信息的不对称来促成交易，体现自己作为中介的价值。

且不说当当网是否被低估，中国企业的海外IPO长期遭受折价待遇，却是一个不争的事实。草根出身、野蛮生长的中国企业家们，面对陌生而复杂的海外资本游戏规则，往往显得手足无措，这样一来就只好被外资投行牵着鼻子走。IPO之后，双方为了维护公众形象，纵然有所不满，也会对外粉饰太平、举杯相庆。

然而，就在当当网宴请摩根士丹利（简称“大摩”）团队的前两天，特立独行的李国庆在微博上以一段“摇滚京骂”炮轰大摩压低当当网发行价。那种延续已久的表面默契顿时荡然无存，但是，这带给人们一连串弥足珍贵的思考——企业与资本的沟通技能、中国资本市场的壮大、本土投资银行的崛起……

最终让争端归于平静的人，还是俞渝。面对舆论，她各打五十大板，一边称摩根士丹利已经道歉，一边说李国庆言辞不当，给双方都留了台阶。两天后的上市庆功宴上，俞渝穿着一件红色连衣裙，举着红酒杯子，笑容可掬地向每一桌客人敬酒。

（三）在垃圾上开花

一个男人攀上事业的巅峰，要遭受怎样的辛酸与屈辱，又渴求怎样的关爱与依靠？

2010年12月8日下午，李国庆和俞渝走进了纽交所，映入夫妻俩眼帘的是，当当网的横幅和中国国旗。“这让我们有一种当了奥运冠军的感觉。”

当当网首日开盘即报24.5美元，较发行价上涨53%，至收盘报29.91美元，较发行价上涨86.94%。市值达23.3亿美元。李国庆持股39%，俞渝持股5.1%，夫妇两人账面财富达到了10亿美元。

按照事前安排，当天闭市，由俞渝按铃，李国庆敲钟。距离敲钟不到 1 分钟时，李国庆突发奇想，下意识地一边比画一边用中文对纽交所主席说："我敲两下行不行，寓意当当？"没想到纽交所主席竟然明白了李国庆的意思并欣然同意。于是，李国庆用"当当"两声，停止了当天大厅内的交易。

第二天的日程是考察美国电子商务行业 。李国庆却对俞渝说："我们俩别去了，你陪我在纽约逛逛。"两人去了俞渝曾经工作过的洛克菲勒中心，曾经居住过的街区，曾经带父母在美国玩时吃过饭的"五粮液""山王"中餐馆，一起怀念曾经在纽约的那段日子。

当时明月在，曾照彩云归。1995 年赴美国结识俞渝前，李国庆的人生与生意颇为惨淡。1992 年，大学毕业后被分配到国务院发展研究中心农村政策研究室的李国庆，因为组织机构重组，面临着两种选择：一是去国企任职，二是下海经商。

当时的他年轻有为、才华出众，深得领导们的赏识，如果去"国"字头的公司，他将被破格任命为部门经理。但心高气傲的他竟然还嫌部门经理职位太小。更重要的是，在此前的基层调研工作中，他深刻地感觉到了从计划经济到市场经济的时代洪流，他向记者回忆："当时觉得自己办企业，才是中国的未来。"

于是，28 岁的李国庆找了几个出版界的朋友，在小西天租了一个总参的地下室作为办公场地，办起了"科文经贸总公司"。李国庆回忆说："公司名字要把科技、文化、经济和贸易都包括进去，还得有个总字。"

这一年，是如今中国互联网的领袖们踏上征途的一年。与李国庆同龄的张朝阳，获得了麻省理工学院博士学位；还在当老师的马云，开始尝试创业，创办了一个名叫"海博"的翻译社；而李国庆的北大师弟李彦宏，则在当时的留学大潮中，赴美国攻读计算机硕士。

李国庆这个名字听上去很大气的总公司，其实还是以图书出版为主业。由于业务一直做不大，总经理李国庆很苦闷，最艰难的时候，他背着几百万元的债务，到处去搞读书会，打通新华书店的分销渠道。

昔日的领导周其仁和林毅夫，听说李国庆的遭遇后，都颇为叹息："国庆这么有才，放着大好前途不走，怎么跑到地下室创业去了？”他周围的很多同学朋友，不是当上国企的副总就是成了政府高官。大家一聚会，开着破旧微面的李国庆，在驾着高级轿车的朋友面前，显得灰头土脸，自惭形秽。连一起创业的初恋女友，最终也抛下他，说他是在垃圾上跳舞。

有趣的是，在当当网纽交所上市的晚宴上，初恋女友也正好在纽约。李国庆跟俞渝商量后，把她请了过来，还赠送了一点亲友股。

这一奇特的举动，立刻激发了公众的八卦心理，俞渝则坦然地说：“国庆的前女友是一个非常聪明也非常出色的女孩，她曾跟国庆一起创业，也应该分享一点当当网的成功。”

李国庆也坦荡得令人惊讶：“当时是有一种功成名就后向前女友炫耀的潜意识，曾经我就是受伤了！”

1996 年，李国庆心里憋着一股气：我就要在垃圾上开出灿烂的花朵！带着“担任跨国公司中国首席代表，坐着高级车在国贸顶层办公”的梦想，李国庆远赴美国寻找机会。可到了美国，“首席代表”的梦想没有丝毫进展，自己羞于启齿的“小生意”却频频被朋友们提及。

命运的转折出现在一个朋友安排的饭局上，李国庆结识了俞渝。当时的俞渝拥有纽约大学 MBA 学位，开办了一家财务顾问公司，已经在华尔街闯出了一片天地。

回忆第一次见面的感觉，俞渝说：“不知道为什么，我想起了电影《庐山恋》里的郭凯敏。他是那种聪明、有主见的小伙子。我给他讲如何融资，他认真地用笔记下来，我一看就乐了。”那张笔记纸，李国庆保存至今：“当时俞渝谈吐中显露出的才学与见识震撼了我，只觉得她真是一个才女。”

几次约会后，两人互生好感。为了关系进一步明朗，李国庆向一位朋友打听：“我正跟俞渝谈恋爱，你说她会跟我回北京吗？”结果这位朋友惊讶地回答：“哥们儿，你想什么呢，你知道在美国都是什么人追俞渝吗？都开着私人飞机追求她。”

李国庆顿时有些灰心。然而，俞渝后来的答案却让他喜出望外、感动至今。

俞渝对他说："国庆，你错了。我的钱是比你多，但是，你是我命里要辅佐的那个人，如果你是孙中山，我就是宋庆龄。"

相识 5 个月后，俞渝与李国庆结婚，并放弃了华尔街的事业，与丈夫一同回到北京打理出版公司。很多朋友笑称：俞渝被一个北京的个体户给骗了。

（四）拒绝资本意志

有投资人经常对俞渝说："你老公脾气是不好，对我们不尊重，但是真懂生意。"俞渝将此话转述回来，李国庆却满不在乎："如果让投资人赚了钱，还要陪他们打高尔夫让他们高兴，我哪有这个工夫！"

一直抱有实业报国情怀的李国庆，对于资本的贪婪性始终有种敌意。然而，国内电子商务行业尚处于一个烧钱圈地的竞争格局中，对于资本的依赖度极高。所幸的是，俞渝拥有在华尔街多年的经验和人脉，资本运作正是她的强项。

1996 年，俞渝跟李国庆回到北京后，发现丈夫的图书出版生意不温不火、很难做大。"登报卖书还不够挣广告费，一本邮寄目录也只能推荐 100 本书，开书店的房租又很贵。各种卖书的方式都试遍了，怎么都不赚钱。"

这让俞渝很快联想到一年前，一个名为"亚马逊"的网上书店以令人吃惊的速度风靡美国。她自己也体验过这种便捷的网络购书方式。于是，她让李国庆打开亚马逊的网页："我们在国外买书都这么买。"

商业嗅觉敏锐的李国庆，很快发现网上书店的巨大优越性——在传统出版渠道，出版商与读者之间要经过许多环节，而互联网则建立起了两者之间的直接联系。"这是一场图书发行渠道的革命！"

1999 年，如今的互联网领袖们纷纷揭竿而起，拉开了中国互联网的时代大幕。这一年，马化腾的 QQ 登上了历史舞台，年底用户突破 100 万人；马云也从苦闷中苏醒，率队从北京返回杭州创立阿里巴巴；同时在大洋彼岸，李彦宏在硅谷成立百度。

这一年 10 月，拿着 IDG、软银和卢森堡剑桥三个投资机构的 680 万美元，借鉴亚马逊在美国成功的模式，李国庆和俞渝推出了当当网。有意思的是，夫妻两人分别拥有一个别致的头衔——联合总裁。

最初，投资人不太相信李国庆，觉得俞渝在华尔街工作过，更靠谱一些，希望由俞渝出任总裁。但俞渝觉得作为妻子，处在一个居高临下的位置上，自己都会不舒服。于是平衡多方意见后，最终创出了联合总裁这个平起平坐的头衔。而在具体分工上，在图书出版业经验老到的李国庆负责当当网的内部运营，俞渝则负责资本运作和行政人事。

在国内电子商务的发轫阶段，资本的意志如同兴奋剂一般，催促着电子商务公司疯狂生长。就在当当网上线前后一两年，国内网上书店如雨后春笋般冒了出来，最多时达到300多家，主要竞争对手卓越网、八佰伴和8848的融资额度都比当当网多很多。江湖一时百舸争流、鱼龙混杂。

2000年一个周末的早上，一个当当网的投资人风风火火地赶到李国庆和俞渝在亚运村的公寓，急急忙忙地把他们叫到旁边的永和豆浆店里，见面就问：“你们这680万美元怎么才花这么点?”

李国庆纳闷了：“现有的资金投入，已经完全能够满足当当的增长，为什么还要烧钱?”投资人更着急了：“你俩一看就是做传统行业出身，有的网络公司已经赞助球队了，有的同行已经包了三个机场的广告牌，现在要打知名度，你们把钱留着，将错失良机。”

李国庆冷静地反问：“钱烧完了怎么办?”

投资人激动地回答：“现在我们值2 000万美元，一年内烧完680万美元，我们就值2亿美元，就能再融两三千万美元!”

听了投资人的这番话，李国庆心里很没底：短短一年，公司价值怎么可能增长10倍?!回到家里，俞渝用坚定的语气对李国庆说：“别听他们的!华尔街半年变一风向，这680万美元咱们就得留着过冬。再说这个行业，没有人比你更懂行!”

一句“没有人比你更懂行”激发了李国庆的自信心，夫妇俩最终拒绝了投资人烧钱扩张的建议。

果然，2000 年下半年，互联网泡沫破灭，寒冬突如其来，很多互联网公司纷纷倒闭。与当当网同期的国内 300 多家电子商务网站，几乎一夜之间全部消失，其中包括盛极一时的 8848。

这时，很多当当网的高管都另谋高就，每走一个副总，俞渝几乎都要流一次泪。很多朋友劝夫妻俩撤了算了，留下资本开个实体书店。但李国庆深谙图书行业产业链，他清楚，新华书店房租成本就占销售额的 15%，而当当网的库房租金还占不到销售额的 1%。他仍然执着地认为，这是一场革命。

于是他鼓励俞渝说："你看我们的用户数量和销售额每天都在增长，有了这样的增长，我们还能融来钱，有了钱还能雇来一流的团队。"夫妻俩最终没有放弃。

由于俞渝坚持节省资金策略，因此即使在最惨淡的时候，当当网的账户上还有 400 万美元过冬。2001 年，当当网销售额逐月递增 20% ～ 40%，每天有五六十万元的现金流。

漂亮的业绩报表让性格强势的李国庆在董事会上底气十足。最初，他对董事们说："请你们怀着尊重的心情看我。"后来，在经营方面有分歧时，董事们都会接受他的意见。

如今，几乎每次董事会上，李国庆的业绩报告都会赢得董事们的一片掌声。记者问他："你有没有听取过资本的经营建议？"李国庆半开玩笑地回答："一开董事会，我就走神，眼睛一闭什么都没记住。"

（五）海阔天空的一步

商业的有趣，在于你很难知道那海阔天空的一步，是进还是退。这需要智慧与策略。

2003 年，当当网实现盈亏平衡，年销售额达到 8 000 万元。然而，这一年的 10 月 28 日，李国庆的一封辞职邮件在业界流传开来，信中写道："由于董事会两位股东在创业股权上对我的误导和诬赖，我只好选择辞职。欢迎大家加入我将创办的新的电子商务公司!”

同时收到这封邮件的吴鹰、周鸿祎等IT大佬，都是一头雾水：当当网这是怎么了?

原来，在互联网寒冬中，李国庆和俞渝目睹了不少IT创业者被资本逼“下课”的无奈：王志东出走新浪，王骏涛被迫离开8848……这让他们明白了一个道理：如果不牢牢掌握控股权，自己随时都有可能被董事会开掉。

2003年6月，夫妇俩向董事会提出奖励创业股份，希望将创业四年来公司的增值部分，分一半给管理团队作为奖励。投资人听到这个要求后非常生气，坚决不肯在利益上让步。李国庆抱怨说：“资本结构是一个非常敏感的话题，我和股东们每谈到这里就陷入僵局。因为没说清楚，到底是资本创造财富，还是创业者创造财富。”

僵局迟迟不能打破。俞渝这时也劝李国庆：“你别管他们怎么闹腾，只要我们能够做出不断增长并且保持持平或盈利的报表，就会有资金来。我们还是再去美国跑一趟吧。”果然，两个月后，当当网的客服邮箱收到了美国老虎基金的邮件：我们正在中国寻找项目，希望能和当当网的总裁谈一谈。

李国庆和俞渝答应了老虎基金的会面请求。曾在华尔街闯荡多年的俞渝，有着丰富的谈判经验，她提出了极有针对性的策略——借老虎基金来制衡老股东。

得知了当当网的内部分歧后，老虎基金立即向李国庆和俞渝表示，如果两人能带领当当团队去创办一家类似于当当网的公司，他们愿意投资1 100万美元，并可以继续追加。

得到了老虎基金的暗中支持，李国庆以一封辞职邮件向股东们摊牌了，他甚至还给新公司定名为“丁丁网”。看到李国庆不惜辞职地为大家争取期权激励，当当网的管理团队中有一半的人都给他发来短信，表示愿意追随。

李国庆和俞渝怎会舍得放弃亲手创办起来的当当网，而去树立一个当当网的敌人?但他们的这张辞职牌，真正触动了股东们的神经：离开了以李国庆、俞渝为首的管理团队，当当网是否还能一如既往地运营？

此时的当当网熬过寒冬，经过跑马圈地后，仅剩 100 万美元现金，如果李国庆、俞渝夫妇带领管理团队另立门户，股东们不仅失去了一个稳定的团队，而且还面临丁丁网这个新的劲敌。无奈之下，股东们只得屈服，接受了老虎基金的投资。

老虎基金对当当网估值约 6 000 万美元，投入 1 100 万美元，出让了部分股权给管理团队后占股 17.5%，老股东们由原来的 59% 减持为 23%，而以李国庆、俞渝夫妇为首的管理团队的持股由原来的 41% 增加到 59.5%，由相对控股变为绝对控股。

直到当当网上市时，当当网的高管和一些中层，总共持有 10% 的股份。李国庆说，这些年来，他很佩服俞渝有本事在每一轮融资时，都能保持他们的股份不被过分地稀释，让他一直掌握着控股权。

曾经有人问李国庆，他理想中的当当网是怎样的？李国庆回答："一个年销售千亿元的网上零售帝国。"可一个关键瓶颈是，国内图书市场的总量才 700 亿元。

2005 年，夫妇两人花了 8 个月时间，秘密约见了 80 多个来自沃尔玛、大润发和屈臣氏等零售企业的高管，挖了其中不少人来投奔当当网。这些年来，借着这些人才，当当网除了巩固网售图书的霸主地位，还向数码产品、母婴用品、家居、服饰等领域多线出击，直指市场容量几千亿元的百货市场。

2010 财年，当当网净营收为 22.8 亿元，同比增长超过 56%，净利润则达到 3 080 万元，同比增长 82%。上市后的当当网正一步步地迈向夫妇俩心中的那个目标——网上沃尔玛。

有一次，李国庆和俞渝带儿子去新浪总裁汪延家玩。回来后，儿子对李国庆和俞渝说："你们不如汪延叔叔成功，你看你们才管 600 人，汪延叔叔的新浪网有 2 000 人。"

儿子衡量成功的标准很幼稚。可是，在李国庆和俞渝的心底，人生真正的成功究竟是什么呢？

如同十年寒窗，一朝登榜，很多企业在纽交所、纳斯达克上市成功的那一刻，创始人都会情不自禁地流下激动的眼泪。而李国庆和俞渝却没有哭，因为他们清楚，财富的增长并不是因为上市而一夜暴富，而是当当团队一点一滴的付出，换来每天每月销售的增长与利润的增加。

值得流下热泪的，不是登上巅峰的结果，而是翻山越岭的过程。

2004年，亚马逊开出1.5亿美元收购当当网70%～90%的股权，甚至还提出10亿美元都可以谈。汪延劝李国庆夫妇俩："你们怎么那么傻啊，1.5亿美元啊，赶紧卖吧！"

俞渝曾经一度有些动摇，觉得当当网未来空间不大。而李国庆却坚定地告诉妻子："全国主要城市新华书店的销售业绩，我都了如指掌。按照我们年销售100%的增长速度，3年后将达到10亿元人民币，那么市值也将是3亿美元。"

说服了俞渝后，他又向股东们解释："国际巨头绝对没有本土化的团队更有效率，更熟悉市场。在中国怎么用网络卖书，他们真的懂吗？"

一个细节是，在至关重要的配送收款环节，中国没有UPS、联邦快递这样覆盖全国的物流网络，而且消费者更习惯现金支付，网上支付尚不普及。李国庆用"土办法"——跟40多个当地的自行车快递公司合作，将收款环节交给骑自行车的快递员。

让人称奇的是，随后这些快递员自行发明出了一套"自行车—地铁"结合的快速物流系统——负责地铁运送的人，前一站接货，下一站送货，一整天都不用出站便可以与自行车快递员交接货物。这套系统帮助当当在北京实现了急件4小时到货的效率，不仅实用，还省去了信用卡交易的手续费。

关键时候，股东们跟夫妇俩站在了一起，坚定地说："我们就把宝押在你们身上！"最终，当当网拒绝亚马逊天价收购的消息，震惊了国内互联网界。

碰壁的亚马逊转而花7 500万美元收购了当当网的劲敌卓越网。可后来的事实是，亚马逊用国际管理团队换掉了之前的本土团队，因为水土不服和战略失误，逐渐被当当网甩在了身后。

当当网上市后，李国庆本来打算买一辆SUV，但被俞渝否决了，理由是“生活要低碳”。现在这一家三口仍然共用一辆车，通常情况下，李国庆都是挤地铁上下班。

不久前，儿子问俞渝：“妈，我们到底有没有钱啊？”俞渝向儿子解释：“当当跟你没有任何的关系，你还得靠你自己。”谁料，儿子回答：“嗯，但这不妨碍我以后收购当当吧？”

2008年，这家子终于结束了租客生活，在北京买了房子。“确实买得很凑巧，赶在大涨价之前买的。”李国庆笑着对记者说。话语中的喜悦，给人感觉不是一个身家10亿美元的富豪，而是一个“抄底成功”的小白领。

这还是那个不惜刀光剑影也要左冲右突的言论狂人吗？

在一些企业家的论坛上，参会的企业家们只要听说李国庆也在，心里多少有些犯怵。曾经在云南红河，李国庆当场质问王石和张瑞敏，两个大佬竟一时无言以对，场面陷入短暂的尴尬。

这个狂人所及之处，不乏死磕硬碰，人们瞠目结舌之余，更多的是疑问：他的内心，到底在想些什么？

李国庆对记者说，他心底一直有一个影响社会的梦想，做企业只是方式之一。他觉得如果他早点开博客，影响力绝对可以超过韩寒。他告诉记者，如果哪天环境允许，他要办一家独立媒体。

在微博上，李国庆直斥“淘宝卖假货”“百度乱涨价”。他豪气干云地声称“如果只卖真货，当当必定盖过淘宝”，还仗义地宣布“反对百度侵权，愿意出钱支持作家、音乐家状告百度”，俨然一副互联网国际警察的姿态。

有人质疑他，影响别人也可以通过正面的方式，比如，李开复就成了年轻人的人生导师。何必四面树敌、惹是生非？

可是，若批评不自由，则赞美无意义。这个时代，需要李开复，更需要李国庆。只是后者需有一颗强大的内心，来承受批评带来的孤独与误解。

李国庆说，这种状态很好，除非俞渝让他非改不可。因为，他需要她的爱。

◎链接

李国庆：我与大摩那些事

在我看来，摩根士丹利就是拦路抢劫。

在当当网上市的过程中，我和俞渝一直坚持两条底线：一是估值必须超过10亿美元；二是涨跌幅不能超过30%。最初，大摩曾表态，当当网的IPO估值会在10亿至60亿美元之间。

2010年11月，写招股说明书时，大摩对我们说，因为香港的印刷水平高，所以招股说明书必须在香港写。当时我就奇怪：这不瞎扯嘛，一个招股书内地印不了？后来，我才发觉，这有点像调虎离山，让俞渝和CFO（首席财务官）处在香港这个相对陌生的环境中，失去北京当当整个团队的支撑。

如果按照10亿美元的估值，那么价格就应该写15～16美元。可是，我接到俞渝从香港打来的电话，说大摩以"朝韩军事冲突升级，影响金融市场"为理由，要将价格定为7～9美元。

我一听就火了：投行要压低价格，任何事情都可以成为其理由！我对俞渝说："立刻回来，换投行重新开始。"

后来，俞渝又把我们的态度跟大摩多次沟通，最终，11月23日大摩按照11～13美元的招股价区间，向美国证交会提交了招股说明书。但这对应的当当网估值是7.56亿～8.93亿美元，依然没有达到10亿美元。

就此中止上市吗？如果这样一来，不菲的投行佣金、审计费和律师费等上市费用打水漂不说，以后的IPO机会更是难以预料。我想，很多海外上市的中国企业都遭遇过这样的尴尬。

谁知，接下来的路演根本未受朝韩炮击的影响，合计有600家基金认购了当当网的股票，认购总订单是5.2亿股，是当当网股票发行量的30倍。

基于这个情况，12月6日我们向证监会提交文件，将价格调高到13～15美元，根据惯例，定价上浮20%是被允许的。也就是说，我们发行价可以定在15.6～18美元。

12月7日下午，我和俞渝先后赶到纽约，已是人困马乏，我又感冒发烧浑身不适。晚上7点就开定价会，我们都没有时间开一个碰头会商量。定价会上，大摩只说，如果超过了16美元，好的基金就不想买了，也不分析17美元、18美元具体有多少人买。

在第二天就开盘的这个节骨眼上，我们根本没有精力去跟大摩仔细计较价格，只得半推半就地跟着大摩往前走。最终的发行价定在了16美元。

第二天开盘几个小时后，有美国记者在现场问俞渝："股票已经涨了80%，这个定价是不是低了，你对此失望吗？"当时俞渝的回答是："我一生只会做一次IPO，至于价格定得怎么样，没有参照系数，我把自己交到了投行的手里。"

令人匪夷所思的是，后来我在微博上骂了大摩后，他们给我写了封道歉信，对股价被低估向我道歉。可给俞渝写的信里，却吹捧这次合作是多么的成功。

其实，问题的本质还在于，投行销售天天面对基金，他们更多为长期伙伴基金着想，所以投行和基金是情人，和IPO公司只是一夜情。

莫天全：中国第一房地产

1981年，全国高考制度恢复的第五个年头，17岁的莫天全和全国其他258万考生一道走入了高考考场。在这道千军万马争夺的独木桥上，是1：10的录取比例。正是从当年的高考大战中，莫天全第一次感受到竞争的惨烈，也第一次体会到拼搏的价值。数天之后，这场人生竞赛的结果出来了：莫天全以灌阳县1981年高考状元的身份成为华南工学院（华南理工大学前身）机械制造专业的学生。

1999年，莫天全敏锐地意识到，随着中国市场经济的不断深入发展和福利分房制度的结束，日益商业化的中国房地产业正在迎来一个井喷时代，而市场对于房地产信息的渴求将是一个巨大的商机。于是，莫天全在北京的一个居民小区租下一套三居室，花钱购来服务器、电脑等设备，并聘来管理人员，开始了打造网上房地产帝国的创业生涯。网站的域名最初为Chinaproperties，中文名开始时叫作“中国物业网”。反复思考之后，莫天全终于决定将其改为Soufun。

由此，搜房网诞生了。

（一）莫天全仿佛是一个十分有趣的人

关于莫天全，有许多轶闻趣事。

比如，大概在1992年，在美国印第安纳大学读博士的清华硕士莫天全与另一位留美的中国学生卢明决定合伙做一项生意，他们把中国出产的一种绿毛龟（身上长着长长的水藻，较为罕见）贩运到美国。几大箱乌龟在美国海关开箱检查时，两人被美国海关人员“警告”了一通，认为他们侵犯了“动物权”。原来为了节省空间，他们将水藻缠在乌龟身上，然后竖起来一层一层地挨个立在箱子里，密密麻麻不能动弹。美国海关人员认为这“侵犯了乌龟的权利”，至少应该像正常情况那样让乌龟趴着，“这样乌龟才舒服”。

莫天全哭笑不得，灰头土脸地将乌龟转卖给宠物商，结束了他的第一次跨国贸易。之前不久，莫天全、一位挺有钱的约旦同学和一位印第安纳大学法学院教授，3人合伙，在桂林开办过一家葡萄酒厂，3个月就倒闭了，“原因是办起来之后没人管……”

又比如莫天全在华南工学院读本科时，各科考试成绩总是班上第一。他觉得读书对自己毫无挑战性，写了一份申请书交给系主任要求跳级，“不想读了”。校长爱才，于是他成了华南工学院历史上第一个成功跳级的学生，从大二直接跳到了大四。另外，莫天全大学期间开始习武，练散打和太极，现在还坚持练。

“学武术，你能对付几个人?”记者问。

“对付一个没问题。”莫天全回答。

“两个人，能对付吗?”记者追问道。

莫天全笑了：“那也应该没问题……”

这些小故事使采访过程很轻松，他仿佛是一个十分有趣的人，但他的员工却认为他十分无趣，“不苟言笑，严肃得很”。不管有趣无趣，都不妨碍他将自己的全球最大房地产门户网站搜房网做得让人眼红。他是董事长。

搜房网日均浏览量全球第一，用户黏性全球第一，广告主数量全国第一，业主社区和论坛人数全国第一。就像他读书时一样，得第一很容易。搜房网自2004年开始连续4年保持100%以上的增长速度，2007年收入超5亿元，利润2亿元以上。滚雪球式的几何级数发展和超高的利润率，使搜房网成为风投热捧的对象，甚至2006年中国互联网业界的“头等大事”——世界500强澳大利亚电信给他20亿元人民币风险投资，来得似乎都很轻松。

“2006年IT风云榜十大人物”“2006年中国十佳创业企业家”“2007年海归

创业十大新锐奖”“2007—2008 年度数字英雄”等殊荣，直接落到他头上。搜房网的商业模式、何时何地上市，已成为业内人士津津乐道的话题。他又在硅谷提出了自己商业模式的核心概念和计划。

1999 年 6 月，莫天全将中国物业网改为“搜房网”（www.Soufun.com），这样更市场化。同时注册搜房控股，搜房网由此诞生了。

关于“搜房”名字的来历，有一个小小的花絮。

“花 3 个月时间想名字，最后女儿帮忙了。”当时女儿 4 岁，正在上幼儿园。一天莫天全接女儿回家走到一个红绿灯路口时，一闪念想到了“搜房”二字。回家后，他把十几个名字写在纸上，念给女儿听，等女儿玩了一会儿后，再问她能记住哪个词，女儿脱口而出：“搜房！”莫天全由此相信这是个最容易被大众记住的名字，就定了下来。

Soufun 显然是一个中西合璧的产物，sou 是中文拼音，fun 是英文，意指快乐。双关之意：一是大众可以在搜房网上搜索到自己需要的房子，二是可以由此找到生活的快乐。显然这也是他自身经验与房地产、互联网两个产业交缠在一起的映照。

事业平台已构建起来了，身处互联网这个被称为“烧钱”的行业，现在莫天全最需要的是人和钱。

于是，莫天全将他的想法写在一页信笺纸上（据说写得也不全），和另一位创始人、曾在高盛任职的李山，一起找到 IDG 的合伙人林栋梁和总裁周全。林栋梁、周全对莫天全的市场判断和运作能力早就认同，双方仅仅坐在一起“简单地吃了一顿饭”，周全就答应投资。1 个月内，莫天全就拿到了搜房创立初期的 100 万美元天使投资。周全则代表 IDG 出任搜房网董事。

“一张信笺纸换来 100 万美元创始资金”的故事早已成为媒体反复叙说的神话。

在互联网最疯狂的时期，区区 100 万美元搜房网很快就能花掉，搜房网必须融到更多的资金。1999 年下半年，当时的 CTO（首席技术官）、现任搜房网家居集团总经理的张步镇在网上画了张中国地图，列出北京、上海、深圳、重庆等一系列大城市，以表明搜房网在这些城市将要布点。

莫天全和李山拿着这张地图，又去香港找上市公司融资，因为上市公司通常都急需好的项目做大业绩。他们有时一天要走访七八个公司，向对方介绍："搜房网将成为国内最大的房地产门户网站，将即时发布全国各大城市权威的房产信息、价格数据，提供咨询服务，它将成为最大的房地产广告平台，成为消费者的社区和交流平台……"

不少投资人为之兴奋，其中香港新世界集团创始人、"珠宝大王"郑裕彤的儿子郑嘉纯表示："我们可以给你 2 000 万美元。"签约前一天，莫天全兴冲冲地飞到香港，郑嘉纯的律师却忽然通知他："不行，我们不能投资。"

莫天全当时就蒙了，陡然间不知如何应对。

莫天全后来回忆："当时，新世界集团派人登录搜房网，雇用律师和专业人士搞了几个月的调查，大家都很辛苦。可能他们发现，搜房网其实什么都没有，只是一个梦想。"2 000 万美元的风险投资不是一笔小数目，他们不敢把这钱投到一个梦想里。

（二）"你可以调查我莫天全，但是不能调查公司。"

冷静下来后，莫天全立刻打电话给投资者 IDG 的合伙人周全。周全说："我们为什么一定要香港上市公司的钱？我们为什么不去找高盛、美林，去找这些世界一流机构的资金，我相信我们有这个能力。"

随后莫天全飞到了美国，一周后从美国归来时，他有了新的计划。

他决定先收购国内各地最好的房地产网站。他认为，一旦搜房网成为覆盖全国的最大的房地产网站，"再掉回头找投资商，自己就有了砝码和底气"。可当时的情况是，莫天全和他的搜房网缺的正是钱，他拿什么去收购别的网站？

"没有钱也可以收购，先签协议后付款。"

其实资源就是资本，搜房网就是莫天全最大的资本，他只要利用搜房网就能整合其他网站形成一个多赢的更大的平台，而这通常是人们乐意看到的。其中最关键的是，莫天全需要打一个时间差，或者说需要一个付款的缓冲期。

他先后与香港地产资讯网、深圳房地产交易网和上海的一家房地产网洽谈，谈完回到北京时，遇见台湾家天下网站的老板，于是又谈，表示“要绝对控股”。这四家网站先后同意加入搜房网，他们都觉得只有合作才有更大的发展空间。

最后谈付款方式。“香港这家我是100%买断股权，上海的是我占67%股份，深圳是51%。我要求他们给我两三个月的缓冲期，也就是说你的网站已经属于搜房了，但是钱我要两三个月后才能给你，我要是不给你，网站你全拿回去，并给赔偿。”

就这样，搜房网收购了香港、台湾、深圳、上海四地的房地产专业网站之后一跃成为大中华地区最大的房地产网站。

这时，莫天全和李山再次与风投洽谈就显得底气十足。之后的情形正如莫天全预料的一样：“只要是行业老大，投资商就愿意来。”

有了上一次与香港新世界谈融资的经历，莫天全和他的伙伴都不想再经历那样痛苦的过程。“这次我只需要不到500万美元，但款必须在一个月之内到账；不允许做调查，你可以调查我莫天全，但是不能调查公司。我就告诉你，公司什么都没有，调查来调查去也是什么都没有，但会把我们搞得很累。”

“这一次我们变聪明了。我如果要500万美元投资，你就必须先把100万美元打到我的账上，这叫作定金，这个定金是不退的，你要是不投，这定金也不退，转成股权。搜房网收购的那四家房地产网站，都必须在两三个月后给钱，可自身又没有多少钱，所以我们必须如此。”

这一次，莫天全成功了。

“因为有很多机构要投。1个月之后，钱就到位了。”其中继IDG之后第一个进入搜房网的大股东是高盛。2000年3月，高盛将500万美元投给了搜房网。

资金源源而来，莫天全的搜房王国扩张之路变得顺畅了。它开始了“天时”

（互联网经济热潮期）、“地利”（中国的高科技 IT 企业和房地产企业直升式发展期）、“人和”（外有风投垂青、内已架好平台）兼备的发展时期。

2000 年 9 月，搜房网先后以 500 万～600 万元 / 年的价格买断搜狐、新浪房地产家居频道 5 年的经营权。同年，北京、上海、深圳、重庆、香港、天津等分公司相继成立，搜房网在中国房地产资讯领域的领先地位基本确立。

（三）危机四伏，到底如何才能挺过去

然而刚刚走上正轨，搜房网就猝不及防地遭遇了 2000 年世界互联网泡沫破灭、众多网站在震荡中退市的考验。新生的搜房网也毫无例外地承受着人员裁减、业务缩水的压力。无论对投资人还是创业者而言，那都是最痛苦的两年。痛苦的莫天全去找投资人周全商量对策。

“当时周全从西装口袋里掏出一张卡片，上面写着一首诗，大意是：这个世界不是你一个人在受苦，我们都要坚持住。”莫天全回忆说。而周全回顾这段历史时则表示，在行业出现系统性风险的时候，投资人最关注的是：创业团队当初被投资人看重的那些优点是否能够坚持住，甚至是否能表现得更加突出？

激情和执着，是莫天全被投资人看好的特点之一。在一片萧条中，莫天全虽然痛苦却不动摇，他的信心来自多年来对中国房地产行业走势的研究。他认为，搜房网需要的只是当年那样的坚持，挺过最困难的时期，必定有一个美好的未来。

在最困难的时期，IDG 出手相救，给了搜房网两次无须任何担保的过桥贷款。这无疑是雪中送炭。但是，2002 年，高盛却宣布从同时投资的阿里巴巴、搜房网、硅谷动力三家公司撤资。这又让莫天全和搜房网举步维艰。

危机四伏，到底如何才能挺过去呢？

莫天全进行了财务政策调整。他指示财务总监，宁可停发工资也要在账面上保留 100 万美元的资金。这是搜房网的信心资金，也是莫天全渡过危机的底气。

但该花的钱还得花。2001 年搜房网的办公地点从北京城西边搬到东边，办

公室的租金贵了近3倍。“如果搬到平房里去，整个公司的心态、气势和客户对你的印象就都毁了！”

同时，搜房网进行了多种商业模式的探索。当危机来临，活下去的方法超越了一切美好的理想。

2000年之后，搜房网各个分公司几乎是什么挣钱就做什么。当时，与信息数据业务相比，挣钱最快的就是做线下的活动。

搜房网CEO（首席执行官）代建功，2001年时任上海搜房网总经理，以做展会、促销等线下活动见长，“上海数不清的房地产公司，你只需要把它们聚到一起集中促销，大笔的参展费就能滚滚到账，场面也热闹好看”。上海搜房网一度是所有分公司中活动做得最成功的，利润也最高。这让代建功不免沾沾自喜。

然而，北京搜房网却在莫天全的严令下，默默致力于网站建设以争取网络广告。

2002年年中，代建功回北京参加会议，对莫天全要求他将重心转移到网站建设的建议不以为然。为此，莫天全还发火拍了桌子。到了年底，代建功突然发现莫天全的判断是正确的，当年上海公司的业绩被北京公司一举超过。

代建功的做法似乎也没有错，活下去毕竟才是当务之急啊！但莫天全却认为搜房网必须建设好自己的平台，才能长期稳定地吸引到最适合自己的房地产广告客户。而搞展会等活动做一次才赚一次，而且做一次活动周期长，花费大，客户也不稳定，显然不具备赢利的连续性。于是，莫天全坚持认为“网络广告才是搜房最重要的盈利点”。

此时，莫天全越来越清楚地看到，门户网站的大流量显然占据广告投放的主流。2001年，搜房网买断经营的新浪和搜狐的房地产家居频道也开始赚钱，这更加坚定了他做门户网站的信念。

在搜房网的发展历史中，还走过另一些弯路，比如尝试过线下的家居连锁店、办过杂志，但最后还是集中在门户网站上。事实证明，人一生只能做好一件或少数几件事情，网站才是一条可持续发展之路。

在莫天全的坚持下，搜房网渐渐渡过难关。

（四）从“利润第一”到“收入第一”

2002 年，搜房网达到了收支平衡；2003 年，开始赢利，并拥有 11 家分公司。在这之后，搜房网做出了一个财务激励方式上的微妙调整。

在 2003 年之前，搜房网考核各分公司一把手的标准是“利润第一”，利润越高，奖金越高，这个阶段企业的主旨是节约成本；但是 2003 年以后，莫天全将考核标准改为了“收入第一”。他认为，如果没有规模，再怎么节约，利润也上不去。这种激励导向的改变所传递的信息非常明显——赢利后的搜房网已经进入加速扩张阶段。

考核导向调整后，2004 年，内部的推力促使搜房网进行了第二次扩张，武汉、南京、成都、济南等分公司相继成立，业务版图从 11 个城市扩张到了 20 个城市，搜房网的影响力开始向中国的各个方向延伸，线上扩张也在加速进行，以实现与地面扩张同步配合。2005 年 3 月，搜房网以自己的专业和地面优势，与网易、腾讯等门户网站建立了合作关系，由搜房网经营这些网站的房地产频道，加上原来与新浪、搜狐等门户网站的合作，搜房网实际上在各大门户网站上，已经拥有了绝对垄断的房地产家居话语权。

为此莫天全甚为得意：“这样的合作，第一，可以迅速扩大搜房网的影响力；第二，可以将潜在的对手变成合作伙伴；第三，其他门户网的发展将带动搜房网的发展。这就是一石多鸟……”2005 年 3 月，在几大门户网站房地产频道的宣传配合下，搜房网启动了“百城战略”，宣布要用 3～5 年扩张到 100 个城市。

它们进行了第三次大举扩张，沈阳、青岛、苏州、无锡、南昌、长沙、福州、东莞、西安、昆明、南宁等分公司相继成立。

至此，莫天全的搜房网王国已见雏形，他向全球最大专业房产信息商看齐的心愿，也开始慢慢实现。2005 年 6 月，在全球网站权威评测机构 Alexa 全球排名中，搜房网名列 136 位，是全球访问量最高的房地产门户网站，超越了道琼斯。

“网络媒体只能做老大。做老大很舒服，做老二则很辛苦，至于老三恐怕很难生存。”这是莫天全常说的一句话。显然，他必须巩固自己的地位。2005 年 7 月，搜房网又引入了一位投资者——全球最大的分类广告传媒集团法国 Trader。

“这次我们要的不是钱，而是人，”莫天全告诉记者，“法国 Trader 的老板 John 是世界上最聪明的人之一。”至今，莫天全还对 John 特制的一式三份的复写本子印象深刻。John 与人谈事情的时候，总是将谈话要点记录在这个本子上，谈完之后，一式三份，该留存的留存，该撕下来交付执行的交付执行，效率非常高。

“我当时的感觉是，他必须进董事会，他的进入对于公司治理、长远发展和规划，肯定能给予我们启发和帮助。而且他将来肯定会在某个地方、某个时间点、由于某个原因，为搜房网带来另外的惊喜，他肯定会给搜房网带来除了钱以外的东西。”最后，Trader 以 2 250 万美元，获得搜房网 15% 的股份，并成为董事会成员。坚持让 John 入股，来源于莫天全狐狸般的商人直觉。聪明人与普通人的区别就在于，直觉能成为灵感。

2005 年 8 月，得到巨额资金支持的搜房网实施“百城战略”更加游刃有余，郑州、合肥、厦门、贵阳、石家庄、海南、宁波、温州、太原、长春、哈尔滨、大连等分公司相继成立。各地分公司达到了 40 多家。

从 2007 年到 2014 年，搜房网的营收连续 4 年递增超过 100%。

“给他们的回报在 2006 年就超过了 100 倍！”

搜房网融资和扩张的另一重大目的，是上市。“这是创业之初就有的目标。”虽然因同一个目标而聚集在一起，但投资双方却在博弈。

法国 Trader 公司 2005 年投资搜房网时公布的消息显示，此次购买 15% 股权之后，如果搜房网在未来 18 个月内没有上市，定价期权允许 Trader 在两年内再投资 1.7 亿美元，增持搜房网股份至 100%；如果搜房网在此期间上市，Trader 以同样价格只能得到 45% 的股份。

这是一个很明显的对赌协议。到期未达到协议规定目标的一方，将让出利益；达到则另一方让出利益。

“资本注入过程也是给我们不断施压的过程。”莫天全说。时隔一年，2006年7月，莫天全在John的撮合下，与有意投资的澳大利亚电信开始谈判。

谈判过程极其烦琐。作为上市公司的澳大利亚电信，需要绝对控股，才能合并报表，这也就意味着莫天全和李山的创业团队，将失去对搜房网的控股权。于是，莫天全提出了一个“不低于IPO估值”的报价。最后双方达成一致：控制权和管理权仍旧由搜房网原有团队掌握，澳大利亚电信买到的仅仅是经济权益的51%。

“现在董事会共6位成员，3位来自澳大利亚电信，我是董事长，剩下两位由我指定。”莫天全解释自己为何依然控制着搜房网，他把最重要的一句留在最后：“我有两个投票权！”说完，露出狡黠的微笑。

2006年8月，搜房网将51%股权以2.54亿美元的价格，拱手让与澳大利亚电信。

法国Trader最初投资的2 250万美元以1亿美元退出，在一年获得4倍回报的巨大诱惑之下，Trader与搜房网的对赌宣告解除。

这次资本运作，天使投资人IDG也出让了一半股权给澳大利亚电信，仍占15%左右。说起IDG的收益回报，莫天全笑着说：“给他们的回报在2006年就超过了100倍！”随着巨额资金到位，搜房网市值达到了40亿元人民币。同时搜房网加速推进了“百城战略”，扩张的城市迅速达到了75个。

“我们的扩张主要是两个方面：水平扩张和垂直扩张。”莫天全解释说，“水平扩张是从一个城市到另外一个城市；垂直扩张就是在行业领域里向纵深发展，比如，从一开始的房屋信息提供，到提供和房子有关的装饰装修等信息，注重整个产业链的发展。

“第一，靠内容服务，包括网站信息、广告、行业出版物、职业培训，还有网站资源共享的报酬；第二，应用服务，包括出售营销工具、建立网络平台、提供解决方案；第三，交易费用，主要是获得网上房地产拍卖等平台服务的中介费用。

“随着每天400万独立访问人次的流量，‘买房、租房，找搜房’已经成为大多数人的日常行为习惯。有上网条件的城市白领，只要想到买房或者租房，80%的人会想到上网查询，其中又有50%～60%的人会直奔搜房网。所以搜房的利润主要来自广告，大约占90%。

“广告主要来自房地产开发商及房屋中介机构。随着业务的垂直拓展，广告收入也涉及其他行业，例如，家居装饰、社区服务等。所有跟家有关的，都是我们服务的对象，这个市场太大了。”

（五）尾声：与家有关的一切

2006年，搜房网拆分成四个集团：第一个是新房集团，也就是新房市场；第二个是二手房和租房集团；第三个是家居集团；第四个是以研究院为核心的研究集团。

2007年12月9日，搜房控股正式发布家天下门户战略。作为中国房产家居的第一网络门户，搜房网用最先进的技术、最专业的视角，依托8年来所积累的庞大优势，打造了“家天下”这样一个最具价值的网络平台。

目前，家天下已涵盖了12个频道、1个导购平台和1个业主活动社区。从厨房、瓷砖、卫浴、家电、地板、涂料、家具频道到设计师、卖场、装修大学、家居博客装修日记等，无一不囊括其中。

秉持着“全心全意为家居产业服务”的理念，家天下已经成为垂直门户里最大的B2B商务平台、以家为中心的最大的B2C信息平台及最大的家居媒体平台，充分把家居领域的每个细分行业做专、做细。通过崭新的网络展示手段，生产商、经销商通过家天下进行了有效的品牌推广，消费者亦获得了最具时效性和实用性的产品信息。

搜房网有一句口号：“Everything home on internet ——与家有关的一切。”

因为搜房网有累积起来的资源，在这个基础上进行新产品开发，自然会成为新的创收渠道。莫天全认为，“未来搜房网最大的机会不在房地产，而是在家居行业”。

2008年，搜房网已经提前实现“百城战略”。2010年9月，搜房控股集团在纽约交易所成功上市。创业多年之后，莫天全创业之初的所有个人愿望都已实现。

莫天全是幸运的，几乎在每一个关键节点，搜房网都能得到大笔的资金支持；莫天全更是成功的，因为他总能在最需要资金的时候为搜房网找来大笔投资。

商业模式可以复制，但操作商业模式的人是无法复制的。从这个角度来说，那些投资搜房网得到了或即将得到高额回报的投资人，他们最大的成功应该是发现了莫天全。也许，莫天全才是搜房网成功的关键密码。

第二章

风起云涌|千万广厦换新颜

1998年时，全国居民储蓄已高达5万亿元，当时大部分经济学者和政府官员都在讨论居民储蓄这只“笼中虎”，只要把这部分消费能力释放出来，经济复苏或许可迎刃而解。于是，朱镕基做出了一个重大的决策——催热房地产:（1）4月28日，中国人民银行以“特急件”的方式将《个人住房担保贷款管理试行办法》发往各商业银行，宣布即日起执行，贷款期限最长可达20年，贷款额度最高可达房价的70%；（2）国家税务总局将原来的6%契税、3%典契税和6%赠予契税，合并为3%～5%的契税;（3)1998年7月,国务院做出重大决定,党政机关一律停止实行了40多年的实物分配福利房的做法，推行住房分配货币化。

一系列配套政策的出台，特别是允许按揭贷款和取消福利分房两大措施，直接刺激了房地产业的复苏，中国开始了长达十余年的地产热，无数财富故事在这个领域中上演。

许家印：中国房地产第一人

足球是解读许家印的一个切口。

2013年12月18日的世界杯上，广州恒大足球队输给了拜仁慕尼黑足球队。但是，许家印已经赢了。

自2010年一头扑进足球领域3年来，他一共砸下20亿元，把一支中国的足球俱乐部推到了一个前所未有的高度——亚洲冠军。有人说，这一高度对于中国足球，具有里程碑式的意义。

然而，这一高度对于许家印的意义，究竟是什么？

3年前，许家印挥舞着大把金钱，震撼了陷入低谷的中国足球，同时也引发了巨大的业界争议——足球可以这样玩吗？他的一句“3～5年内夺得亚洲冠军”，更是一时成了笑料——Hello Kitty还真想当老虎？

3年后，称霸亚洲的广州恒大足球队，真的成了一头老虎。狂言变成了宣言，公众对于这个地产老板的固有观念，就此彻底逆转。法国社会心理学家勒庞，将“断言、重复和传染”视为领袖说服群众的重要手段。在这一角度上，3年来的一切改变，绝不仅仅是因为金钱。

猛虎啸牙，威震山林。在这个激进的时代，如果不能产生足够的公众影响，就无法获得足够的社会资源，进而成就一番大事业。许家印显然深谙这一点。

（一）猛虎是怎么炼成的

1992年，在河南舞阳钢铁厂工作10年的许家印辞职了。34岁的他揣着两万元的积蓄，只身一人来到特区深圳闯荡。

这是一个全新的世界，很多事物陌生而新鲜。听说求职需要简历，许家印便花了一整天时间，埋头写了一份长长的简历，把自己在舞钢的工作经历，事无巨细地都写了下来，打印出来竟有30多页。

抱着这份30多页的简历，许家印信心百倍地四处应聘。然而，半个多月过去了，递出去的简历都石沉大海，杳无音讯。失败的现实给他当头浇了一盆冷水。他本以为一定能在深圳闯下一片新天地，毕竟自己在舞钢管理过两三百人。

实际上，舞钢的10年确实为许家印后来的事业打下了深厚的基础。他后来坦承："在舞钢，我看了很多企业经营的书，还研究过逻辑学和心理学，管理模式就是在此时形成的。"

如今回顾过去，恒大严格细致的管理制度与善于造势的营销手段，确有许家印在舞钢时期的影子。比如，他在舞钢热处理车间制定出"生产管理三百条"，其中最有趣的一条是"150度考核法"，即值班人员身体打开的幅度超过150度，就定性为上班睡觉，要接受罚款。又比如，他专门请人拍摄了一部名为《热处理在前进》的专题片，展示车间工作人员在高效管理下的工作状态，在舞钢电视台反复播放。

舞钢的同事们对许家印的评价是"点子多，会管理，思维超前"。但1992年的现实却是，满怀激情奔赴深圳的许家印，竟然找不到工作！

许家印为此一度陷入迷茫与失落，直到一位朋友给他指点迷津："不是你才能不够，而是你那份简历太厚了，谁有工夫看你的长篇大论啊！"他恍然大悟，随即重新制作了一份两页的简历，投出去十几份后，终于有三家公司愿意录用他。

在那个宏大的时代中，这只是一个低微的起点。在1992年的这个时间维度上，万通六君子在海口成功运作了"九都别墅"项目，赚得了第一桶金；万科已经在深交所上市1年，王石砍掉了家电代理、零配件产销等多元化业务，决定只做房地产；建筑施工队出身的杨国强，低价买下顺德碧江及桂山交界的大片荒地，兴建4 000套别墅和洋房，并以“碧桂园”命名，正式进军房地产。

而没有资本、没有背景、缺乏经验的许家印，只能从一个小业务员做起。他选择了一家名为“中达”的贸易公司。一位中达的老同事回忆：“初来乍到的许家印，逢人便喊师傅，嘴巴很甜，也很谦虚。”这与他此前“舞钢管理能人”及后来“中国地产枭雄”的形象，都相差千里。

人在屋檐下，不得不低头。幸运的是，许家印凭借一个朋友的贸易项目里分出来的一笔生意，很快为公司赚到了10万元，也借此被提拔为办公室主任。不过，他并不满足于此。一年后，他主动向老板建议跟他熟悉的舞钢合作，由他领衔成立一家新的贸易公司。

当时的珠三角一带，地产建筑业发展很快，钢材贸易前景广阔。老板欣然接受了这个建议，成立了全达贸易公司，由许家印出任总经理。有了这个平台，许家印如鱼得水，他顶住大老板的压力，给全达员工发“双薪”，每月发工资，年底再发12个月的工资。一位老同事回忆说：“他给你10万元，要你产出100万元的效益。”

在许家印的经营下，全达的生意蒸蒸日上。一些业务上的合作伙伴甚至认为，许家印的能力不在他的老板之下，某些方面还强过他的老板。

（二）地产枭雄的连城诀

1. 一个帝国的起点

金鳞岂是池中物。

通过全达公司，许家印证明了自己独当一面的能力。1994年，他再次向老板建议，进军正在蓬勃兴起的广州房地产市场。得到了老板的支持后，他开着一辆标致轿车，带上一个司机、一个出纳和两个业务员，踌躇满志地来到广州，注册了一家名为鹏达的房地产公司，并出任法人代表。

鹏达的启动资金，来自全达公司2 000万元贷款中剩下的1 500万元。许家印将这笔资金投入鹏达在广州的第一个项目——珠岛花园。其实，在此之前，许家印还是一个房地产界的门外汉，他回忆说："当时连什么是容积率我都不懂，就这么边学边干起来的。"

在项目的策划期，他跑遍了广州当时所有的新建楼盘，发现十有八九都是大户型。于是他另辟蹊径，为珠岛花园制定了"小面积、低价格"的开发策略。然而，真正落实于项目运作上，最大的威胁来自紧绷的资金链。

为了盘活现金流，许家印不敢有丝毫怠慢，"快点，快点，再快点"一度成了他的口头禅。珠岛花园项目需要盖108枚公章，换作当时的其他企业至少需要一年半的时间，而许家印紧锣密鼓地办好了全部手续，一年之内将这108枚公章全部盖齐。在他惊人的执行力下，珠岛花园当年开工，当年销售，又因为"小面积、低价格"的开发策略，轰动了市场。

这一"以快速开发来盘活现金流"的闪电战术，成了许家印后来运作恒大的一大制胜秘籍。但在当时，许家印却并不开心。因为珠岛花园为公司足足净赚了2个亿，而自己的月薪却仅有3 000多元，养活家庭都困难。

1997年，许家印找到老板做了一次改变自己命运的深谈。他感激老板的知遇之恩，但也直率地说："人是有价值的，什么样的人，什么样的水平，什么样的贡献，就一定要有什么样的待遇。不然，从管理上，是留不住人的。"后来他回忆自己的创业决定时说，如果当时给他10万元年薪，他就不会去创业了。因为创业有风险，也很艰辛。

事实的确如此。1997年正值亚洲金融风暴，国内企业界一片哀鸿，巨人史玉柱败走珠海，秦池姬长孔身陷绝境。此时的房地产业更是深陷"政策晦明不定，经营半死不活"的泥潭。许家印离开鹏达，创立恒大，正好一头撞上了这个行业低谷期。

初创的恒大仅有七八个员工，除了一辆车和一腔激情，几乎一无所有。对于这点星星之火，最大的障碍并非行业形势，而是资金难题。"一个没钱的人想办大事，怎么办？只有用最少的钱，拿更多的地，然后快速开发销售，快速回笼资金。”许家印将恒大的第一个项目锁定在了海珠区原广州农药厂的地块上。

当时，这里还是一片工厂林立、污染严重、市政设施匮乏的郊区，引不起广州大多数房地产企业的兴趣。农药厂地块原本属于工商银行下面的一家房地产企业，由于行业形势低迷及区域位置不佳，被低价挂牌抛售。

然而，即使价格便宜，对于当时一穷二白的恒大来说，却也是一笔天文数字。“唯一的方式就是不压价，只压付款方式。”许家印找到卖家软磨硬泡，说服对方把 11 万平方米的地块一分为三，从而得以分期付款。

首期地块 4.7 万平方米，首付 500 万元。许家印又找到银行，撬动了 600 万元的贷款，买下首期地块后，立即用剩下的 100 万元启动了金碧花园项目。“我们找到施工单位垫资，垫到五成。当时不像现在，进度达到 2/3 才能卖楼，我们建到第一层就开始卖。面积小，价格低，当天就卖完了！”

1997 年 6 月 8 日，金碧花园破土动工，8 月 8 日正式公开发售，开盘价定为每平方米 2 800 元，比当时海珠区楼盘均价便宜了近 20%，当天上午首期 323 套住宅全部售完，一共回款 8 000 多万元，一下子解决了恒大的资金难题。

这又是一场“快进快出”的闪电战，简直就是珠岛花园一役的升级版，创造了“八个当年”的业界奇迹（当年开工、当年销售和当年售罄等），不仅为许家印带来了第一桶金，还奠定了恒大初期“快速开发，规模取胜”的发展战略。

2. 砸出个未来

时代变革犹如巨浪奔腾。1998 年，房改政策终于出台，住房商品化取代了福利分房制度。房地产市场随即迎来黄金时代，许家印乘势将恒大的快速开发模式发挥到了极致。

时至 2004 年，恒大同时开发着金碧花园、金碧华府和金碧湾等 13 个项目，员工数量也猛增至 2 000 多人，并跻身行业全国十强。就在恒大突飞猛进之时，一件事情改变了这匹业界黑马的未来方向。

由于恒大发展速度过快，导致管理上的疏忽，定位于欧式精品项目的金碧世纪花园的中心园林工程出现了质量问题。许家印为此大发雷霆，他立即召集全体员工到场，在众人面前亲手砸掉了质量不过关的花园。当时在场的一些老员工回忆："上千万元的造价啊，现在想起来都心疼。"

如同海尔掌门人张瑞敏砸冰箱，许家印这一砸，砸出了恒大的精品意识。比如，恒大将样板房的装修标准，从原来的每平方米400元，提高到2 000元，后来又提高到3 000元。又比如，一个规划方案，设计人员提出将层高从3米缩减至2.85米，可以提高容积率、节省成本。但许家印坚决否定，拍着桌子强调一定要做到3米。

由此，恒大的发展战略从初期的"规模取胜"转变为"规模+品牌取胜"。这一转变的背后，其实是许家印全国扩张的野心。"2000年时，恒大在广州排名第六，我就已经意识到，几年后要向全国拓展。"然而，房地产行业本就带着极强的地域属性，真正要迈向全国谈何容易？业界老大万科扩展到全国29个城市，用了足足10年时间。

实际上，想要逐鹿全国市场，品牌、团队、土地、管理和资金这五大条件，缺一不可。当年"地产黑客"孙宏斌的顺驰，便是在各个条件均不成熟的情况下，悲壮地倒在了高速扩张之路上。

许家印的第一枪打在了品牌上，于是便有了"砸花园事件"带来的一系列变革。后来在员工内部精品意识的基础上，许家印将恒大品牌一分为四：恒大城和恒大绿洲定位于中高端产品，占比70%；恒大华府定位于高端产品，占比15%；恒大金碧天下定位于旅游地产，占比15%。四大品牌各有专攻，充分适应全国各地市场不同的特点。

其次是团队。早在2000年萌生进军全国的想法时，许家印就开始了人才储备。"一个工程部经理，配上七八个副经理，到了2004年我们有2 000多人了，实际800人就够了，有1 000多人是储备的。"后来恒大各地分公司的董事长，大多都是在这个时期加入恒大的，通过多年历练成长为独当一面的战将。

团队建设不仅是人数扩充，更重要的是，这群人应该如何去战斗。许家印为此定下了带有强烈个性色彩的 12 字工作作风——精心策划、狠抓落实、办事高效。他曾经说，真正照此去做，恒大将会用 1 年时间完成 10 年的工作量。

恒大创业初期，高管团队经常早晨 6 点下班，上午 9 点又接着上班。许家印至今保持着每天工作到凌晨两三点的习惯，几乎没有休过假。一位业内人士评价："恒大的起点比较低，但从诞生起，就是一个狼性十足的公司，所有人都有拼命的劲头。"

2007 年"空降"恒大的董事局副主席兼总裁夏海钧，第一天上班就被"洗脑"。当天许家印说，夏总，晚上我们一起吃个饭，开个会。两人坐上餐桌时，夏海钧看了看表，6 点钟。他暗想，吃了饭，再研究半小时就差不多了吧。结果直到 11 点半，这个"晚餐"才结束。

夏海钧本以为，第一天晚上开会到 11 点半，可能只是特例吧。后来他才知道自己彻底错了，11 点半结束确实是特例，因为常态是，恒大的会经常要开到第二天凌晨两三点。很多恒大的高管都记得，许家印第一次面试他们时，除了描绘宏大的事业构想，还强调说，选择恒大就得是"工作狂"，必须舍弃一些家庭生活的享受。

不过，与"工作狂"匹配的是高额的回报。在 2012 年上市房企高管年薪排行榜上，恒大两位董事局副主席夏海钧和李纲，分别以 5 400 万元和 3 000 万元，占据了冠亚军的宝座。

3. 整齐划一的全国战场

在中国房地产历史进程中，1997 年才创立恒大的许家印，是一个不折不扣的迟到者。2006 年，当他打好品牌和团队的基础，面对全国市场蓄势待发时，一线城市已是一片红海。这一年，万科年收突破 200 亿元，碧桂园也达到 80 亿元，而恒大仅有 40 亿元。

面对强手如林的激烈竞争，许家印如何弥补强大的野心与弱小的现实两者之间的巨大差距?

其实，恒大进军全国的土地前哨战，早已在 2004 年悄然打响。许家印沿袭了当年珠岛花园选择冷门地块的经验，提出“两个超前”的圈地战术：一是超前进入升值潜力较大的二三线城市，二是超前进入二三线城市升值潜力较大的区域。

彼时，武汉、南京和重庆等二线城市的房地产市场，刚刚起步不久，地价相对一线城市便宜很多。许家印避开一线城市的市场红海，派出200多人，分别深入十几个二线城市找地。“比如武汉，我们考察了环线，而不是市中心。当时环线附近的地块还不成气候，但其未来规划却是看得见的，这些区域的升值潜力就很大。”

剑走偏锋的优势不仅如此。恒大在二三线城市拿地，土地成本较低，对于银行信贷来说，风险很小。“银行都抢着给恒大贷款。”更重要的是，这些区域的市场，主要是刚性需求，销售比较稳定，资金回笼比较快，受政策影响较小。截至2010年底，恒大进入62个城市的112个项目中约52%不受限购政策影响。

按照这样的思路，恒大储备了大量的优质土地。2007年，恒大土地储备比2006年增长了整整9倍，一举进入了全国22个二三线城市。

辽阔的战场已经铺开。但问题是，如何才能让撒出去的各个部队有条不紊、整齐划一地战斗？许家印给出的答案是，中央集权与标准化。

当时，大部分全国性房企都是区域统筹，地区分公司负责人选择施工队和建筑材料，然后由总公司考核。但这种管理模式的风险在于，如果分公司团队的经验和能力跟不上，那么就很可能走弯路。

而许家印在恒大内部建立起一种“紧密型集团化管理”的体系。集团公司对各地分公司实行垂直化管理，包括人力资源、财务资金、工程建设、成本控制、合同履约和项目营销等重要环节。

这套灵敏的“神经系统”，将许家印的权威直接传递至全国各个分公司的每一个“神经末梢”。董事局一声令下，半小时内就能传到南在海口、北在长春的最基层。一个恒大多年的合作伙伴透露：“有一次出差的路上，我建议他们在广州做一个活动。恒大的领导当夜就做好策划，下达工作任务，第二天广州分公司就开始邀请媒体，第三天活动就成功举办了。这种效率令人感到恐怖。”

在这套“神经系统”的基础上，许家印进而推行创造了恒大奇迹的扩张法宝——标准化。对此，恒大出台了《精品工程标准》，将庞杂的项目开发过程分解细化为 6 000 多个小环节，大到项目规划、材料采购和招标合作，小到员工的伙食、接送和住宿，全部设定硬性标准加以管理。这在一定程度上带有许家印在舞钢时“150 度考核法”的影子。

这一系列的标准化，既可快速复制项目，又能确保精品质量，还极大地降低了成本。

比如，在至关重要的采购环节，许家印专门在广州总部成立了一个材料设备公司。按照标准化流程，恒大各地分公司将项目计划上报总部，总部再安排材料设备公司统一接触材料供应商。这就避免各地分公司与供应商直接接触，防止了交易上有可能滋生的腐败。更重要的是，通过大规模的采购，形成议价能力，从而大幅度降低了采购价格。同时，集约统一的采购配送，能够将材料直接送达施工现场，从而又减少了仓储和运输的成本。

而在具体的项目实施上，恒大总部下达任务，比如，买一块什么样的地，开发什么样的产品，做一场什么样的营销活动，分公司按照标准完成即可，一板一眼毫不走样。“昆明恒大和沈阳恒大的同一类型项目，连路灯、大门和门把手的型号都是一样的。”

这一套严丝合缝、高效运转的内部管理体系，促使恒大在全国市场上快马加鞭。其速度究竟有多快？许家印回忆说：“我们上市前有一个例子。那年 4 月 30 日我们在西安买地，当时我要求保证 10 月 1 日开盘，如果能行就买，不行就不买。结果他们说，没问题。果然 10 月 1 日就开盘了。”

2008 年，恒大以 4 578 万平方米的土地储备冠绝业界，同时还在全国各地推进着 37 个楼盘。一幅巨大的蓝图已经铺开，恒大走到了资本市场的门口，但一场足以致命的危机也随之袭来。

4. 资本风云

2008 年，许家印和恒大差一点就倒下了。

此前，恒大在全国市场攻城略地，品牌、团队、土地和管理这四大条件皆备，唯独欠缺的是资金。2008年3月，恒大地产启动了登陆港交所的路演，市场对其估值一度高达1 200多亿港元。这不但意味着许家印有望以800亿港元身价成为内地首富，更能让恒大在全国各地铺开的战场上弹药充足。

然而，风云难测。一场金融危机席卷全球，恒大上市融资的计划被迫搁浅。这几乎成了当时房地产业跌入低谷的标志性事件。SOHO董事长潘石屹当时断言：房地产业将在百天之内产生巨变。

业界一时风声鹤唳，而恒大则深陷旋涡中心。当时，恒大向全国拓展的37个项目中，仅有4个项目达到了开盘销售的标准，资金缺口一度高达120亿元以上。在舆论的渲染中，这成了当年业界最悲壮的一幕。而雄心勃勃的许家印，则被描述成"野心膨胀的人"。很多人等着恒大倒下，以印证"百日巨变"的预言。

许家印回忆说："当时很多人觉得恒大过不去这一关，他们不了解恒大。我随便卖几个项目不就回来了？但我没有这样做。为什么？我心里对局势是有底的，我们还没到卖项目的地步。况且，那么困难的时候，我们900多名中层以上干部，没有一个离开。"

看似四面楚歌，实则冷静走局。为了补上资金缺口，许家印奔赴香港搬救兵。通过此前恒大开盘请明星助阵，许家印认识了英皇老板杨受成，借助杨受成的人脉，许家印又认识了新世界集团主席郑裕彤。

关系虽然打通了，但谈判过程却一波三折。恒大董事局副主席夏海钧透露："我们在香港那边谈啊谈，谈得差不多了，这边突然蹦出一个大负面新闻，香港投资方就想，这是怎么回事啊，我们再等等看吧。"

谈判拉锯战似的持续了3个月，许家印心急如焚。为了取得郑裕彤的信任，在这3个月里，许家印每周都要和郑裕彤吃一次饭，并去郑家打牌。他跟郑裕彤玩锄大地，跟其子郑家纯斗地主，有时牌瘾大还会玩至深夜。尽管许家印不太会讲广东话，郑裕彤又不会说普通话，语言交流比较困难，但两位在牌桌上你来我往，玩得不亦乐乎。

这番苦心并没有白费，郑裕彤成了帮助许家印渡过难关的关键人物。2008年6月，郑裕彤联手科威特投资局、德意志银行和美林银行等投资机构，总共斥资5.06亿美元入股恒大。其中，郑裕彤通过旗下周大福以1.5亿美元买入恒大3.9%的股份，成为这轮私募中的领头羊。

账上的5亿美元，加上郑裕彤的力挺，使恒大负债率一举降至65%，也让许家印缓过一口气。他随即重新布置了全国37个项目的开发进程，重点突破其中18个项目。撑到十一黄金周时，18个楼盘全部齐开，恒大不仅以7.5折的“割肉价”销售，还在几个重点楼盘请来了明星造势。比如，广州恒大金碧天下开盘请来古天乐和李冰冰，单日斩获销售额2.5亿元；武汉恒大华府开盘则请来谢霆锋和范冰冰，当天创下2.8亿元的武汉楼市销售纪录。

断臂求生，危局逆转。“低价＋明星”的促销手段，在短短两个月内，为恒大回笼资金近50亿元，迅速盘活了其他急待资金输血的在建项目。2008年，恒大销售收入达到118亿元，第一次跻身国内房企的“百亿俱乐部”，许家印终于涉险过关。

至此，恒大地产已然形成了一个商业闭环——以中央集权的管理，确保标准化的运行，进而推进快速开发，而后再用“低价＋明星”引爆市场，随即产生现金流反哺总部。这一闭环，有条不紊地高速运转，爆发出了巨大的能量。

2009年，市场转暖，恒大上半年销售额便突破了百亿元，销售面积位列全国三甲，许家印借此一扫晦气，重启了上市计划。11月5日，恒大地产成功登陆港交所，当天股价大涨34%达到4.7元，郑裕彤联手国际资本投入的5.06亿美元，收获了6.6亿美元的利润，而凭借68%的持股比例，许家印以480亿港元一举成为当时的内地首富。

（三）踢着足球唱着歌

1.“不务正业”的逻辑

站在人生的巅峰上，年过五旬的许家印究竟在想什么？

2010年，恒大地产销售突破500亿元，闯进全国前五，并以831万平方米的销售面积，直逼万科的841万平方米，位列第二。这一年3月，许家印斥资1亿元收购因为假球丑闻而降级的广州足球俱乐部，11月，又砸下10亿元在北京成立恒大文化产业集团，涉及音乐、动漫和影视等六大板块，而其中最为抢眼的是，高晓松和宋柯领衔的恒大音乐。

这一连串看似"不务正业"的投资，实则又是一条环环相扣的商业逻辑。

从源头来说，进军体育与文化两大产业，其实可以追溯到恒大地产的营销手段。邀请娱乐明星助阵项目开盘，本就是恒大聚集人气的撒手锏。而2009年，出于大学时对中国女排夺取世界冠军的崇拜情结，许家印投资2 000万元组建"恒大女排"，邀请大名鼎鼎的"铁榔头"郎平执教。这一事件随即引发轰动效应，席卷了各大媒体的重要版面。有人做过测算，如果单以广告版面计算，要达到同样的宣传效果，恒大花费至少数亿元。

至于为何从排球延伸至足球，坊间流传着一个段子。2010年7月，许家印在恒大内部说："今年两会的时候我坐在领导后面一排。大会发完言的时候，领导先走，一些领导看见我在后面站着就问，'许总，你们女排和恒大是一回事吗?'我说'一回事'，他们都说'好好好'。"

投资女排收到奇效，如果再换成影响力更大的世界第一运动——足球呢?

当初收购广州足球队时，许家印在不同场合一再声称：3～5年内夺得亚洲冠军。但中国足球本就积重难返，一家中甲球队竟然豪言问鼎亚洲冠军，这一时传为足球界的一大笑谈。然而，业界眼中的狂言，更像是许家印的一种宣言，从一开始就把公众的注意力吸引了过来。

此后3年的事实，令所有人都瞠目结舌。许家印3年砸下20亿元，请来了经验丰富的国际著名教练，打造了球星云集的球队阵容，设立了赏罚分明的管理制度。这使得恒大足球队的成绩突飞猛进，但争议也如影随形：疯狂烧钱真的值得吗?

值不值得，许家印心中自有一杆秤。比如，2011年7月，许家印砸下1 000

万美元买来巴西球星孔卡，创下中超联赛史上最高身价。随即，他将新闻发布会设在广州恒大御景半岛，引来近 200 名记者和 300 多名球迷，御景半岛自然借势火了一把。

又比如，他以 1 200 万欧元的年薪，请来里皮的教练团队，引发了比当年恒大女排聘请郎平更为震撼的公关效应。后来恒大内部估算了一个月内的广告价值，发现仅一周的费用便超过了里皮的年薪。

再比如，2012 年 4 月，他斥资 5 000 万元，举办了一场史上最昂贵的中超开幕式。后来他对此解释道："中央台的广告一秒钟需要 15 万元，开幕式加一场球要一个半小时，中央台等 25 家电视台现场直播，11 个球员穿着印上恒大两字的球衣，你们说值钱不值钱？"

这些还只是以硬性广告价值来衡量，而随着恒大足球队风靡全国，恒大品牌深入人心的无形资产，以及对恒大地产销售的拉动效应，这些价值更是无法估量。

2011 年，恒大足球队升入中超联赛，并夺得联赛冠军，而恒大地产销售 804 亿元，增长近 60%；2012 年，恒大足球队蝉联中超冠军，并打入亚冠八强，而恒大地产销售 923 亿元，增长近 15%；2013 年，恒大的土地储备、在建面积和销售面积已经连续三年均居全国第一，且销售额预计突破千亿元大关，稳居全国三甲。

2. 实体平台战略

从投资的角度看，许家印进军足球和音乐领域的时刻，可谓抄中了两大领域的产业低谷。2010 年，中国足球陷入假球丑闻，在公众心目中输掉了最后一丝尊严；而传统的唱片产业在互联网与数字化的冲击下，销量不足 200 万张，仅为 2005 年的 4%。

然而，尽管两大行业内部问题丛生，但市场需求始终潜力巨大——这有些类似于 1997 年许家印创立恒大时的房地产行业境况，成败的关键在于怎么玩，许家印的玩法是，将恒大模式植入其中。

先说音乐。自2012年初，许家印多次飞赴北京，找到著名音乐制作人高晓松和宋柯策划恒大音乐。彼时的宋柯对行业颇感消极，他辞去了太合麦田音乐文化公司的总裁职位，开起了一家烤鸭店。然而，许家印的一番建议，激发了他重出江湖的决心。

“最初见面时，主要是许总听我们说，但后来几次，他开始参与讨论，再后来他提出了一些极有见地的想法。”宋柯感觉到许家印在那段时间做了大量的调研，“所以他不是一时冲动，不是说我喜欢音乐，就花钱干吧。”

宋柯认为，未来音乐的盈利点主要在于现场演出和版权。版权可以通过收购而来，而对于演唱会，受制于各种资源，国内业界最大的公司一年也就只能办个10多场，而且还必须事先做好评估，比如在哪个城市，请哪些明星，票房能否盈利。

但是，许家印提出了一种“疯狂”的想法，即每年在全国做上百场商业演出。这样的天文数字，宋柯和高晓松以前想都不敢想——哪里有这么多人力物力?

许家印的办法，其实就是恒大赖以起家的标准化与规模化。

恒大音乐首先将演唱会分解为资源与内容两大部分，进而再分解为若干标准要素。资源部分交给恒大地产在全国30多个城市的分公司，其抽调人力物力，按标准完成前期宣传、场地选择和舞台搭建等大量基础工作。而恒大音乐则只需要做好明星资源、音响器材等内容方面的标准化，比如，建立包括老狼、金志文和大张伟等人的明星资源库，根据时间地点选择不同的明星阵容。

实际上，各地分公司变成了一个大平台，而恒大音乐则是演唱会内容输出方，在标准化的运作下，恒大音乐能够相对容易地将演唱会复制到全国各大城市，进而实现规模化，大幅降低成本。

许家印的这一创举，让高晓松和宋柯不禁拍案叫绝。自2013年9月至12月，由宋柯担任董事总经理、高晓松担任音乐总监的恒大音乐，仅凭借20多人的团队，在恒大地产各分公司的配合下，已经在全国各地举办了20多场“恒大星光音乐节”。

更绝的是，这种规模化运作的音乐节，又形成了一个强大的传播平台。在音乐节现场，除了恒大本身在当地的楼盘展台与广告之外，恒大音乐还植入了诸如汽车、饮料等广告，获得了不菲的收益。

3. 亚洲冠军的决心

再谈足球。自 2010 年 3 月收购，到 2013 年 11 月夺取亚冠，整个过程无不体现了许家印果断坚决的行事风格，比如两次闪电般地换掉主教练。

许家印收购广州足球俱乐部时，主教练本是广州足球的代表人物彭伟国。如果按照正常程序，更换主教练事先应该向体育局汇报。但就在收购当月，俱乐部在没有透露半点风声的情况下，在一个下午之内，闪电般解雇了彭伟国，换上了李章洙。许家印对此解释：“如果不这样做，计划随时可能变卦，必然完成不了。”

几乎相同的剧本在两年多后再次上演。2012 年 5 月 16 日，广州恒大赴泰国准备进行亚冠小组赛，在飞往曼谷的航班上，俱乐部通知李章洙解约。5 月 20 日，世界著名足球教练里皮，现身广州成为球队新任主教练。

两出戏的后续剧情也是惊人的相似：2010 年，许家印向彭伟国和体育局公开道歉，并宣布以百万元年薪聘请彭伟国担任恒大青年队主教练；2012 年，许家印在送别李章洙的晚宴上与其喝“交杯酒”表示歉意，并支付违约金 1 400 万元。

外界很难理解许家印为何采取如此极端的方式两次换帅，甚至不惜事后用更大的代价来弥补。央视著名足球节目主持人刘建宏曾问许家印：“为何这么着急地用里皮换掉李章洙？”许家印回答得干脆利落：“就是要用里皮，短时间内拿下亚冠！”

这正是许家印的用人之道：什么样的人，什么样的水平，才能做出什么样的贡献，同时一定要有相应的待遇。实际上，恒大足球俱乐部的管理模式，跟恒大集团可谓一脉相承。董事长刘永灼管后勤，主教练管训练比赛，许家印称其为“董事长领导下的主教练问责制”。“球员有问题，就找主教练，绝不能直接找董事长。球员不能有董事长的电话，董事长不能有球员的电话。”

同时，他给予了主教练极大的权力。一次俱乐部会议上，他拍板宣布：“哪怕是几个亿引入的世界级球星，主教练可以一直让他坐冷板凳。哪怕签了5年，一直坐5年。”头号球星孔卡就曾因为违反队规，被罚款100万元，创下了中国足球史上的罚款纪录。

2013年11月9日，广州天河体育场的亚冠决赛，门票销售高达5 000多万元，创下中国足球历史上最火爆的纪录，最高8 000元一张的门票，早早地被抢购一空。最终，在举国上下的瞩目中，恒大夺得了亚冠冠军。

在随后的夺冠庆典上，如愿以偿的许家印顺势展开了他的多元化蓝图：恒大音乐旗下的歌手在舞台上放声高歌，赚足了眼球与人气。更抢眼的是，写在球员球衣的胸前、庆典花车的护栏，并以一个大瓶子模型出现的恒大冰泉。这又成了一次堪称经典的事件营销。

横空出世的恒大冰泉，请来里皮和恒大足球队为代言人，以恒大地产全国各分公司为销售网点，同时其广告还出现在“恒大星光音乐节”上。这头猛虎又一次闯进了一个全新的激烈战场。

（四）结语：退后三步看恒大

退后三步看恒大，我们首先粗线条地勾勒出许家印。商业不是冰冷的游戏，很大程度上关乎人性，抛开报表、理论与争议，这家1997年才创立的企业，凭什么又为什么会走出一条有异于同时代房企的血路，它的性格是什么？房子、音乐、足球、矿泉水……浪漫多元化的逻辑起点是什么？能支撑吗？

我们提到了在成为今天的许家印之前的那个年轻人。他在舞钢发明的那条“150度考核法”：当值班人员身体打开的幅度超过150度，就定性为上班睡觉。上班禁止打瞌睡，很多公司的管理条例上都有类似的定性描述。但什么叫打瞌睡？走神算不算？托着下巴半眯着眼算不算？面对钢铁厂的汉子们，许家印的定量尺度为“150 度”。这很粗暴。

粗暴有错吗？旁观者在信息不对称情况下得出的褒贬毫无价值，关键是有没有效。多年后，在许家印起草的恒大学习资料里同样有几万条规定，同样也细致到了吃饭睡觉。这很有趣。一条管理细则如果未给制定者带来目标达成后的满足感，又怎会在不同的人生阶段重复使用？

管中窥豹，关于恒大中央集权式的管理模式，或许发轫于许家印曾经的实用主义经历。而这种多少带点马基雅维利色彩的管理思想，在转型时期及高风险、高杠杆率的房地产行业，正是驱动恒大企业逻辑得以形成闭环的必要条件。

从纵向上看，恒大通过中央集权确保执行效率，进而确保各地分公司政令统一，标准化复制；标准化又带来产品开发上的快速推进，进而确保周转率，高周转带来的现金流又降低了扩张的风险。当年孙宏斌试图将“戴尔模式”引入房地产行业，今天看来，恒大证明了这种方向的可行性。

从横向上看，恒大产品注重相对低价与品质感，但低价与品质感又有着先天的基因冲突。于是明星造势，通过光环塑造引发持续关注又成为可行之路。顺着这种路径，排球来了，足球来了，紧接着音乐也来了，正如文娱委员与体育委员总是一个班上最惹人关注的学生，恒大通过文化与体育产业收获的知名度，借势做出矿泉水，低成本赢得的“热闹”不要白不要。

当然，退后三步看恒大，同样也是基于纸面找规律。正如你可以在别人的企业中总结出成功的规律，但是若想通过总结出的规律去复制一家成功的企业，这是不可能的。恒大，毕竟是在 20 年的地产江湖中干出来的恒大。

第三章

大国工匠 | 制造大国的民族脊梁

1998 年 2 月，全国召开“两会”，朱镕基说：“中国 70% 的工业制成品产能要提升，中国的制造企业要转型升级，带着国家往前走。即使万丈深渊，也要鞠躬尽瘁。中国的整个产业经济由服装、饮料、家电为主的轻工业模型向重工业发展，城市化也好，房子也好，需要大量的钢铁、铝、电、煤，所有的能源大规模生产。”

2001 年，中国加入 WTO（世界贸易组织）。此后，真正面临竞争压力的是处于净进口状态的制造业，比如高科技的通信、电子、生物制品，资本密集的汽车精密仪器等。这类制造业通常资本和技术密集，是资金充裕的发达国家的比较优势。

中国制造业充满了机遇和挑战，也从这个时候开始蓬勃发展，中国制造业成本的优势开始凸显，一大批“中国制造”进入全球市场，在世界各地争占制造业产品市场的一席之地……

董明珠：好空调，格力造

2006年10月17日，格力电器合肥生产基地正式开工建设。这是在珠海、重庆和巴西之后，格力电器的第四个生产基地。当天上午，现场锣鼓齐鸣，嘉宾云集，总裁董明珠特意从珠海前来主持开工仪式，脸上的笑容格外灿烂。

（一）公平与和谐是斗争出来的

1954年，董明珠出生在古城南京的一个普通家庭。在同学和邻居的眼里，少年时的董明珠是个文静可爱的女孩，总是微笑着听别人说话而很少发言。然而那段时光早已远去，那时没有什么需要自己去坚持和斗争，“好啊”“可以”“没问题”，是那时候她的口头禅。而步入商界之后，纷乱的欲望和真实的利益，无时无刻不在挑战规则和公理，一个有底线和良知的商人，便不得不起身应战。

所以，董明珠说，“公平与和谐，也是斗争出来的”。1990年，董明珠辞掉在家乡南京的工作，来到广东闯荡。她原本在深圳一家化工厂工作，却被珠海的宁静吸引，应聘来到了当时还叫海利空调器厂的格力电器。

一张照片，为我们真实再现了刚到格力的董明珠——油亮的长发披肩，身着一件红色外套，戴着一副眼镜，略施淡妆，一个漂亮清纯的江南女子。

董明珠是一名新业务员。营销在当时还是一个很新鲜的职业，男的跑业务要能吃能喝能侃，八面逢源；女的要青春貌美，善于“攻关”。看到董明珠滴酒不沾，在饭桌上只喝水，做事原则性还很强，不会“同流合污”，一些老业务员禁不住为她担心。

1990 年的海利是一家刚投产不久的国有小厂，空调产量 2 万台，销售收入 2 000 万元，其中有相当部分还收不到钱。空调销售旺季到来时，产品被包装一新拉出去，不用多久，一部分又被丢盔卸甲地拉回来。

在跟着一位老业务员熟悉了几个月的业务后，董明珠被派到安徽开拓市场。一到安徽，她就发现合肥一家经销商拖欠了 42 万元的货款，虽然多次催促，仍迟迟不还。这是前任业务员留下的烂账，董明珠本来可以不管，而且公司当时按照销售额的 2% 对业务员进行提成，即使她讨回这笔债，自己也得不到一分钱。

但她想，欠债还钱，天经地义，不能就这样算了。

这家公司的经理姓牛，是一位微微发福的中年人，任凭董明珠多次上门，依然爱答不理，自己看报品茶，却连水都不给客人倒一杯。用尽了各种推诿手段后，他干脆对董明珠避而不见。

董明珠则更犟，天天去“堵”，终于有一天把他堵在了办公室。她用几乎失控的声音大叫：“你要么还钱，要么退货。否则，从现在开始，你走到哪里我跟到哪里。不信咱们走着瞧!”

牛经理被董明珠的表情吓坏了，慌忙答应退货。第二天，格力的货被一件件装上卡车，董明珠坐进驾驶室，车发动了。

为了这些货，董明珠讨了足足 40 天，其中的艰辛和委屈在心中瞬间迸发，她忍不住从车窗伸出头，对牛经理大叫：“从今往后，再也不和你这种人做生意!”说着，两行热泪夺眶而出。

从此，先款后货，决不赊账，成了董明珠为自己设立的第一条商规。在她手中，再也没有出现过一笔应收款。后来这也成为格力电器在业内独树一帜的规矩。

当时，整个行业都采用先货后款的代销制。格力本就默默无闻，董明珠还要坚持先款后货，听到这个条件，经销商往往二话不说，就摆手送客。在一次次碰钉子之后，她总是鼓舞自己，总有讲诚信的经销商会接受自己的，然后依然满面笑容地敲开下一家家电商店的大门。

在安徽淮南一家电器商店，经理是个中年女人，胖胖的，相貌忠厚，却不乏商人的精明，她被董明珠的勤奋和诚恳感动，答应“先进 20 万元的货试试，好销再多进，不好销就不要了”。

就这样，董明珠做成了第一笔生意。拿着 20 万元的支票走出这家商店大门，董明珠眼睛潮乎乎的，她决心一定不能辜负这位大姐的信任。这一次，她不像其他业务员签了合同就甩手不管了，而是一次次亲自登门，真心实意地站在他们的立场看市场、想问题，然后像朋友似的出谋划策。

当时，格力还是个小品牌，没钱打广告，仅仅摆入商店就想畅销很难，久而久之商家也会失去信心。于是她灵机一动，动员经理、发动员工，先把产品推荐给他们的亲戚朋友试用。

口碑是最好的宣传，1992 年夏天，这家商店的 20 万元的空调销售一空，而且又进了一批货。接着董明珠用这家商店的例子对其他商店“现身说法”，一张张订单又签了下来。

当年，格力在淮南卖了 240 万元，市场被打开了！经销商也纷纷赞扬董明珠的跟踪服务，说做格力的产品最省心、最舒心。同时，董明珠又在芜湖和铜陵打了两个漂亮仗，在合肥、安庆等城市也找到了可靠的经销商。1992 年，董明珠在安徽的销售额突破了 1 600 万元，一个人的销量占了整个公司的 1/8。

从此，董明珠是一个“奇女子”的名声在公司里传扬开来。

在董明珠崭露头角的时候，格力电器最重要的缔造者、现任董事长朱江洪，一番辗转后，在 46 岁时终于站在了历史为他安排的位置上。朱江洪是地道的珠海人，生于 1945 年，25 岁时从华南工学院毕业，被分配到广西百色矿山机械厂，后来成为厂长。

1988 年，朱江洪调回珠海，1991 年被任命为海利的厂长。

此时，海利是个十足的烂摊子，不仅企业规模小，产品销路不畅，而且产品质量存在严重问题。1991年，一批刚安装的海利窗机竟然无法启动，一检查，原来是运输过程中空调的铜管被震断了；还有许多客户投诉海利空调噪声特别大，他们形象地说，晚上开着海利空调，就像飞机在头顶不停地盘旋。

朱江洪技术出身，很快让产品质量发生了脱胎换骨的改变。为了让产品在市场上有一个崭新的起点，1992年，他和两个助手闭门翻了一整天辞典，想出了一个新的名字——格力。

事实上，董明珠在安徽的旗开得胜，也跟格力空调质量在这一年脱胎换骨的变化有关。

1992年秋天，朱江洪看到安徽的销售额为1 600万元，而富裕得多的江苏却只有300万元，于是亲赴华东考察。

朱江洪先到了安徽，他很快发现董明珠是个“好苗子”——和大多数业务员不考虑公司利益、只拨自己的小算盘不同，董明珠不仅有责任心和义务感，更难得的是还很有思想和悟性。

在从合肥赶赴南京的车上，路短话长，董明珠向朱江洪详细介绍了自己的营销感悟。她说，真正好的营销政策，不仅是把货卖出去、把钱赚回来，还要在厂家和商家之间，形成稳固、诚信的合作关系，共同为社会和消费者创造价值；只有多赢，生意才能做长久，如果不懂得保障他人的利益，最后必然是连自己的利益也会失去。

这话说到了朱江洪的心坎里，当时，朱江洪雄心勃勃想成就一番事业，随着产品质量的提高，营销短板变得越来越明显。从这时起，他便格外看重肯吃苦、愿卖力的董明珠，一次次给她机会，而董明珠则每次都用超过期望的业绩，回报这位厚道仁慈的领导的赏识。

不知不觉车到了南京，这个六朝古都繁华依旧。可格力在中国最富饶市场上的遭遇让人非常难堪：新品牌“格力”已经启用了一个夏天，江苏市场上却依然摆着“海利”牌产品，在强势品牌春兰、华宝的市场攻势下，毫无还手之力。

朱江洪干脆把江苏市场也交到了董明珠手里，希望她能在这个最火爆的空调市场上为格力打开局面。1993 年，董明珠让格力在江苏的销售额增长了 10 倍，到了 3 650 万元。加上安徽市场，董明珠一个人做了 5 000 万元的业绩，占了整个公司的 1/6！

1994 年，格力在江苏销售额又增长到 1.6 亿元，与春兰、华宝并列三强，董明珠个人占了总销售额的 20%。

就在格力电器蒸蒸日上、开始跻身国内一线品牌的时候，在附近一家刚成立的空调企业高薪诱惑下，格力电器管销售的副总，带着 8 名销售人员和 2 名财务人员突然集体辞职。

消息传来，朱江洪一时惊讶得说不出话来。他并没有刻意挽留，他知道，有能力的人固然难得，但只有那些在心灵上相互理解、欣赏和支持，并能用责任心和使命感时刻抵御诱惑的人，才能成为相互扶助的事业伙伴。

一辈子哪怕只能遇到一个这样的伙伴，也是莫大的幸运！

对朱江洪来说，这个人就是董明珠。

1994 年 10 月，董明珠结束了 3 年的业务员生涯，回到珠海格力电器总部，一个企业甚至整个行业，都将因她而改变。

（二）“珠海二珠”

董明珠被重用，还有一个更深刻的原因。格力电器是家国有控股的企业，关系网和利益网盘根错节，加之当时管理制度弊端日渐显现，随时都可能让数年打拼出来的大好局面丧失殆尽。朱江洪对此心知肚明，可又无可奈何。

他宽厚仁慈，是出了名的好心肠，当时作为经理，他“一不抓钱，二不抓人”，对这些事他不感兴趣，统统交给副总管，自己一心一意抓新产品开发。

于是，扭转管理积弊的重任，被寄托在了能干又“狠得下心”的董明珠身上。

出任主管营销工作的经营部部长，是朱江洪对董明珠的许诺。但这项任命在公司高层遇到了强大的阻力，一些人只同意让董明珠当副部长。他们的如意算盘是，董明珠做业务员每年销售提成高达几百万，现在到总部满打满算只能挣几万元，再给她这么一个“小鞋”，她必然赌气不干。

可董明珠对这个“小官”不仅不抱怨，还干得有滋有味。她工作玩命到每天只睡5小时，就是说梦话的时候，说的也全是格力。一有什么想法，她半夜也会跳起来，拿起本子记下来，甚至还给同事打电话一起讨论，许多被广为称道的营销绝招就是这么诞生的。

她不但严格要求自己，还严格要求别人。在经营部里，迟到早退、喝茶看报、吃零食聊天，都是多年的“传统”。董明珠一上来就抓内勤，把人训得直掉眼泪。1994年底，董明珠断了肋骨住进医院，同事们一起去医院看望，董明珠很感动。可出院的第一天，她依然不讲情面地对违反纪律者进行批评和罚款。

在董明珠上任时，账册上的应收款高达5 000多万元，而且相当一部分根本无法追回，比如，济南一家企业明明欠账100多万元，可格力电器竟然拿不出任何有效凭证，而且还蹊跷到无法查出是谁的责任。

一张宣传单的市场价是0.2元，可格力电器付的价格是0.88元；公司花了450万元在机场租了一个广告牌，却是背朝着人流方向只能给“神仙”看……对损公肥私的行为，董明珠看不下去径自跑到朱江洪那里，张嘴就要求把全部对外财务都归自己管。下级向上级伸手要权本是大忌，但朱江洪当场就表示同意。

一些人觉得董明珠太“多管闲事”，妨碍了自己的“财路”，联合起来轰董明珠下台。

每当这种时候，朱江洪总是给董明珠最坚定的支持。不久，董明珠升任经营部部长，上任后她便大刀阔斧地清理欠账，全面推行先款后货的销售政策，于是格力电器被欠应收款的情况再也没有出现过。

然而，这才是她与世俗势力斗争的开始。在格力电器总部的12年来，“眼里揉不进沙子”的董明珠不断进行博弈和斗争，她和不诚信的经销商斗，和公司里有来头的“母老虎”斗，和强硬的公司副总斗，甚至还要和自己的亲人斗。

1995年格力空调货源紧张，一个经销商找到董明珠的哥哥，想通过他的关系进 3 000 多万元的货，并给 2% 的提成。哥哥从南京千里迢迢赶到珠海，不料却被妹妹无情地拒之门外。之后，兄妹 10 多年没来往，家人也指责她六亲不认。

正是一系列毫不妥协的斗争，为董明珠赢得了“走过的路都不长草”的“恶名”。

2001 年，多年的积弊让格力电器呈现出严重的惰性，销售额连续几年徘徊不前，大量员工再也不能容忍腐败和不公，准备联合起来罢工抗议。

在关键的时刻，董明珠又是临危受命。

这一年，她升任为总经理，上任后就迅速撤换了一批不合格的中高层干部。于是，一场“大决战”爆发了。那段时间，各上级部门接连不断地收到对朱江洪和董明珠的“举报”，表情凛然的调查组也不断在格力电器进进出出。最后，朱江洪和董明珠没被查出问题，格力电器一位高层干部却因贪污被送进了监狱。

这场“刮骨疗毒”让格力电器摆脱了停滞不前的状态，企业管理也彻底走向了规范。从 2001 年开始，格力电器销售额从 70 亿元、100 亿元、138 亿元、182 亿元，一直到 2005 年的 230 亿元。这一年，格力电器以 1 200 万台的销量超越了韩国品牌 LG，成为空调行业的世界冠军。

自从董明珠出任总经理后，她和董事长朱江洪，形成了我国商界独一无二的现象。

这些年，低调的朱江洪甘于寂寞，一身臭汗，一手油污，像老黄牛一样没日没夜泡在车间造“好空调”，使格力电器技术水平不仅在国内首屈一指，而且多次打破日美企业对核心技术的垄断，与国际同行相比也毫不逊色；而董明珠一手行李，一手手机，像西部牛仔一样走南闯北，脚不沾地，为了营销多次累倒，住进外埠医院。

他们两人都是这家国有控股企业的经营者，并非老板。正是因为他们共同的使命感和责任感，在我国数百家空调企业纷纷难逃昙花一现的命运时，缺乏体制优势的格力电器，却顽强地成了世界第一。

对“珠海二珠”，科龙电器前总裁王国端说：“朱江洪遇到董明珠是朱的福气，董明珠遇到朱江洪是董的运气。”

（三）格力商业观

有时候，一个简单的信念，足以决定一个企业的命运。

随着销量的高速增长，每当淡季时格力电器不得不向银行大量贷款来购入原材料，生产的空调放在厂里又对库存造成很大的压力。当时，银行贷款利率高达7%，格力电器每年要支付1亿多元的利息。董明珠心想，与其把这笔钱交给银行，还不如把它用在关系更近的经销商身上。

于是，一种全新的厂商合作模式出现了。淡季时，经销商向格力电器投入资金，格力电器则把生产出的空调发给经销商，这样，既解决了格力电器淡季生产资金短缺问题，又缓解了库存压力和旺季时的集中供货压力。而经销商则可以得到两种好处：一是格力电器保证在旺季时向其提供充足货源；二是格力电器会支付合理的利息。

这就是董明珠创造的“淡季返利”模式。

经销商的反应非常热烈，反正淡季时自己的资金存在银行也没几个利息，纷纷提前预付了全年的货款。1995年，格力电器淡季回款比上一年增加3倍以上，足有1亿元。对于这些经销商，格力电器不仅保质保量供了货，还返利6 000万元，实现了双赢。

这为第二年格力与春兰的总决战奠定了雄厚的基础。

1996年悄然而至。这是一个生死年。

这年春天，包括合资企业，全国空调产能接近2 000万台，而市场容量不到600万台；这年夏天，我国遭受了百年难遇的洪水，“祖国山河一片洪”，气温不超过33摄氏度，空调满大街。

于是，一场血战在这个凉爽的夏天展开。科龙率先降价，一款空调从6 400元、5 800元、5 600元、5 000元，“轰隆”一声降到4 280元！其他厂家也纷纷跟进，高呼“让利不让市场”，把价格成千成千地往下砍。

看格力毫无动静，经销商纷纷打来电话：“除非马上降价，不然格力今年死定了！”

格力的很多高层领导也主张赶快降价，但当时任经营部部长的董明珠却据理力争——格力一旦降价，一些大经销商就会抢先出货，用低价冲击二、三级经销商和那些本小利微的经营者，这将使广大经销商动摇对格力电器的信心，后患无穷；同时，低价倾销对消费者也未必是好事，原来商家销售一台空调能有 700 ～ 1 000 元毛利，降价之后毛利不足 100 元，于是纷纷在安装等售后服务上打折扣，导致消费者投诉不断。

最后，格力电器采纳了董明珠的意见，致电各经销商：格力空调一分钱也不许降！

可偏偏有人不听。当时格力电器最大的一位经销商，每年的销售额几个亿，占格力电器销量的 10% 以上，此时已囤积了大批空调，正悄悄低价倾销。100 万元进的货，他转身 80 万元就敢卖出去，想自己先亏些钱，一举击溃竞争者，独霸一大片市场，然后再与格力电器讨价还价。这人在业内很有影响力，甚至在格力电器高层也有后台，他的货倾销范围近 10 个省，最厉害的是，他从珠海进的货，运到华东后还能再卖回广东。

对这种不诚信的行为，董明珠察觉后立即对此人停止供货。他自恃是格力电器的最大客户，且与公司高层某领导关系非同一般，于是大大咧咧找上门来收拾董明珠，扬言“有她无我”。

董明珠则宁肯被撤职，也不让步。这人看见董明珠硬得不行，便四处求情。朱江洪是出了名的厚道人，禁不住软磨硬泡，也希望董明珠再给那人一个机会。但董明珠“坚决不与缺失良心和责任感的人做生意”。

最终，格力电器彻底中断了与此人的合作，众多中小经销商大大出了一口恶气，军心得以稳定。为了渡过难关，格力电器干脆放弃了跌价最厉害的 1 匹分体机，把生产和营销重心向技术含量高、利润也高的柜机——“冷静王”等产品转移。

事实印证了董明珠的判断，一直是国内“老二”的华宝，降价后销量创出新高，但却巨额亏损，华宝从此退出竞争，归到“老四”科龙旗下。同时，这场大战还断送了包括当时的“窗机大王”——杭州东宝在内的一大批品牌的前程。

这些品牌惨败的原因几乎如出一辙。大经销商为争夺地盘、扩大市场份额向厂家索取更高回报，纷纷使出批发价低于出厂价、零售价低于批发价的手段，相互倾轧，价格的一天三变让中小经销商苦不堪言，最终人心涣散。

华宝一直是董明珠格外敬重的同行，每次提到它的黯然陨落，她总有不尽的感慨和惋惜。是啊，一个企业消亡的真正原因，往往不是竞争的凶险，而是自己心中失去了最后的信念。

1996 年，不降价的格力销量增长 17%，以 97 万台的销量超越了春兰成为国内的“老大”。在国家统计局那年的一个调查中，格力的“全国市场占有率”“产品质量评价”和“售后服务评价”均位居第一。

在年终结算时，格力电器拿出 1 亿元，奖赏同舟共济的大小经销商。发奖的现场，看着大家欢聚一堂，董明珠当众高声重申格力电器的主张——商业从来都是一个多赢的游戏，任何一个环节没有利益，这个游戏就无法持续玩下去。一个优秀的企业，不仅要对自己负责，还要对消费者负责，对经销商负责，更要对中国家电行业的健康发展负责。

（四）创立区域性销售公司

1997 年，格力电器“区域性销售公司”模式的创立，是董明珠对我国商业模式的一大贡献。

当时在武汉，格力电器有 4 家经销商，本来做格力都能赚钱，但 1997 年他们展开了“内斗”，竞相向湖北及周边市场低价倾销。其中两家已经奄奄一息，另外两家也元气大伤，再斗下去 4 家都只能死路一条。

怎么办？站在格力电器的立场，最简单的办法就是另起炉灶，把他们扫地出门。

董明珠突然闪出一个念头：格力电器和他们四家联合起来组建销售公司，四家变一家，统一网络，统一价格对外批货，岂不既整合了各自的资源，又避免了内斗吗？

四家经销商几乎是众口一词："好啊！董明珠是观音菩萨，救苦救难！"

1997 年 11 月，格力电器的第一家销售公司——湖北公司成立了。1998 年，湖北公司的销售额超过 5 亿元，而且没有一台空调外流出湖北，几家企业均取得了丰厚的分红。

此种模式被格力电器迅速推向全国，先后在重庆、安徽、湖南、河北等全国 32 个省市成立了区域性销售公司，在这些地区，格力电器不仅稳定了产品价格，维护了品牌形象，还提高了市场份额。

2000 年，湖北公司看到自己在湖北地盘上如日中天，便背信弃义向格力电器"叫板"。

双方的矛盾有两个焦点：一是他们要求在代理格力的同时还代理其他品牌，对此格力电器自然不能答应；二是他们凭借对湖北格力空调的垄断，给小经销商的利润空间太小，自己赚了大钱，小经销商却没钱赚。

湖北公司对董明珠讲，"小经销商们赚得盆满钵满，都赚得不好意思了"。董明珠本来很高兴，可一打听，才知道小经销商们怨声载道，敢怒不敢言。于是，她严令湖北公司立刻向小经销商奖励销售额的 2% 作为额外利润，算是给湖北公司的一次改过自新的机会。

可对方置若罔闻，并放出豪言，"大不了我们二次创业"，心想自己是格力成立的第一家销售公司，一直都被当作样板，看你能把我怎么样。

格力电器立刻切断了与这家公司的业务联系，马上启动了一家自己新注册的公司。离开了格力，这家公司很快销声匿迹。

2001 年，为了维护小经销商的利益，董明珠接连处理了安徽、广东等 8 家销售公司，再次把双方拉回到诚信合作的轨道上。

事实上，董明珠在家电业奋斗多年，最引以为荣的，除了让一个积弊重重的国企变得规范外，就是以身体力行和不懈斗争，把诚信经营的观念植入了一大批经销商的心中，一点点地改变着我国的商业环境。

她说："生活就是这样，总会有乌云遮日的时候，但也总会有云开雾散的一天。只要你坚持自己的理想走下去，就一定会有成功的那一刻。"

在董明珠的理想中，无论"店大欺客"还是"客大欺店"，都不能被容忍。

2006年8月，格力电器以优惠的价格向经销商定向增发了相当于总股本15%的股票，用资本的纽带，把经销商和格力电器的利益更加紧密地捆绑在了一起。

目前，格力电器拥有数千名经销商，近3 000家专卖店遍布全国各地。这也为后来轰动一时的"格美大战"埋下了伏笔。

2004年2月21日，成都国美电器为了在空调销售旺季到来前抢占先机，未经格力电器同意，擅自将格力一款零售价为1 680元的挂机降为1 000元，3 650元的柜机降为2 650元。这时，董明珠正准备到北京参加"两会"，她立即电告四川格力销售公司经理，要求国美"立即终止低价销售行为，并向格力道歉"。国美倒是道歉了，但很快就发出紧急通知，要求各分公司把格力空调"扫地出门"。

那段时间，董明珠感到自己几乎被"孤立"了，每个人都善意地提醒她："现在大家都讨好国美和苏宁等大卖场还来不及，格力得罪他们太危险。"

董明珠的回答则更干脆："如果跟国美等大卖场大面积合作，很多企业会死得更快。"

事实上，格力与国美的冲突，已经超越了两家企业的利益之争，是两种商业理念的冲突。对大卖场而言，追求"最低的价格、最快的速度、最大的销量"，这种思路本无可厚非，但企业如果一味迎合，就很危险。

一个典型的例子是，当时不少空调企业为了配合大卖场制造噱头，竟然相继推出了售价七八百元的所谓"特价空调"。

七八百元的价格，让格力怎么算也算不明白，一台空调光压缩机就是几百元，安装费也要 100 多元。空调是靠规模生存的行业，每年产量几百万台的格力还扛不住这个价格，何况那些产量只有几十万台的小企业？如果不是通过偷工减料来糊弄消费者，这又是什么？

其实，“格美大战”的焦点，恰恰就在于制造商和零售商谁该拥有“定价权”。在董明珠看来，如果厂家在价格上听命于商家的安排，那么就只能因陋就简，在粗制滥造中疲于奔命。制造商没有合理的利润，无法持续进行研发投入，长此以往，中国制造将被牢牢锁死在劣质低价中而不得救赎。

这种观点，当时在业内同行听来完全是杞人忧天。那两年，中国的家电企业正在“术业有专攻”的精神指导下，专注于制造，把销售几乎毫无保留地交给了国美和苏宁等大卖场，大幅削减自己的渠道投入和经销商队伍。甩掉巨大的营销成本后，家电厂商们的财务报表确实好看了不少。

转型的“后果”很快显现出来。迅猛扩张的“国美们”开始转而“挟渠道以令厂商”，利润成倍增长，而制造商们却都发现自己两手空空。

从 2006 年开始，顿感不妙的各制造商又开始“渠道复辟”，海尔、TCL、美的和志高等纷纷加大了自有渠道的投资力度，而且有几家企业采取的，正是与经销商合资成立区域销售公司的“格力模式”。

2006 年 9 月，国内一家电业巨擘在重庆参加一个论坛时由衷感言：“国内家电大连锁商近年来表现出强大的吞吐能力，由于其销量非常大，国内家电制造企业往往要满足大连锁商的要求，离企业最本质的东西——顾客的需求却越来越远。”

董明珠当初的判断，如此精准地一一应验。

是什么给了董明珠一次次先知先觉般的判断？在我们看来，这一切都源于她那最质朴、最简单的信仰和理念。

然而，越是简单和质朴的东西，越需要付出百倍的努力去捍卫它；把一种纯粹的信念贯穿于生活和事业中，往往需要付出巨大的代价。

我们经历的商业时代正从躁动和喧嚣中返璞归真，在走向规范、成熟和理性的过程中，总有一些东西需要人去忍受和担当。

而这些人，无疑是被这个时代所选中的。

他们以自己的付出和坚守，为这个时代提供了燃料。

李书福：跟上梦想的脚步

在记者成行之前，某大型国有汽车集团的一位副总说："你还要去采访这个疯子呀！咱们都把他当作眼中钉呢！"记者就想：能让这些国企老总坐卧不安的人就不是一般的角儿。

一位浙江吉利集团的老员工谈起了他们的老总："咱们吉利集团现在综合实力列全国乡镇企业第五、民企第四，可李总还是一个三不会的人——不会吃，不会穿，不会睡，脑子里装的全是他的造车梦。"

当记者在北京的茶楼里采访李书福的时候，他见到记者的一个工艺打火机，就拿过去琢磨了老半天，说这种流线型的设计好像可以应用到跑车的外观设计上；当记者站在李书福的汽车城感叹自身渺小的时候，当看到吉利大学里数千学子夜半苦读的时候，我们也开始由着李书福的那股子"疯"劲去解读他的成功。

（一）一条逆流的鲶鱼

2000年，美国《福布斯》杂志将李书福列为中国内地50富豪榜第32位，2001年再列第49位。李书福对此却嗤之以鼻，还扬言要状告《福布斯》。

李书福说："我选择谁，谁就会成为百万、千万富翁，这世上可供我选择的人很多，但像吉利这样的公司却很少。"

在一场新闻发布会上他更是"不知天高地厚"："通用、福特迟早要关门！"话音刚落，台下一位年轻人就站起来，挟起包边走边调侃说："我得走了，我得去找工作了。”这位年轻人是通用（中国）公司公关部经理。

李书福有他傲气的资本，因为他总能做成别人不敢做的事情。

世纪之交，中国汽车工业游进了一条鲶鱼。这条名叫“吉利”的鲶鱼逆流而上，掀起骇人的巨浪，将一潭死水的中国车市搅得涛翻浪涌，接连引爆4次降价风潮，最先将轿车价格拉下马来，突破4万元价格的瓶颈。一时间，夏利、奥拓、富康、桑塔纳等车价纷纷跳水，多米诺骨牌一个接一个被推倒。

民营企业切入汽车制造，给我国现有的汽车发展体制、国家汽车政策带来了强劲的冲击，制造了紧张氛围，激活了汽车市场。有人说现在的国有汽车厂的老总们要打起12分的精神来对付吉利汽车了。他们一朝醒来，就会发现脚下的坚冰成了滔滔的洪流。

1999年和2000年，初创的吉利车年销量也就几千辆，然而不到4万元的诱人车价和“平民车”的概念，却让过惯了舒坦日子的国企轿车巨头们头疼不已。过去的中国轿车市场由他们把持着，大家碰个头，统一一下口径，市场定价就出来了。可现在偏偏从民间钻出个不听话的吉利车来，价格还只有同档车的2/3，这还得了？

于是，有人开了头一炮：“他李书福有什么能耐？ 3万元能造出什么轿车？肯定是用废铜烂铁打的。”一时天下闻檄而动，纷纷讨伐吉利车，怀疑如密集的冰雹，砸向吉利，砸向李书福。一位大型国有汽车集团的老总还在人民大会堂这样戏谑：“没有一不怕苦、二不怕死的精神，就别开吉利车。”

那两年，李书福过得很艰难。有人说他快疯了，一见人就讲自己怎么造出3万元轿车的。没人信他，到后来他就干脆保持沉默，让市场来检验一切。那些国企老总叫嚣了一阵，见一个巴掌拍不响，也甚觉无趣，怀疑的论调才渐渐偃旗息鼓。随着吉利车有一茬没一茬地搅和，国企垄断车市的局面一去不复返，加之中国入世脚步的临近、政府对车价的放开、消费者的日趋理性，市场的压力让国企巨头们没法再装清高了，车价一路下滑，夏利、奥拓也相继推出了3万多元的轿车，他们狠狠地扇了自己一嘴巴。

国企车价的暴跌无疑给吉利车做了一个大大的免费宣传。老百姓也弄明白了，这3万元的车质量还是有保障的，兜里的钱终于开始蹦出来了。到了2001年，吉利车的销售形势开始火起来。在北京车市，吉利的两款车——“豪情”“美日”一个月总共能卖出200多辆，全年吉利全国销售达3万辆，成功实现盈亏持平。对于一家建厂仅两年的民营汽车企业来说，这算得上是一个相当不错的开局了。而反观一些老牌的汽车国企却败得很难看，生产夏利的天津汽车工业公司2001年上半年即告亏损65亿元之巨。

无疑，李书福和他的吉利车给沉闷、低迷、僵化的中国车市吹来了一股新风。然而，为了吹这股风，李书福经历的几起几落、生生死死，是常人难以想象的。

（二）规范下马与三闯“红灯”

李书福是一个相当执着的人，他怀揣着自己的梦想，不顾一切地往前冲。

在他的创业中，无论是造摩托车还是造汽车，一开始都让人觉得他不自量力、异想天开，但最终他都做成功了，而且做得相当漂亮。

这个“最执着的人”给人的印象总是天天在忙碌着。跑技术、跑资金、跑销售、跑政府部门都是难事，但李书福一件件地给办成了。说中国的汽车业不好做，可转瞬间，李书福魔术般地推出了吉利轿车、跑车。为了获得民营企业造小轿车的许可，他抱着不成功便成仁的勇气和决心，静静地守候着。

而他所有的执着，又源于创业起家时那次刻骨铭心的经历，这让他参透了“慎终如始，则无败事”的古训。

李书福是浙江台州人，自小酷爱摄影，高中毕业就提着一台老式相机走街串巷给人拍照谋生。

1984年，年仅21岁的他拿出拍照攒下的1 000元钱，与人合伙开了一家作坊式的小厂，替一些大的冰箱厂加工小配件。冰箱市场的供不应求，也带动了制冷元器件产业的发展。李书福的小厂从小配件一直做到核心部件，他看准这一商机，请上海专家攻克了冰箱蒸发器的技术难关，逐渐成为浙江首屈一指的制冷元件供应商，连上海、山东几家冰箱大厂都请他做配套。

之后，李书福逐渐向下游产业渗透，成立了北极花电冰箱厂，开始制造成品冰箱。经过长期计划经济体制的制约，市场的饥渴状态用不着李书福去考虑营销，只要质量没问题，就没有卖不出去的东西。北极花冰箱在很多市场都卖得脱销，品牌渐渐树立起来，李书福也完成了最初的原始资本积累。

然而，1989 年，国家对电冰箱实行定点生产制度，民营的“北极花”不在国家定点之列，不能生产冰箱。第一次撞上“红灯”的李书福老老实实地刹了车，关掉了冰箱厂，伤心之余一头扎进了深圳大学的书堆里。

这是一个影响他一生的抉择，当时一部分同样没有拿到定点生产指标的企业坚持下来并笑到了最后，现在的家电巨头，如科龙、美的等均属此列。李书福每每谈及此事，总是痛心不已。他意识到：国家的产业开放政策有个逐步到位的过程，有些“红灯”只是暂时的，只要是顺应潮流的事业，认准了，再困难也要坚持到底，“红灯”虽然不能硬闯，但缓行等待时机或绕道而行也是可行的。

在装修大学寝室期间，李书福去市场购买装潢材料时发现，当时高档的装潢材料，如美铝曲板等都从国外进口，利润惊人，空白的行业让他有了做建材的想法。同学就笑他：“这些高档的东西，中国人怎么做得了？”他就不信这个邪，立马放弃了深圳大学的学业，回到台州，召集旧部，倾囊 2 000 万元成立装潢材料厂，1990 年就搞出了国产第一张美铝曲板，其各项质量指标均可与同类进口材料媲美，而市场价格仅进口材料的 1/3，很快畅销全国。装潢材料至今仍是吉利集团的支柱产业之一，每年产值达 5 亿元，每年贡献利润 5 000 万元以上。在李书福的推动下，浙江台州也逐渐成为中国最大的装潢材料生产基地。

李书福就怕人说他不行。1993 年，他去某大型国有摩托车企业参观考察，看见摩托车产销两旺的势头，就向该企业老总提出为他们做车轮钢圈的配套，对方一听，笑道：“这么高技术含量的配件岂是你们民营厂能完成的，该做什么还做什么去!”

李书福一听就火了，憋着一肚子气回到公司，大胆提出自己制造摩托车整车的想法。当时连他的亲兄弟都笑他不自量力:“车祸死了人，有你好看的。搞不好千年砍柴一夜烧。”然而，李书福决心已下，但这次他又碰到了“红灯”——没有摩托车生产许可证。到处求爷爷告奶奶均是碰壁而返。吃一堑长一智，他“绕道”以数千万元的代价收购了浙江临海一家有生产权的国有邮政摩托车厂，借船出海。只用了 7 个月时间，吉利就研发出中国同行一直没有解决的摩托车覆盖件模具，并率先成功研制出四冲程踏板式发动机。接着又与行业老大嘉陵强强联合，生产“嘉吉”牌摩托车，不到一年又制造出中国第一辆豪华型踏板式摩托车，很快便替代了日本和中国台湾的同类摩托车，不仅一直占据国内踏板车销量第一地位，还出口美国、德国、意大利等 22 个国家和地区。1999 年，吉利摩托车产销 43 万辆，实现产值 15 亿元，吉利集团也因此赢得了“踏板摩托车王国”的美誉。

（三）请国家给我一次失败的机会

“请允许民营企业大胆尝试，允许民营企业做轿车梦，几十亿的投资我们不要国家一分钱，不向银行贷一分钱，一切代价民营企业自负，不要国家承担风险，请国家给我们一次失败的机会!”为了拿到轿车生产权，李书福四处奔走呼号。

造轿车是李书福最大的梦想。多年来，他总在琢磨:作为国民经济“三驾马车”之一的汽车业，应该有更大的文章可做，而老百姓买得起的小轿车市场上还没有。李鹏任总理的时候不是曾说过吗，当前真正符合广大老百姓购买能力的普通家用轿车，应该是“三五轿车——乘员 5 人、每百公里耗油 5 升、售价在 5 万元以内”。而带有浓重政府色彩的“三大三小”国有汽车企业长期忽视低端轿车的开发，致使家用车市场迟迟难以启动起来。

1997 年，在有了装潢材料和摩托车所带来的丰厚利润作为圆梦的坚强后盾之后，李书福决定杀入家用轿车领域。这在当时是一般的民营企业家连想都不敢想的事，当然招致了包括一起创业的亲兄弟在内的所有人的反对。李书福对他们说："造汽车没什么神秘的，无非就是四个轮子加一个方向盘再加一个发动机。世界汽车工业已经形成了非常成熟的技术，完全可以为我所用，只要有钱，就可以买来技术、买来零配件，请到人设计出好的产品。我们过去造两轮（摩托车）时，不也是没人相信我们能做出来吗？事实怎么样呢？我们不仅做出来了，而且还做得很好。我心意已决，我负全权责任，哪怕是倾家荡产，头破血流，我也要干！"

造汽车岂同儿戏，生产权、技术、资金市场等一系列问题横亘在李书福面前。"开始想要造车就被人当成犯罪一样，好像是件多么大逆不道的事情。"李书福总是这么感叹。

李书福到省里找到相关部门，要求生产汽车，主管官员立刻瞪大了眼睛，好像遇到了一个令人不可思议的"疯子"。回答当然是否定的。李书福又问，如果不让生产汽车，可不可以搞汽车实验？官员想了很久才答道："搞研究是可以的嘛。"

得不到主管部门的许可，固执的李书福还是在临海市征地56.67公顷，打着造摩托车的幌子，筹建吉利豪情汽车工业园区。他的哥哥都说他是在赌命。的确，如果最终拿不到汽车生产权，数亿元的投资都将付诸东流。

开弓没有回头箭。李书福一次次到北京奔走呼号，到国家汽车权威部门，一次次地阐明自己的观点。

壮士断腕般的豪言并没有融化国家政策的铁板一块。一次偶然的机会让已被判了"死缓"的李书福柳暗花明，司法部下属的四川一家生产小客车的企业濒临倒闭，经过多方努力，合作成功。对方以目录、生产权、部分设备等折价入股，吉利投入1 400万元，成立四川吉利波音汽车制造公司。李书福又靠"借腹生子"终于拿到了小客车、面包车的生产权。

1997年11月，吉利在临海的工业园正加紧建设的当口，又突遭台风袭击，在建厂房被洪水淹没。在漆黑的夜里，李书福与职工们被困在断电、断水、断粮的厂区内，他们脚蹚洪水，相互偎依着取暖，造汽车的信念却更加坚定起来。靠着这个信念，他们一起渡过了最困难的时刻。靠着这个信念，他们攻克了一项又一项技术难关，仅用一年时间就造出了家用经济型轿车。

1998 年底，第一辆两厢“吉利豪情”车下线，李书福搞了个下线仪式，亲自去请一些官员，结果，除了浙江省一位副省长来了外，其他相关官员一个都没到场。“他们都不敢来，认为吉利是在打擦边球，怕承担责任。”

李书福把“吉利豪情”的市场价定在 4.79 万元，成为当时中国最便宜的“电喷车”，其优越的性能价格比，得到了众多家庭购车者的关注，市场需求渐旺。李书福感到是大干的时候了，于是在 2000 年，他又在宁波北仑投资 7 亿多元，征地 66.67 公顷，建立吉利美日工业园，两大生产基地初步形成了年产 20 万辆汽车的生产能力。

正当李书福准备在 2001 年放手一搏的时候，政策的变动再次将李书福逼入了绝境。

（四）我活下来了

李书福的鲜明个性与他的财富有关，一个人有了足够资本，当然有底气做自己想做的事情。

但是，他的个性似乎又与财富无关，并不是每一个有钱的人都会像他一样疯狂。他花钱花得那样心惊肉跳而又理直气壮，这是基于他的个性。

他进军足坛，花了好大一笔钱却又从中抽身而退，并且宣布：“你足坛不遵守游戏规则，我不跟你玩了。”

李书福说，这个社会最可怕的就是没有欲望，没有个性。这是一个进步的社会，允许人们有个性和不断提高欲望，不断有自己新的追求，只有这样才能发展。如果我不张扬，我没有个性，我不知道吉利集团今天会怎样。

国家经贸委从被撤销的机械局手中接过主管汽车这项权利后，从 2001 年 5

月起，首先实行了汽车生产定点企业公告制度，只有上了公告的企业和车型才准生产，以此来制止套用《道路机动车辆生产企业及产品公告》目录变相买卖汽车生产权的现象。而像吉利集团这样的“准轿车”生产企业就是当年由于“目录”的“变通”而艰难地获得生产权的。这一变故使李书福开始变得异常沉默。

“狂人”李书福苦心经营汽车4年，在政策的夹缝中左突右冲，投入十几亿元的资金，树起了吉利汽车的牌子。李书福日常生活很节省，但对“吉利”树形象，却很舍得下血本。吉利养了一个广州足球队，如火如荼地在甲B赛场上领衔主演。功夫不负有心人，一系列品牌宣传，使得吉利轿车在市场上逐步站稳了脚跟，当时北京市场月销量达200辆以上，以往“模仿秀”的骂声、怀疑猜测的目光也逐渐褪去。李书福准备趁热打铁，推出新车型——三厢吉利，可公告一出，他的轿车别说三厢，就是两厢也性命难保。即使已上市的两款车还能生产，没有新款车推出，吉利也是死路一条。李书福说：“我是真心想把中国汽车产业搞上去，才舍了命搞汽车，可如果连门都不让进，还谈什么公平竞争?”打报告反映、媒体呼吁、私下公关，李书福用尽了所有办法想获得生产轿车的权利。

到了2001年9月，连续5批“公告”都没有吉利的名字，李书福急红了眼。此时的他已是内外交困。由于2000年的巨额投资，吉利集团出现了自创业以来的第一次亏损。

高层对造汽车的意见分歧日益加剧，导致吉利集团最终肢解，最强烈的反对派——李书福的弟弟李书通，坚持用他拥有的20%集团股权置换了吉利摩托车公司80%的股份，而这家企业是吉利旗下最主要的摩托车厂，曾占有整个吉利集团近30%的利润来源。（这位李书通后来还是走了哥哥的路，自己生产了一款名叫“杰士达”的轿车，成为李书福既爱又恨的竞争对手）

别无选择，李书福决定再次以合资的方式来曲线救国。江南机器厂曾是国内四家生产奥拓的汽车企业之一，如今经营惨淡。为能正式生产轿车，李书福与江南厂谈判，花了2 400万元占49%的股份合资成立了江南吉利汽车制造公司。

委曲求全，名义上保留了企业的国有控股性质，把自己推出的新款车由“江南吉利”去申请“准生证”。

转机恰恰在这时出现了。2001 年 10 月 30 日，也就是中国正式加入 WTO 的前 10 天，第 6 批“公告”中，吉利的 JL6360 型车终于榜上有名；而由“江南吉利”申请的 NJ7130 型三厢轿车也位列其中，着实让李书福喜极而泣。由此，一直被视作“野孩子”的吉利终于有了自己的名分，成为国家汽车定点生产基地之一。

一条难辨生死的路上孤独地走了太久，李书福终于拨云见日。李书福一激动，将吉利全线产品降价 10%，最低跌破 4 万元大关。市场销售顿时出现井喷，“吉利美日”“吉利豪情”一路狂销，各地经销商频频告急，北京亚运村更是出现了排队抢购的热销景象。2001 年，吉利汽车产销达 3 万多辆，实现了盈亏持平。2002 年 4 月，吉利又推出了“优利欧”新款三厢轿车，取“优于夏利、赛欧”之意，配备丰田四缸发动机、双安全气囊和 ABS 防抱死装置等优化设备，而价格仅为 7.69 万元，非常有冲击力。经销商闻讯蜂拥而至，车一下线，就有经销商做上记号：“这是我的。”数日之内，打到吉利账户上的订金就达 2 亿元，大有一飞冲天之势。

李书福笑了。

（五）3 万元的车是怎样造出来的

有人指责吉利车是典型的模仿秀——奔驰的头、夏利的形、丰田“心”。李书福却不以为然：汽车从诞生到现在哪一辆车装了 5 个轮子的？从这个意义上来讲哪个汽车厂没有模仿过？抄袭一个人的成果是剽窃，抄袭很多人的成果是研究。“没有模仿，就没有进步，我们是站在巨人的肩膀上发展，怎么站得好才是我们关注的问题。”

吉利初涉汽车业的时候，同行们没有想到它会以如此低的价格切入市场，至今仍有人对吉利车抱有“低价低质”的猜疑。然而，他们的确没有想到李书福会这样造汽车。

吉利的低价源于李书福一贯奉行的低成本竞争策略。在建厂初期，没有一分钱贷款的情况下，李书福量体裁衣，最初投入3亿元建成年生产能力仅2.5万辆轿车的工厂，这就避免了一次投入几十亿甚至上百亿元所带来的资金沉积，大幅节约了财务成本。因陋就简，尽量共用原有摩托车生产线，年产15万辆汽车规模的宁波美日基地才投入7亿元（而夏利的同规模生产线却用了50多亿元），而且仅用9个月就竣工（像这样规模的项目，国外一般需要3～5年，别克公司用了两年零三个月）被称作汽车史上的“世界纪录”，而李书福将这个纪录足足缩短了一年半，节约了巨额建设成本。

中国有187家整车厂和数万家零部件厂，生产能力已严重过剩，吉利就没必要搞大而全的企业，而是充分利用社会过剩产能，通过招投标，吉利与全球400多家配套企业建立协作关系。再加上台州为我国汽配和汽模具之乡，吉利在零部件采购上有得天独厚的优势，大大降低了采购成本和开发费用。

李书福还独创了“老板化工程”，即请有钱的投资者加盟吉利，与吉利合伙创办分厂培养一批紧密合作型老板。吉利把厂房租给配套厂商，所需设备根据集团要求，均由配套厂投入。积聚社会闲散资金解决了吉利设备投入上的数亿元资金缺口，这也是吉利为什么能在短时间内不靠国家贷款奇迹般建成投资巨大的生产线的奥秘。

在新产品的开发上，李书福有自己的研究所，主要致力于全球新技术信息的掌握和导入。针对全球设计开发事务所遍布的这一现象，根据企业需要，向它们发出开发课题，比质比价选择合作伙伴，得到更专业、更先进的设计理念和方案，相比一些企业养一大批人闭门开发的做法，吉利的“四两拨千斤”又一次削减了开发成本。

在汽车销售上，采用“捆绑式”销售法，全国各地400多位经销商买断产品，企业只同经销商发生支付关系，而不直接同客户发生营销关系，进一步保证了企业流动资金的充足。

与国有企业相比，作为民企的吉利集团有太多的灵活性，如决策灵活、投资灵活、定价灵活、合作灵活、生产时间灵活，也没有国企的历史包袱，自然免去了诸多不必要的支出。

吉利是所有的汽车企业中广告投入最少的，每年不超过 1 000 万元。当然，它也用不着投广告，李书福总有那么多的新闻值得媒体铺天盖地地炒作。

准确地说，吉利集团就是一个企业联合体，李书福通过整合全社会资源，成功地造出了符合现今中国国情的百姓车。

（六）造车与造人

李书福喜欢写诗，诗与金钱，是水火不相容的两件事。而李书福给人的感觉，既不像诗人，也不像富人。但他却能将诗的想象力融进自己的事业中来。

他嘴里常常会冒出一些富有哲理的话：

“什么叫创新？就是人家都反对你而你还坚持去做。如果你和大家的观点一致，这叫创新吗？”

“100 年后，人们可以自己买零件组装汽车，就像现在个人组装电脑这么简单，到那时，通用、福特怎么会不关门呢？”

而李书福在人才的引进上，也不搞高薪聘请。

伴随着国企改革的深化，一大批五六十岁的汽车专业人才“下岗”，这让李书福如获至宝。仅用每人 2 000 元左右的月薪就引入各类高素质的技术人员 200 多人，其中包括原国家汽车研究中心电器室主任、江苏理工大学电子喷射专家、武汉汽车工业大学教授等，他们成了吉利汽车的脊梁。

企业的快速发展使吉利集团对人才的需求急剧递增。在经历了向高校“买”人才，投资千万元请高校代培人才之后，李书福又突发奇想，决定“自造”人才。吉利相继投入 12 亿元创办吉利教育中心，先后孵化出浙江经济管理专修学院、浙江吉利中专、浙江吉利技工学校、丰田金杯吉利汽车技术学校。2000 年，李书福再出大手笔，在北京昌平区征地 200 公顷，总投资 8 亿元建成北京吉利大学，成为北京地区第一所国家计划内招生并可自主颁发大学毕业证书的民办大学。至此，吉利集团形成完善的中高等职业技术人才培养体系，每年向集团和社会输送 2 000 多名合格专业人才。

吉利集团实行“弹性管理制”，即重大决策责任由集团董事会承担，董事会只问结果不管过程，从而给了各级管理层相对较大的锻炼空间，激发其积极性和创造力。集团打开了员工的上升通道，中层干部全部竞争上岗，谁都可以争取。这样的管理制度让年轻人迅速成长起来，年仅 30 岁的安聪慧就当上了美日汽车公司总经理，这在国内外汽车企业中都是不多见的。

（七）李书福的遗憾

一个与财富打交道的人，却在记者面前提出：“少谈点金钱，多谈点精神。”

人们老是想着怎样去赚钱，这才是阻碍企业发展最要命的问题。一个企业要怎么运作，很深奥，关键要看人们精神上的追求。

“我搞的‘老板化工程’，培养了几百个千万富翁，多数都能够同心同德，也有怨恨我的，认为我给他们的银子太少了，我成了东郭先生。”

吉利集团掌门人李书福多年来崇尚拿破仑的一句名言：“一头狮子率领的一群绵羊能够打败一头绵羊率领的一群狮子。”而在新的世纪到来之后，他考虑最多的问题是：如果那头绵羊率领的一群狮子同样也由一头雄狮率领，那群由狮子率领的绵羊还能打仗吗？

“老板化工程”也并不像李书福想象的那样完美。经济学中“资本的原始积累必然伴随着野蛮”的理论，使李书福对“老板化工程”实施过程中产生的弊端有了全新的认识。一些投资者仅仅追求眼前利润，产品质量、管理科学、合作意识被削弱。这些问题的存在，已经成为吉利集团发展壮大的重大内耗。

一些老板由于受自身文化和阅历的限制，管理上满足于近亲繁衍的现状：会计、采购、出纳等要害部门全被亲戚把持，把集团派来的管理人员晾在一边，个别老板甚至视集团派来的管理人员为夺权，以下令车间停工为要挟，有的老板甚至将资产转移出去。

李书福痛下决心：向老板开刀。

恰好这时车身厂的厂长闯到刀口上。该厂长占有车身厂 30% 的股份，此人连自己的名字都不会写，却牛气冲天。李书福派去的会计，被迫坐了一个月的冷板凳，最后不得不回到总部；该厂供应的车身价格总是居高不下，以此捞取额外利润，全然没把集团的大局放在眼里。

李书福忍无可忍，将他的厂长职务免掉。不料该厂长下狠招，将厂里的中层干部全部带到山西“旅游”，遣散其他员工，工厂一下子瘫痪。这逼得李书福又重新组织了一批骨干充实进去，折腾数月，工厂才得以复工，拖了集团年度目标的后腿。至今这场官司未了，李书福虽觉胜券在握，但仍感到内耗带来的痛心和疲惫。

从此以后，李书福大刀阔斧整顿老板阶层，强调分厂老板要“四化”：知识化、年轻化、决策科学化、管理民主化。对已经加盟的“老板”，凡达不到“四化”要求的，立即调整岗位。并采取派管理人员、财务人员、质量监督人员参与管理的办法，使分公司、分厂等各部门置于大集团的规范化监控之中。

对现实的人们谈乌托邦式的理想，那是行不通的。

（八）180 商战计划

当外部的环境日渐改善之后，李书福决定集中集团力量，重拳出击。原来集团下属两个独立的汽车公司——吉利豪情和吉利美日，两个相同定位的品牌、两套班子独立经营，资源浪费、机构复杂、项目重复建设，削弱了集团整体战斗力。于是 2001 年 4 月，李书福对两家企业进行重组，联合成立浙江吉利汽车工业股份有限公司，将两家分厂的外协、销售、售后服务、新产品开发等工作收归股份公司统一管理，以便更有效地共享集团资源。

2002 年，吉利汽车已形成自 3 万元到 7 万元多个档次、多个型号的产品链，其自主研制成功的中国第一辆跑车样车已在北京亮相，当时预计年底投入小批量生产，从而在高中低档轿车市场均占有一席之地。

2002 年，李书福给自己制定了一个庞大的汽车王国蓝图——“180 商战计划”。他在 2001 年完成产销 3 万辆汽车的目标前画了钩，接着又在 2002 年 5 万辆产销目标前画了一个叹号，在这一页的末尾赫然写着 2010 年实现产销汽车 30 万辆，销售额达到 180 亿元！他准备总共投入 26 亿元来完成这一目标，目前还需投入 10 多亿元，根据吉利集团当时的赢利情况，尚有较大资金缺口，李书福却胸有成竹地说：“只要不变天，我就有把握完成这个目标。”

2010 年，吉利汽车实现 41.58 万辆的销量和 201 亿元的销售额，超额完成了当年李书福给自己定下的目标。

李书福的成功，就在于他不但敢想，而且敢做，一切都建立在他对市场的深刻认识与把握上。李书福认为 20 世纪 90 年代后期正是介入汽车生产的绝佳时机：“早几年，政策不允许进入，没有丝毫可能性；晚几年，已完全来不及积累经验了。”虽然历尽艰险，但终能见到彩虹，正如李书福自己作词的《我清楚》这首歌中所唱的：

不低头不认输，
擦干泪坚持住；
该受的苦我来受，
我走的路我清楚。

尹同耀：民族品牌保卫战

在那段日子里，尹同耀胸中的抱负不言而喻。但他越来越强烈地意识到，自己造再多再好的车，也是为外国人卖命，心里始终痛快不起来。有一种灰暗、忧郁一直藏在心底，他知道这是因为自己内心深处的一种期待不能被满足而形成的一种压抑。

一个人改变命运的方法，在于改变对待命运的态度。尹同耀不想再压抑自己，他要让自己的整个能量释放出来，释放在阳光下。他终于下定决心迎接命运的挑战。

（一）一群为理想而战的疯子

曾经有一位机械工业部的老部长在北京长安街上数汽车，发现街上跑的轿车 95% 以上是外资品牌。民族汽车败落如此，老部长痛心疾首。

多年后，记者在安徽芜湖也无数次地为中国汽车心潮难平，然而，记者心中充满的是感动，为一个叫奇瑞的公司。没想到在“铁桶一般、完全不可能”的条件下竟然还有这样一群疯狂的、不服输的中国人，以“不成功就跳长江”的必死决心，顶着强大的外资压力将一个崭新的民族汽车品牌，顽强地扛了起来！

只为了实现一个梦想，他们抛妻别子，只身从四面八方来到芜湖。甚至许多造了一辈子汽车却硬是没造出过一辆属于中国人自己的轿车的老工程师，六七十岁还离开老伴来到安徽，加入年轻人的队伍，吃苦受累从零干起。

“只有造出自己的轿车，人生才能画上句号……”

“整个奇瑞的历史是一部让人流泪的历史。”奇瑞一位年轻的司机告诉记者。他说央视来采访时，董事长尹同耀说过一句话至今让人震撼：“奇瑞是在最关键的时刻做了一件正确的事。”

“关键”到了什么时刻？到了中国汽车工业已沦为外国品牌全球战略在中国的一枚棋子。中国人出钱出人出市场，外国人出技术出品牌，合资双方各占50%。事实上，外国人一箭双雕，他们用中国人的钱做自己的品牌赚中国人的钱，同时又牢牢扼制住了中国民族汽车产业发展的咽喉。

他们并不向中国人传授核心技术，甚至中国人连改动一下车门拉手、加一个螺帽的权利都没有。外国人一旦撤资，留给中国人的等于一片空白。

中国汽车已到了不能自主、沦为外国人加工车间的悲惨时刻。中国汽车再也没有退路。

1997年，“不服输”的奇瑞开始了“孤独的战斗”。

一些心中有梦想的汽车人涌向了芜湖。年轻人、老年人来了，有的从美国汽车城底特律来，有的从日本来。2000年，一位大学里学汽车制造的年轻人听说芜湖有一家叫奇瑞的公司正在努力造中国自主品牌的轿车时，毅然放弃了深圳三四千元的收入来到奇瑞，甘愿拿只够吃饭的600元月薪，当一名司机。他想和其他人一起战斗！

谈至此，记者看见这位年轻司机的眼眶里，已满是泪水。

就是这一群“为理想而战的疯子”，从一个到两个，到八个，到五十个，到数百个数千个人，为“造中国人自己的好车”聚集到了一起，重新点燃了希望。他们“谋于陋室，成于荒滩”，在寒风呼啸、四壁漏风的“小草房”中迈开了第一步。干部们是“715干部”，每周工作7天，每天工作15小时，研发人员、工人甚至半年只休息春节一天……然后仅仅5年，奇瑞成了中国的骄傲。

2007年，奇瑞已经出口到了全球50多个国家和地区，占中国汽车出口量70%以上，所到之处华侨们总是万分激动。国外的车展上，奇瑞的“东方之子”更是被外商们摆在与奔驰、奥迪同一个展厅。这一切都是合资品牌们想都不敢想的事。

2005 年，董事长尹同耀以其杰出贡献被评为“CCTV 年度经济人物”。2006 年，奇瑞在美国《财富》杂志评选的“最受赞赏的中国公司”位列第 11 位，成为中国所有合资非合资汽车企业中唯一一家进入此排行榜前 25 位的企业。2006 年，奇瑞各款车销售 30.5 万辆，紧随上海通用、南北两个大众之后，稳居中国乘用车四强。

2007 年 3 月，奇瑞的月销量跃居行业第一。7 月 4 日，与美国戴勒姆 · 克莱斯勒汽车公司签订协议，奇瑞以其优秀的研发能力和生产能力为克莱斯勒代工小型车——奇瑞再次改写历史：过去是外国人掌握核心技术，今天是中国人!

奇瑞无疑已成为一个符号，一个中国汽车产业不甘沉沦、自主自强的精神符号。

（二）“干不成，我跳长江！”

当尹同耀还在长江边的一所中学上学时——那是 20 世纪 70 年代末，中国政府正在和德国大众谈判是否能引入一条轿车生产线。很快，少年尹同耀背着行囊从安徽巢湖出发去省会，成了合肥某高校汽车制造专业的学生。毕业时，德国大众与长春一汽的合资公司也成立了，他成为其中的一员。12 年后的 1996 年，他离开合资公司时，已经是一汽“十佳杰出青年”，并以总装车间主任的身份主持生产了中国第一辆奥迪车。

那时，在中国市场上，自主品牌轿车还难得一见。

尹同耀离开一汽，直接去了安徽芜湖。在那里，芜湖副市长詹夏来正等待着他去主持一个汽车项目。奇瑞就这样，从尹同耀风尘仆仆的行程开始了。

芜湖地方政府想干汽车由来已久。在 1992—1993 年经济过热时期，芜湖一家村办工厂一年敲敲打打几百台车，就是上亿的产值，这激发了芜湖政府干汽车的决心。

年轻的副市长詹夏来敢想敢干，1995 年初，前脚跑到英国与威尔士一家中间商谈定了一条年产30万台发动机的二手福特生产线，后脚就来到长春一汽参观考察。其实考察是虚，挖人是实。

这一挖，挖到了安徽老乡尹同耀。

詹夏来说："总是为外国人做事没有出息。你来，我们做中国人自己的车。"就这句话，深深打动了尹同耀。没有人比他对这句话体会更深刻了。在外方占品牌和技术主导地位的合资厂干了10多年，外国人瞧不起中国汽车工业，颐指气使的态度历历在目。

更主要的是，外国人赚够了中国人的钱，却并不在技术上帮助中国，这致使民族汽车产业前景黯淡。

在那段日子里，尹同耀胸中的抱负不言而喻。但他越来越强烈地意识到，自己造再多再好的车，心里也痛快不起来。有一种灰暗、忧郁一直藏在心底，他知道这是因为自己内心深处的一种期待不能被满足而形成的一种压抑。

一个人改变命运的方法，在于改变对待命运的态度。尹同耀不想再压抑自己，他要让自己的整个能量释放出来，释放在阳光下。他终于下定决心迎接命运的挑战。他背井离乡，与几个事先谈定的志同道合的同事，踏上了南下的列车——辞职，到芜湖去，"做中国人自己的车"！

8个人来到需要从零开始的地方，眼前的一切让他们惊呆了：除了农田荒滩乱草和几间破败的茅屋，什么都没有！一群人仿佛坠入人迹罕至的原始洪荒中，创业艰难可想而知。"即使这样，我们仍然迈出了第一步。租了农民的旧房子做办公室，开始做技术规划，画图，然后一点点招人，搞培训。"面对过去，尹同耀已经很淡定，仿佛说着别人的事。"起步时太艰难了，没钱，没人，没技术，一切都从无到有，连饭都是自己做。有时真觉得，这是不是开玩笑啊?!"

但梦想在前面，就不会退缩。"最重要的是要有初恋般的激情，在我们企业，这叫不服输！"从那时起，奇瑞人什么都敢想敢干的冒险精神，就已深深刻入组织的基因。

而这种冒险精神，正是促使人们进步的素质之一。

一切都悄无声息地、轰轰烈烈地展开了。这时花 2 980 万美元买来的二手发动机生产线，8 000 多吨重的设备已运到了芜湖港。发动机是汽车的心脏，因没有足够大的仓库，他们就一边将设备拆成 8 个部分存放在芜湖市的 8 个仓库里，20 个人轮番除锈涂油养护，另一边则加紧建厂。

1997 年 3 月，奇瑞公司的前身安徽汽车零配件有限公司注册成立。

汽车项目要成功，发动机生产线就要尽快运转起来。因为如果发动机生产线安装停滞不前，在潮湿的长江边，设备就会渐渐锈成 8 000 吨废铁！而买这些设备的钱，是贫穷的安徽省“砸锅卖铁的钱，是农村老太太卖鸡蛋的钱”！面对这笔钱，尹同耀对负责发动机的冯武堂说：“如果建厂失败，你就跳进 35 米深的基坑，把自己埋在里面吧。”

置之死地而后生。基坑上的第一根柱子很快立起来了，工程进度加快。办公桌不够用了，他们就用设备包装板搭成许多简易办公桌，书记、市长带领大家围着木板桌在四壁漏风的小草房内召开一次又一次重要会议。没钱，不敢去买空调，冬天技术人员的手冻得连画图的笔都拿不稳……在如此艰苦的条件下，机器仍在日夜轰鸣，工地一天天艰难扩大，投入的人力越来越多，厂房骨架渐渐有了雏形。就在这时，尹同耀也渐渐开始对外国工程技术人员不满意了。

原来，为了整个设备安装调试成功，中英双方达成了“交钥匙工程”的协议，由外国人把生产线拆下来，运过来后再装上，调试好再移交给中方。然而，中国人渐渐发现这些外国人并没有想象中那么能干，而且他们慢慢悠悠地上午一杯咖啡，下午一杯咖啡，中午晒晒太阳，晚上跳舞唱歌。中国人耗不起时间，心急火燎地说我们一块干吧。外国人说你们不能干，干了我们不负责任。再后来发现他们是故意拖延时间想让中国人多加钱。

当时再耗下去，整个项目都非常危险。然后，尹同耀与市里主要领导开了三个晚上的会，没人敢做决定。“离开外国人行吗？”

1998 年 11 月 26 日，又一个晚上，熟悉技术情况的尹同耀咬咬牙说：“我来承担责任吧。让外国人走，我们自己干。”詹夏来面无表情，两眼盯着他：“干不成怎么办?”尹同耀将心一横:“干不成，我跳长江!”

（三）流过汗，流过泪，努力过，坚持过

外国人走了。再硬的骨头自己也要啃下去。

奇瑞人最大极限地发扬他们的创业精神：一是拼搏，二是自己干，三是要承担责任。每个人都靠着这种自立自强、创新创业的拼搏精神，日夜不停地向前冲。

到1999年初，生产线终于安装完毕。其中有说不完的感人故事。

要安装设备了，机器得从8个仓库运到发动机厂房。为了不丢掉一颗螺丝钉，在刺骨的寒风里，工人们三五成群地骑着自行车跟在卡车后，看见掉一颗螺丝钉马上捡起来。因为缺一颗，都得用外汇去买。骑着自行车又要看汽车，又要看地面，很不安全。好几次被交警拦住，结果交警无不感动放行。

为了完全掌握发动机和生产线技术，一个叫曹玉龙的年轻人肩负着从英国拿回图纸的使命。如果拿软盘，很可能中英两边的计算机不兼容而打不开。尹同耀对他说:“这图纸就是你的命!”等了1个月，一百五六十斤重的图纸终于拿到，他匆匆赶到机场，却因为超重无论如何不能通过安检。他知道图纸比什么都重要，一狠心把自己给亲人朋友买的所有贵重物品连带自己的行李及换洗衣物统统扔在了英国。

最后他背着这箱比人还重的图纸，蓬头垢面、筋疲力尽地回到小草房里。

生产线装好了，需要用发动机毛坯来钻孔给生产线定位，毛坯只买到了500套，尹同耀又命令必须出500台发动机，这意味着调试过程中一个都不能浪费。这简直不可思议，因为在正常情况下要调准就得耗费掉几十上百台!

但军令如山。技术人员老赵想出了办法，如果钻孔位置不对，他就用同样大小的铝棒镶进孔内补平又用。一个毛坯这样反反复复用了几十次，上面密密麻麻地布满了铝棒白色的小点。最后它成了奇瑞的传家宝。

这就是逼出来的自主创新，因为没有钱。

火灾发生过，他们靠团队的力量扑灭了大火，救出了掉进火海的队友；水灾发生过，在深夜的电闪雷鸣、滂沱大雨中，一个人接一个人地爬上数十米高没有任何防护的厂房顶，去堵爆裂的大洞……所有的故事都让人唏嘘不已。他们连死的决心都敢下，还有什么困难不能克服呢！

1999 年 4 月 27 日下午两点，生产发动机的所有配件全到齐了，当夜，第一台发动机顺利下线，点火成功。在场的所有人激动得抱头痛哭。为了这一刻，他们艰苦奋斗 3 年。

1999 年 5 月 18 日，奇瑞正式宣布发动机点火成功。一颗日益强大的汽车的心脏开始跳动起来，中国人的汽车梦想开始有了不竭的动力。

但尹同耀更明白奇瑞的汽车梦想都是靠人才来实现的。从决定到芜湖的第一天起，他就没有停止过四处招揽可以一起实现梦想的人。他坦诚相待，到处“忽悠”人才，用尹同耀自己的话说是“连诱带骗，费尽心机”。到国外考察、谈判，尹同耀常常借上厕所的机会和自己看中的人才搭讪，先要手机号码，再让人去软磨硬泡。来自日本的寺田真二就这样加入了奇瑞。

尹同耀任奇瑞副总多年，总经理职位一直空着，他常对“海归”说：“你回来，领导我。”尹同耀招兵买马更善于“杀熟”，“杀”同学、同乡、老同事：“来帮帮我吧，就 3 个月，项目结束了你就回去。”而一个项目往往 3 年都完不了，很多人就此留了下来；对那些又熟又在海外的，他就用激将法骂：“民族汽车工业这样危急，你不回来你对得起国家、对得起爹娘吗?!”自主擎起“造中国车”的大旗，是中国汽车人最不可抗拒的力量。

就这样，随着国内大汽车集团合资后纷纷停止自主研发项目，大量爱国又深感“无用武之地”的英雄们被尹同耀罗至帐下。在奇瑞的技术团队中，有大量来自国内三大汽车集团和合资汽车企业的技术人员，有上千名大学生、硕士、博士。有的人放弃上百万的年薪来了，有的人用百万年薪也挖不走。“奇瑞是一个想干事、能干事的企业。奇瑞给我们提供了舞台，可以让我们实现未曾实现的梦想。”

许多人还记得，当年尹同耀站在长满荒草的空地上，兴奋地指着远方告诉他们，哪里是发动机厂，哪里是研发中心，哪里是整车厂，然后大家一起热血沸腾……也有人不为所动，比如一个叫大高的人，死活不松口。当尹同耀把他带进工棚，当他走进工棚看到奇瑞样车模型的瞬间，只觉得眼前一亮，大彻大悟，顿感人生的意义不过如此，于是加入了这支当时还只有50多人的团队。

每个人在适合自己能力的位置上把事情做到最好，人生的意义不过如此。

一辆汽车有上万个零部件，它的正常运行需要这个庞大的系统协同工作。汽车制造厂的运作更是如此，有了发动机、有了人才还远远不够，还需要整个协作制造系统同时配合。

路在一步一步走，但前面有更大的困难：缺钱、缺人、缺经验、缺技术、缺配套商，也缺用户。为了让车下线，尹同耀带着自己的人才四处寻找配套商。“我们那时候叫‘磕头买’‘磕头卖’，完全是在求爷爷告奶奶，就差真的磕头了。但是没人愿意提供零部件，因为没有人愿意为初出茅庐、弱小无比的奇瑞投资开模具。他们认为奇瑞不可能成功，哪怕投入一分钱，也是打水漂。”

“我们谈了不知道有多少家企业，他们提出的很多条件都是‘不平等条约’，但是为了把车做成，我们都答应下来。即使是这样，最后许多企业还是说，这违反了他们在中国的产品战略，然后就给取消了。”

流过汗，流过泪，努力过，坚持过，不放弃，向前走。总会有人看好奇瑞的理想和精神，总会有人愿意给奇瑞配套，和奇瑞一起成长，有了第一家，然后有了第二家、第三家……1999年12月18日，第一辆奇瑞“风云”轿车驶下生产线。33个月，造就一座现代化轿车工厂，这是世界汽车史上的奇迹！

有意思的是，奇瑞曾经叫“成功”。当尹同耀回答记者“奇瑞”这个名字是怎么来的时，他说：“1999年12月18日，当看着自己造的第一辆车亮相时，我们兴奋不已，高兴之余，突然发现还没取名。但取什么名字呢？几个人商量来商量去，最后老领导说，我们终于成功造出了自己的车，这车就叫‘成功’吧。虽然牌子定了，但我们几个年轻人总觉得这个名字不好，太直白、太土。于是私底下又倒腾，要改得新奇一些……”尹同耀清楚地记得，当时在庆祝新车成功下线时，大家欢呼着叫着“CHEERY——”。后来想想，干脆就以这个音译CHEERY（奇瑞）为名字，也许更好。

CHEERY去掉一个E，象征着永不满足，中文“奇”，有出奇制胜、成功的意思；瑞，寓意着吉祥，而且与奇瑞标志也吻合。奇瑞汽车标志的整体是英文字母CAC的一种艺术化变形；CAC即英文Chery Automobile Corporation Limited的缩写，中文意思是奇瑞汽车有限公司。最后，尹同耀几个人都觉得“奇瑞”这个名字好，就一致要求把“成功”改成了“奇瑞”。

就这样，中国的汽车自主品牌——“奇瑞”正式诞生了。

那一刻，几乎所有人都有一种事业成就感：造出这样的车，造出比这更好的车，就是人生最大的意义。不过，那时的奇瑞只是一颗刚刚从土里钻出来的嫩芽，随时都面临着未知的生死考验。

生死考验的一刻，随着汽车的下线，也同时摆在了尹同耀的面前——奇瑞并没有登上国家《道路机动车辆生产企业及产品公告》目录，这意味着“奇瑞”是不被国家允许的“黑车”“黑户口”，很有可能在襁褓中夭折——这成了尹同耀心中最大的隐忧——以至于每次庆祝成功他都难以尽情投入。他的责任太大，所有人都看着他。

但既然孩子生下来了，就得让他活下去，于是尹同耀悄悄地干活。2000年5月9日，四川捷顺成为奇瑞公司的第一家经销商，首次订购100辆。从此，“奇瑞”轿车悄无声息地正式走向市场。2000年，奇瑞生产了200多辆汽车。为了让这个没有生产汽车许可证的企业能够生存下去，在安徽省和芜湖市两级政府的帮助下，指定“奇瑞”轿车为芜湖的出租车用车，并为其上了牌照。

但这毕竟不合法，很快奇瑞被国家有关部门要求停产。

与此同时，经过国家经贸委等多方努力，奇瑞进行了加入上汽集团的谈判。这是个完全不平等的谈判。最后，奇瑞同意将20%的注册资本无偿划到上汽集团的账下，奇瑞则使用上汽的目录。为了完全自主，奇瑞对上汽提出了“四不”原则，即上汽不投资、不参与管理、不承担风险和不分红。同时，上汽也给奇瑞提出了很多“不”，如上汽的销售网络奇瑞不能使用、上汽管理经验奇瑞不能学习……

这一切，原因也很简单，因为双方还存在着竞争关系。

2001年2月，一身工作服的尹同耀在平房里对记者说：“你一定要相信，我们会做大的。”3月，奇瑞公司获得了国家生产目录，自主研发的第一款车“风云”正式上市，并立即以较高的性价比引起了市场的强烈反响。当年销售了2.8万辆，2002年又销售了5万辆。

继2002年“风云”车获得市场成功后，2003年，奇瑞又将“QQ”“旗云”“东方之子3”投放市场，均获得不同程度的成功，当年共销售9万辆，尤其是奇瑞“QQ”立即在微型轿车领域形成火爆之势，独领风骚。

随着奇瑞的出现，中国汽车市场开始发生剧烈的变化——“汽车高价神话的坚冰被打破了”。奇瑞的出现成为中国汽车行业的一道标志性的分水岭，从此中低价位的车大量进入市场，“旧时王谢堂前燕，飞入寻常百姓家”。所有的中国人都应该感谢奇瑞。你可以不买奇瑞，但你不能不知道，正是有了奇瑞，你才可以不必花17万元的价格去买一辆老“桑塔纳”。

（四）自主品牌怎样带来价格优势

为什么奇瑞能在短短几年内快速成长起来？

“从大背景看，奇瑞成立初始就是股份制国有企业，管理机制灵活；历史年代不长，负担不重；劳动力成本合理，比较善于引进人才，重视研发；同时，节省投入的做法，非常适合初期的发展；还有一支年轻、富有朝气并且能吃苦的团队，管理高效。”

尹同耀是一个时常反思和总结自己的人。

“更重要的是，奇瑞是一个自主品牌。我们做到了三项宗旨：一是高新技术不能仰人鼻息；二是速度、质量、效率；三是保证市场份额提升。”尹同耀强调说。

2002年，中国迎来了汽车消费的井喷时代，奇瑞是这一轮井喷的推动者和受益者。它进入汽车制造领域时，市场上轿车很少，基本上也就是“捷达”“富康”等“老三样”，奇瑞一进入市场就比同档次的“老三样”价格便宜接近一半，比如，当时“捷达”“富康”售价基本在15万元以上，而同档次的奇瑞“风云”只要8万多元。在需求井喷时期采取这样的低价策略，市场怎能不迅速打开？

“如果奇瑞不是自主品牌，我们敢定8万多元的价吗？”所以，与其说是奇瑞“风云”的成功，迅速使奇瑞跻身全国主流轿车厂家的行列，不如说是自主品牌使奇瑞实现了这一点。

那么，奇瑞何以实现低价？

除了上述体制和机制原因之外，一方面自主品牌有价格的自主权，另一方面奇瑞想方设法减少了生产成本和额外负担。

奇瑞首先能自主发展，自我创新。价格策略的独立自主，使奇瑞可以根据成本变化灵活地决定产品的价格。在一定程度上，最优的性价比就是最好的品牌形象。

而这恰恰是奇瑞追求的目标？

那么奇瑞又有怎样的成本优势？

一是尽量减少企业负担。比如，詹夏来与尹同耀等高层到外地参加会议，会开完之后就马上从高档宾馆搬到价钱便宜的招待所。如果非得住好一点的宾馆，常常是三个人住一个标间，詹夏来通常会态度强硬地决定自己睡地板，他会说：“我当兵出身，习惯了。”企业高层出差，没有客人时通常都吃街边大排档，有一次还被合肥人认出了“芜湖的詹书记”（詹升任市长后又升任书记）。

所有与奇瑞有关的人都这样勤俭节约，尽量为公司减少负担。

二是降低生产成本。奇瑞充分利用社会现存资产建厂，除了生产线，其他的设备和产品从品种到数量都可随产量的变化而有序变化，决不盲目投入。如果当初执着于以高成本的技术研发来对抗稍纵即逝的市场机会，恐怕早就没有现在的奇瑞了。“没想到当初因陋就简，反而降低了日后的成本负担。”

在车型上，奇瑞也只动用了很小的开发成本。奇瑞最早产品（A11）实际上引进的是大众汽车西班牙巴塞罗那SEAT公司TOLEDO（托雷多）的车型和平台，尹同耀只不过请外国设计公司稍做改进。由于“托雷多”是在大众第三代基础上开发而成的，和大众系列的其他车型能够共用零部件，奇瑞因而聪明地省去了许多零部件的匹配工作。与通用汽车差点发生知识产权纠纷的奇瑞“QQ”和“东方之子”也都有着类似的低成本策略。

后来，芜湖周围300多家汽车零部件厂为奇瑞采购提供了便利，节约了成本。

有了以上种种优势，奇瑞后来的新品推出速度有目共睹。这在受体制、利润压力、研发成本等因素束缚的合资企业里，是不可想象的。他们在市场定位和策略方面缺乏自主的动力。

“奇瑞汽车是一个对市场既敏锐又贴近的公司，在几次关键的发展时期都抓住了市场脉搏，并在一些车型上引导了汽车市场的消费时尚，比如奇瑞‘QQ’。”奇瑞的灵活性在市场上展现无遗。

2004年9月23日，国家发改委同意上汽集团奇瑞汽车有限公司已列入《道路机动车辆生产企业及产品公告》的所有产品，都归属于独立的奇瑞汽车，企业名称由“上汽集团奇瑞汽车有限公司”更改为“奇瑞汽车有限公司”。自此，奇瑞与上汽集团延续4年的连带关系正式宣告结束。

正式“独立”的奇瑞，开始大踏步地全面进军中国乃至世界市场。

在国际市场上，奇瑞的零部件、人力资源及研发成本优势更加突出。

一个可以考察的数字是，在中国汽车零部件行业多已达到国际标准，但其成本往往比国外同类产品便宜30%～50%，以车门上一个塑料件为例，美国市场的采购价格是10美元，而国内配套厂商才五六美元。

中国的劳动力成本远远低于国外，这是公认的事实。当国外的汽车老板为员工每小时数十美元工资愁眉不展的时候，奇瑞汽车全厂月平均工资只有1 000多元，他们的工作时间是每周6天，而且每天到了下班时，正常下班的人员更是少之又少。

在研发经费方面，奇瑞每年投入销售收入的10%～15%。2005年，奇瑞的研发投入是14.5亿元，占公司销售收入的13%左右。在国外，开发一个新车型大约需要10亿～20亿美元，如果按照这样的投入，奇瑞的这点钱估计连一个车轱辘都研发不了，但是，奇瑞2005年一年却向市场投放了6款新车，还包括18款全新的ACTECO发动机。

ACTECO系列发动机是奇瑞组织最强大的研发团队前往奥地利，与世界著名的发动机研发公司AVL历时3年共同研发出来的，具有自主知识产权和世界先进水平。后来，此发动机实现了向美国和意大利等国家的大批量出口。

多方面因素形成了奇瑞在国际市场上的成本优势，这种成本优势直接转化为价格优势。正是基于这样的经营成本结构，奇瑞开始全面发力，加强其国际化战略。

（五）掌控出口的命运

2001年10月是一个特别值得纪念的日子，奇瑞的第一批车出口到了中东，从此拉开了奇瑞海外销售的序幕。杜武杰，芜湖海关副关长，当天他获得消息："芜湖奇瑞从上海海关出口了10辆车。"杜武杰不敢相信，不会弄错了吧？奇瑞不就是街上跑的那出租车吗？这"初生牛犊"能出口？轿车向来只有进口的啊！

得知消息确切后，杜武杰高兴得四处宣传。

"所有人都很好奇，外国人怎么可能知道奇瑞？第一批车是怎样实现出口的？"尹同耀笑得很开心，"第一批车出口有一个阴差阳错的故事。当时一个叙利亚的汽车商偶然在北京大街上看见一款从未见过的车，觉得很漂亮。一问，说是中国生产的奇瑞。再查，查到产自安徽芜湖。于是，这个叙利亚人找了一个中国朋友带着他直接杀到了芜湖，要求在叙利亚卖奇瑞。我们回答不出口，国内的需求都还满足不了哩。"

“这人就说，那我找你老板吧。老板在上海。我那时正好在上汽谈事儿，这老兄很执着地追到上海，事先在公司把我电话要到，一个电话打进来，说希望跟我谈。我说，我没有时间啊，我们对出口没有兴趣。我当时很土老帽，忙着满足国内。他说：‘我都追了这么远，从北京到芜湖再折腾到上海，你见我一面都不行吗？’我说：‘我正在开会，实在没有时间见你。’”

“据说你们是站在马路上谈了10分钟？”“是的。我们在大街上站着谈。他就说：‘我要你给我一个价钱，我要200辆车吧。’‘不行，最多给你10辆。’我认为他是说着玩的，就冒着胆子给他开了一个价，愿干干，不愿干拉倒。于是我们就拜拜了。不久，钱真的打过来了，于是，我们10辆车就过去了。这就是第一笔生意。不久，200辆车都出去了。”

后来，尹同耀一算，发现出口很赚钱，于是加大了出口的力度。

这是有史以来中国汽车实现的第一次出口。那些合资品牌不出口，是因为合资车是外国人占领中国市场的一枚棋子，他们在国内卖比在国外卖赚得多，而且他们怎么可能让占一半股份的中国人到国外去抢他们自己的饭碗？“只有自主品牌，才能掌控出口的命运。”

从2002年春天开始，公司接到的中东地区的电话突然增多了，华侨在电话里哭，说为中国人争了气；各种各样的中东销售商在电话里吵着要卖车；大使馆的人说奇瑞让他们在外国人面前说话更管用了……

几乎所有奇瑞人都强烈地感受到了这份工作沉重的使命。尹同耀开始组织最强的力量研究国际市场。国内、国际市场开始井喷，所有人都更加忘我地努力工作。干部成了“715干部”（一周工作7天，每天15小时），员工们常常是一年只休息两三天。奇瑞的出口量越来越大，2003年1 200辆，2004年6 018辆，2005年1.8万辆，2006年5万辆（占中国汽车出口量的70%），2007年达到10万辆。

奇瑞有着怎样的出口战略？

“无内不稳，无外不强，以外促内，形式灵活”是奇瑞积极“走出去”的战略。比如，2006 年，全球汽车销售 4 293 万辆，国内销售 284 万辆，占 6.6%。这说明 93.4% 的销量都在国际上。奇瑞正是看中了这一点，想尽快通过出口占领国际市场，因为那边抢到一个点就不得了，就是好几百万辆。

"出口利润比国内高不少。"奇瑞"东方之子"出口埃及和叙利亚，售价 3.7 万美元；"瑞虎"在俄罗斯的售价，高配置是 2.2 万美元，基本配置是 1.9 万美元；"QQ"在俄罗斯的售价为 7 900 美元，在埃及的售价甚至达到 9 000 美元，均高于国内价格一倍左右。

另外，海外销售回款较快，一般在到货后的 20 天左右就能收到货款；而在国内市场，一般在 6 个月后才能收到销售款。显然，海外卖车能为企业带来不错的现金流，这对于资本短缺的民族汽车品牌来说，无疑具有极大诱惑力，当然还有出口退税……

2006 年 11 月 28 日，上海海通码头上，工人们正在把一辆辆汽车装进停泊在码头的"泰帝"号滚装轮。20 多天后，这批次共 200 多辆的奇瑞轿车将会在埃及亚历山大港和叙利亚的塔科腊港被卸下，然后交付给当地的奇瑞经销商。

这仅仅是"泰帝"每月例行一次的上海—地中海航班而已。由于货源充足，从 2006 年起奇瑞汽车升级成为"泰帝"的钻石级客户，在每个月的月初或月底，从日本或韩国装船而来的"泰帝"都会为奇瑞汽车预留数百个车位，将奇瑞的"QQ""风云""东方之子"运到万里之外的地中海。

从 2001 年出口叙利亚 10 辆汽车开始，奇瑞海外市场销售实现第一个 1 万辆用了 3 年 6 个月，第二个 1 万辆用了 7 个多月，第三个 1 万辆用了 6 个月，第四个 1 万辆用了 3 个月，第五个 1 万辆用了 1 个多月。

"我们希望奇瑞汽车能开到美国去，开到曼哈顿大街，我们希望同中国的家电行业一样'走出去'……"这是尹同耀在 2005 年"CCTV 中国年度经济人物"颁奖典礼上说的话。平日低调、谦逊的尹同耀在谈到汽车时，内心澎湃不已。

当晚，他的话也让无数中国人激动不已。

（六）尾声：梦想照亮未来

让激情点燃激情，让责任激发责任，让光荣带动梦想，让梦想照亮未来。

2005年，奇瑞销量18.9万辆；2006年销量30.5万辆，紧随上海通用、南北两个大众之后，稳居中国乘用车四强，并成为自主品牌的一面旗帜，成为中国汽车史上第一个年销量过30万辆的自主汽车；2007年销量达到39.3万辆。

2007年7月4日，奇瑞与美国克莱斯勒签订协议，用奇瑞的技术生产美国车。中国人终于开始改变外国人掌控汽车核心技术的游戏规则。中国人打破了神话，并开始制造神话。

奇瑞也成为世界汽车工业史上发展最快的企业。

工程师出身、戴着眼镜、气质儒雅的尹同耀喜欢穿工作服，他的交谈同样也不加修饰，坦荡直白。在他眼中，奇瑞不是保时捷，不是法拉利，必须把量做上去，在各个车系上全线冲锋。“奇瑞一定要做一个进攻型企业。我非常希望先进攻，而不是防守反击，要不就不干，要干就拼命往前冲，义无反顾。”因为不上量就没前途，“不疯狂，就死亡！”即使是这样努力，仍然无法消除尹同耀的危机感：“世界著名汽车企业在‘走’，而我们只有‘跑’才能追得上！骄傲和懈怠是奇瑞今天面临的危险。就像一辆汽车开到了180公里的时速，你才知道它哪里松动，哪里在响。盛誉之下，要清醒地知道奇瑞还存在很多短板。”现在，奇瑞已越来越清晰地感受到内部管理、资金运作等方面的不足。

“我们的努力程度还不如日本人和韩国人，我们拼命工作的人还不如日本和韩国多，这让我感到恐惧。汽车的产业链很长，只有整个产业链条的各个环节都努力拼搏，我们中国才能制造出高质量、低成本的汽车。”

他还说：“面对公众时我很恐惧，很多企业比我们做得好，很多人比我们努力，我希望能把更多的精力和时间放到工作中去。”他常常说：“奇瑞太小了，太年轻了，奇瑞做得还很不够。”

在尹同耀眼里，奇瑞的成长只是马拉松的开始。

◎链接

对话奇瑞高管，解密自主品牌优势

奇瑞：如果是自主品牌，我就可以决定是否自己生产发动机，生产怎样的发动机，装在怎样的车上。

记者：如果自己生产发动机，企业能够获得怎样的成本优势？

奇瑞：如果汽车厂不生产发动机，别人卖给你时要多少就得多少。比如，日本的某款发动机他要卖 18 000 元，那就是这个价；如果你自己生产发动机，如果对方还想卖给你，而你又可要可不要，他就会说卖你 12 000 元吧。差别太大了。

记者：显然，对方还是赚了你的钱。那是否就意味着如果用自己的发动机，还能在 12 000 元的基础上再降很大一部分？

奇瑞：我们自己的 ××× 型和 ××× 型发动机，都只卖几千元钱。

记者：至少是一半？

奇瑞：或者是 60% 左右。

记者：那么和用那个 18 000 元的比起来，用自己的发动机，整车价格至少降低了 10 000 多元。

奇瑞：是的，你应该看出，价格的降低来自利润构成的改变，而不是品质的改变。这就是我们性价比非常高的原因。又比如，最初我们的“QQ”还没大量生产，用的是东莞的 465 发动机。那时候，“QQ”最便宜是 3.5 万左右。而我们“QQ”自己的发动机大批量生产以后，我们就自主决定推出 2.98 万元一辆，发动机质量比原来还要好。这就是自主品牌提高性价比的原因。

夏明宪：门业“教父”的野心

夏明宪，1953年生于重庆市商业中心解放碑。12岁成为街道“孩子王”，因主意多、胆子大而“号令群小”。

18岁上山下乡，虽然一颗红心，却无缘被推荐上工农兵大学。

26岁回城，继承老爹衣钵，进入郊区某大型钢铁企业做炼钢工。受大庆“王铁人”事迹的鼓舞，夏明宪每天早晨6点半出门，晚上8点半回家，转车三次穿越大半个市区和十里钢城，怀着自豪感投入工作。6年行程4万公里，热血沸腾至1985年，企业却变得奄奄一息。

32岁进入轮船公司，成为一名水手，干一星期活休一星期假。时值中国改革从农村转向城市，各地商业蓬勃兴起。夏明宪利用业余时间开辟五金建材商店，从此告别“标准工人阶级”的身份，一只脚踏入社会变迁的洪流。

（一）浮出水面

1987年10月，重庆“满江红”号货轮缓缓驶离上海黄浦码头。水手夏明宪像往常一样坐在船尾，一杯茶，一番联想。船舱里播放着《军港之夜》，身后是阳光明丽的上海早晨；水天相连处，刚刚腾空的飞机向着海平面的尽头飞去……这位34岁的汉子突然感到一阵迷茫与焦虑：难道自己的一生，就在这随船翻飞的浪花与江鸥间度过？

2000年，夏明宪亲自督导的美心公司全球出口业务做到了1 700万美元。

11 月，伴随着“美心门”在纽约时代广场——这个全世界最著名的黄金商业区——一间 800 平方英尺（1 平方英尺 =0.093 平方米）门业专用超市的剪彩，100 多家媒体对此做出了“超常反应”。日本东京一家报纸用了中国产业界常用的 3 个字做标题——“狼来了”。文章告诫日本企业界：“中国制造业的全球扩张，已经开始超越小件低档烂价的竞争水平，登上了世界级的大雅之堂。”与此同时，夏明宪飞抵纽约举行酒会，向来自美国各地的安全门经销商们动情地演讲：“美心公司今天的规模将迅速成为回忆，我们有能力在 3 年内成长为世界门王!”

美国人大多点头微笑，将信将疑。酒会嘉宾，即将卸任的蒙诺维亚市市长巴特勒先生决定来中国一游，看看“夏先生”是否在大洋彼岸信口吹牛，开国际玩笑。

没想到美国市长的中国之行开启了自己新的人生，巴特勒先生回国后宣布“弃政从商”，加盟美心公司的海外拓展事业。2001 年 3 月，离任后的巴特勒正式受聘为美心公司美国销售区总裁。

从 1989 年夏明宪创办美心防盗门厂，在国内第一个将防盗门作为商品推向市场开始，全中国已经诞生了大大小小 3 000 余家同类企业。2000 年，美心公司的销售总额突破 10 亿元人民币，市场占有率 20%，远远领跑于这个行业。但相对别的行业来讲，这个数字又未免有些平淡。因此，在世纪之交，加入 WTO 前夕，当夏明宪不再甘于平淡时，所有的努力都似乎显示出了动人的价值。

“市场上存在我们这类企业超常规发展的现实条件。”他说，“大凡传统产业，在今天高度市场化的情况下，市场的每个角落都布满了成熟品牌，要想获得超常规发展谈何容易。然而，防盗门是一个处于摇篮期的幼稚产业，国外没有跨国公司，国内没有强势品牌，水平都不是很高。鱼龙混杂时，我们就能形成超前优势和规模优势。这些年我们把每一个铜板都投入厂房建设、设备改造和技术研发上，我们每一天都从产品品质、品牌、服务等方面堆积自己的领先优势；我们相信优势达到一定程度，就可以产生市场的多米诺骨牌效应。”

“这就好比在市场旁边蓄了一大池水，其目的正是为了有朝一日开闸放水，水淹七军。”美心门的一位经销商对即将到来的“美心新时代”显得无比兴奋。

然而，在下达“开闸令”之前，夏明宪指挥美心团队做了几件未雨绸缪的事情。

首先，启动以主攻美国市场为标志的全球营销，包括每年斥资 100 万美元，在纽约时代广场设立“美心安全门超市”。此举“象征意义大于实战意义”。因为抢占全球商业制高点，不仅国内同行无人可比，而且整个中国企业也是独此一家；更重要的还在于“美国市场对产品品质的严格要求和控制，给企业面对世界市场的自我提升和品牌形象帮助很多”。

其次，策划实施“门业分军”战略。从 2000 年下半年开始，美心公司开始利用成熟的防盗门生产技术，全国首创生产钢质室内门和防火（防盗）门。一个市场变三个市场，市场增长前景骤然扩大 3 倍，而美心人的视野也一夜升级——从“防盗门市场”，膨胀为“门业市场”。

美心公司总经理助理仪文向记者透露：“从房地产开发的角度看，你必须安装防火门才能消防验收过关。然而，防火门不结实不美观，用户往往将其拆掉，自己再去安装，这就形成巨大的浪费，政府很头疼。所以，我们首开先河的防火（防盗）门，在市场上大受欢迎，而且即将成为公安部特别指定使用产品。再说钢质室内门，我们的产品外观看上去和木门没有差别，但它更结实，更环保。因为钢铁是可再生资源，从保护森林的角度，美心公司此举有着更长远的社会意义。就市场前景来看，一家一户如果安装一扇防盗门，相应地就可以安装三四扇到七八扇室内门……”

在销售模式上，美心防盗门是通过专卖店走向市场的；而针对室内门与防火（防盗）门，夏明宪的思路是：利用市场现存的网络，整合添加，追求双赢。室内门走的是木地板经销商或木门经销商渠道，在这些现成的店堂里靠墙而立，锦上添花，经销商在不增加门市投入的前提下将增加成倍的效益；防火（防盗）门则通过卖灭火机、水龙带、报警装置的推销队伍，进行捆绑销售——“你只需多说几句话，剩余的事交给美心来完成”。

最后，是硬件建设。2000年2月，在重庆经济技术开发区的地图上，夏明宪一伸手就圈了13.33公顷。他的计划是投资5亿元，于2002年底建成国内最大的单体工业厂房，同时从国外定做世界上唯一的全自动化操作流水生产线，集成型、焊接、涂装、发泡、总装于一体。

“最后会出现什么样的情况?”夏明宪告诉自己的同事们，“格兰仕的思路很值得我们学习，在高品质的基础上，以成本优势扫荡市场。因为我有这么大的厂房，这么大的仓储，大批量进货可以使原材料价格全线下降。由于大规模、机械化、数字化的生产和销售，我们的劳动生产率大大提高，成本优势凸显。同样的产量我们可以由几千人生产变成几百人生产……到那时候，我们的春天就来了!”

夏明宪要做的，是建造世界上最大的门业基地。

他兴致勃勃地向记者描述理想中的图景:“全世界上档次的门类需求，每天都从美心排着长队，流向各个城市的车站和港口，流进不同肤色人种的庭院与别墅……”

10多年来一直低调运作、不事声张的美心掌门人，一夜之间突然浮出水面“放眼世界”，不鸣则已，一鸣惊人。是什么样的力量主宰着夏明宪内心世界的变化？正如美国人巴特勒所说，这家企业已经做好了成为大企业的准备。

（二）压力与动力

1989年，春暖花开时节，夏明宪坐在自己的小五金店里发愁。他发现近段时间来店里询问某种型号水管接头的人，超过了买别的东西的人，而这种水管接头又一时不知从哪里进货。

“这么多人要水管接头干什么?”夏明宪到处打听，原来这座城市正流行着自制铁门。随着生活水平一天天提高，财产安全成了人们心中的头等大事。

他开始想象：假如店里有现成完整的铁门出售，他们会不会很愉快地掏钱买走？

答案是肯定的。他决心干这件事情，租来一个备战备荒时代遗留的“人民防空洞”，买来一辆价值5 000元的二手货车，备齐老虎钳、手摇钻、两把焊枪、四把铁锤。8个人在防空洞里闷头大干一星期，20多扇铁棍门就摆满了小五金店的四壁。

铁门被分为“普通门”和“豪华门”。在“豪华门”上，夏明宪借鉴老式公园的大门，用铁棍弯出了六朵花形。

一个人灵机一动，发现了一个产业。夏明宪自此被誉为中国的“门业教父”。

1996年，美心防盗门和很多行业的开创者一样，在最为红火的时刻开始经历生死存亡的危机。

危机起源于风起云涌的“后起之秀”带来的压力。面对压力，夏明宪本能的反应就是扩张，“你不把战火烧到别的城市，别人就会把枪炮架进你的家门”。这一年年初，美心公司在中央电视台打出广告，征寻全国范围内的经销商。很快，全国各地数百家经销商云集重庆，美心产品遍地开花，走向全国。

然而，短暂的红火之后却发现问题接踵而至。比如，一个并不太大的城市，原本只能设一个点，结果盲目地分成了许多家。同城竞争之下，在一些地方，美心的同类产品竟然出现五六种价格，有五六家经销商相互杀价。经销商无利可图，于是，专卖店改为杂卖店，将作坊式小厂的产品请进店内。这些看上去差不多、用起来差很远但是价格便宜的门，一时间大受欢迎；美心门受到冷落，而出了问题的消费者又都把账算到了美心专卖店头上。

将近半年时间，夏明宪在焦头烂额的投诉中度日。美心公司显然走到了十字路口，是拉下脸走低质低价路线，向消费者拍着胸脯保证我们的价格更有优势，还是反向而行，用品质征服人心？

选择似乎并不难。对于前者来说，以美心的品牌影响和生产能力，完全称得上操作容易，暴利可图，而且短期内将立竿见影地体现在市场份额的增长上；对于后者而言，提升产品品质是一个复杂的系统工程，按照夏明宪 3 年后对品质的解释，它包括“品牌的知名度 + 质量的美誉度 + 满足用户需求的产品个性 + 产品制造者的品格与责任心”。而在当时，他发现自己一想起这些环节就感到底气不足。

1996 年 7 月，夏明宪随重庆市一个经贸考察团赴美考察。这次考察直接促使了美心与美国麦森国际股份有限公司的合资。合资后，夏明宪成了飞来飞去的“国际忙人”。据美心行政办公室提供的记录显示，从 1996 年开始，夏明宪走出国门 60 余次，到过 20 多个国家和地区，参观过 80 多家国外门类企业，并在 1999 年底创造了从美国 3 天来回的纪录。

1997 年 3 月，夏明宪秘密来到美国纽约克劳顿村，投身 GE（通用电气）管理发展学院，进行了长达半年的观摩与学习。

通过合资，美心引进了当时世界上最先进的生产技术和管理机制；一次次地出国，夏明宪“他山寻宝似的在国外寻找着先进生产设备和款式、功能新颖的同类产品；随着原材料和设备的改善，生产突飞猛进，并同时刺激了技术部门对款式的研发；产品款式的日新月异一方面带动了市场，另一方面激发了夏明宪的灵感：1997 年 9 月，美心公司拥有了自己的‘制造理念’——“把冰冷的钢铁变成栩栩如生的门庭艺术”。

这是国内第一家防盗门生产企业提出自己的“制造理念”，而这看似平凡的“一小步”，却标志着美心公司整体迈出了“一大步”——从“找钱”的企业，变成了“做企业”的企业；从“做企业”的人，变成了“做事业”的人。

生产能力的提升，推动着市场开拓成为第一要务。夏明宪着手销售渠道的梳理，首先解决的是经销网点合理布局的问题。销售部经理李红告诉记者：“我们一般通过实地考察、资信测评、面试深谈等方式，选择个人素质较高、综合实力较强的经销商。原则上一个城市只保留一家好的经销商，经销商必须以规范的专卖店形式销售产品。因为这个市场交给你来管理和拓展，你代表的是美心形象，你的市场规模实际上就意味着美心的市场规模。”

美心公司同时制定了“不与经销商争利”的政策。比如，公司每天都要接待很多来自各地的购买集团，这些大客户往往越过经销商，直接与企业讨价还价。“美心”的政策是，凡集团购买超出美心公司出厂价的部分，一律返还当地经销商；而且集团购买的价格须与当地经销商协商确定。

“制度是第一生产力”。经销商们因此热情高涨，他们开始真诚地“和美心公司绑在一起”。在每一个布点所在的地区，经销商不再是传统意义上的销售者，他们同时还投入资金和精力，成为美心品牌的宣传者和美心区域市场的管理者。

至2000年年关，美心公司共发展专卖店1 000多家，遍及全国大中城市。“没有一家专卖店亏损。”李红说。销售部从一个科变为五个部，仍然忙得脚不沾地。元旦旺季，一天之内“美心”接到5个城市打来的“求救”电话：“断货了，头发都等白了，用飞机运也得赶过来。”

美心公司的生产能力再一次赶不上市场的速度，有人开始提出：能不能暂时减少工序，降低要求，以解市场之急？夏明宪断然否决，并就此召开职工大会，重申公司的质量原则。

在采访中，记者不断听到美心人重复这样的理念：“当利润最大化与可持续发展发生矛盾时，我们毫不犹豫选择后者”“绝不为眼前利益出卖未来”。夏明宪告诫自己的同事们，“这样的话必须年年讲，月月讲，天天讲”“和尚念经敲木鱼，日久生根悟佛理”。美心的质控人员渐渐成为“冷面杀手”。工人们夸张地形容：“即使他们在笑，你也会忍不住发抖。”

进口钢板必须百分之百货真价实；压花深度必须达到1.5厘米；非油性漆，一种无污染的新型涂料必须保持；PVC覆膜，一种即便燃烧也不产生毒气的环保钢板覆膜不能放弃……所有这些，都是“美心”产品领先于同行的独家技术或材料优势。夏明宪认为，即便它让美心生产成本更高，生产速度减缓，但是我们绝不偷工减料。因为美心的发展表明，正是这样的心态，这样的产品，才使美心一天天具备一个长寿公司的雏形。

“我们不仅仅是卖防盗门的。因为我们在卖产品的同时，还卖出了安全、环保、健康和美，因此，这是一份值得你一生做下去的事业。”夏明宪说。

（三）改造人的行为

钢铁是怎样炼成的？20 年前的炼钢工夏明宪，对这句话有着特殊的钟爱。

火红的年代，巨大的轰鸣，滚滚的钢花高炉铁钩犹在，只是朱颜改。20 年后，夏明宪常常独自驱车来到这家停产后的企业，在人烟稀少、杂草丛生的破厂区散步。

如果说早年计划经济大体制运行的环境，培养了夏明宪做大企业的视野；那么今天大体制衰亡的悲壮苍凉，巨人坍塌过程的触目惊心，却促使夏明宪思考一些更深层次的问题：企业盛衰的根源在哪里？

他从这里看到了国有企业固有的魅力：即使失去工作，曾经的劳动者仍然对此充满感情。

天下无不散的筵席，世间有轮回的太阳。谁升起，谁就是太阳。夏明宪对自己很有信心。

西谚云：“好的制度让好人更好，坏人不敢变坏。”

民营企业会不会存在员工腐败？在夏明宪看来，问题是不言而喻的：“由于民营企业员工普遍缺乏安定感，因此企业内部的暗箱操作有着与生俱来的动力。”

那么如何控制？创业早期时，夏明宪习惯随身带一个小本，随时记录与企业有关的信息，以求做到“一切尽在掌控之中”。然而，企业在迅速膨胀，需要记录和记住的东西超过了想象。以原材料为例，300 多个企业需要采购的品种，要了解它的价格及变动，要对质量进行比较选择，仅此一个环节，就足以让人累个半死。尝试着授权给别人来控制，然而，由于自己心中无数，“权力失去监督”，对人对事如何放心？用人不疑便流于空谈。

有一段时间，夏明宪和美心管理层天天关在会议室讨论。企业采购是内部人腐败的重要源头，他们决心在这上面找到突破口。

2000年9月，美心公司供应系统颁布“美心招投标制度”。从这一天开始，所有踏入美心的原材料供应商都会发现，美心大楼用一层楼的空间设立了开架式采购大厅，里面摆放了很多铁架，铁架上陈列的正是生产所需的所有原材料，并标注当前购买的价格、品质及每月用量。任何人都可以自由参观，任何员工都可以揭发其中的“水分”，任何供应商都可以对照着价格和品质前来竞标。

“美心招投标制度”称得上是国内制造业首创，实施不到一年，美心公司的大部分采购成本立竿见影降低了10%，节省的费用数以千万元计；公司对采购系统因此而增加的开支，一年不过数十万元。

比夏明宪更开心的是供应商们：大家亏赚都在明处，堂堂正正也能做生意了。

“而它更深层的意义在什么地方呢?”夏明宪指出，“在一个集体中，有机会实现自己的贪欲和没有机会实现自己的贪欲，有时候的确可以改变人的一生。俗话说，‘做贼偷瓜起’。是丢瓜的损失大，还是偷瓜的损失大? 所以说合理的制度是一个企业改造人的行为的根本方式；而企业团队只有拥有了共同的行为标准，才会形成更长久的凝聚力。”

围绕这一思路，美心公司先后建立了财务审计制度、生产督察制度、员工申报制度、申报督察制度……企业内部渐渐形成一套完整而又相互制约的监控体系：管理层层放权，但“权力被所有人监督”。

夏明宪终于能够放下手中的笔记本，开始体会到经营企业的愉悦轻松。

有一天，兴之所至，他亲自开着大货车去郊区送货。返程的路上，夏明宪发现，平常送货都需要4小时，为什么自己只用了2小时?

毫无疑问，这是一种“怠工”现象。经过观察夏明宪才知，企业内部怠工问题真是无处不在。每个环节慢一点点，整个企业劳动生产率就慢了不知多少倍；每道工序浪费一点点，产品的成本就不知提高了多少个百分点。而这一切是此前建立的监控制度无能为力的，这是计划经济传染给全社会的通病，对企业缺乏忠诚，对工作缺乏热情。国有企业为了解决这个问题，采取的一个标志性措施就是"打破铁饭碗"。

夏明宪认为这并不是解决问题的最好办法："实际上人是需要安全感的，安全感和企业团队精神有着必然的联系。研究日本的公司，我们可以发现，'终身制'是其战后在经济腾飞中功不可没的妙笔。同样，我认为，饭碗随时不保的恐怖气氛，在企业中消极意义大于积极意义。"

经过深思熟虑，夏明宪决定美心公司实行"有限终身制"，即95%以上的员工，能够终身留在企业，并享有企业提供的福利、升迁等一应待遇。

与"有限终身制"相配套的是"末位淘汰制"。假如一名员工通过人事部门的考察进入企业，有两件事情可能使他遭遇末位淘汰：一是岗位技能和工作成绩的相关评比与考核，如果连续三次评比与考核都排在最后，那么就只能被淘汰。二是犯错误，美心的政策是，允许甚至鼓励犯错误，因为犯错误说明你在尝试解决新问题；但不允许总犯一种错误，总在一个地方犯错误的人说明态度有问题，同样要对其实行末位淘汰。

夏明宪强调："末位淘汰并非立即开除，而是岗位层级递退。由科长变成组长，组长变成业务主办，业务主办变成业务员，业务员还不行，做清洁工……所以这个制度最终的作用是排除终身制带来的懒惰和不思进取，真正被淘汰离开公司的，应该不足5%。"

有人说企业是一个人除国家和家庭之外的第三个家。

当家的感觉在美心人心中一步步确立时，美心渐渐变得像一棵生根的大树；在这棵树上，所有的枝叶都在拼命生长，相互依托，又相互竞争。

有谁甘愿做一片被淘汰出局的落叶呢？

（四）口碑最重要

夏明宪喜欢开车，这源于他对速度的追求。多年前他刚刚向车间递交了入党申请书，就因为一辆“慢吞吞的公交车”而上班迟到，差点入不了党。此后，看见懒洋洋的司机，他就会产生“取彼而代之”的冲动。喜欢开车的人当然也喜欢买车。后来，美心公司从美国进口了两辆新版皮卡车，夏明宪带着记者和一帮员工亲自试车。在呼啸而过的山道上，记者面色如土，而美心人司空见惯，谈笑风生。夏明宪给大家出题：“汽车在什么状态下才能开得最快?”有人答汽车性能好，有人答路面宽阔平整，有人答旁边坐一个美女……

夏明宪告诉记者：“准确的答案是，刹车系统要好，只有刹车好你才敢大胆地开快车。”

他说，对于企业而言，刹车系统就是有效的管理系统。在美心，夏明宪想做成两个刹车系统：一种是硬性的基础管理；另一种是软性管理，即企业的环境、氛围、文化对员工的感召力。

4 年前，一对英国夫妇来美心洽谈业务，谈判到了签字阶段，他们竟心急火燎地要赶回扬子江饭店。原来，由于中西文化的差异，外宾们不习惯“美心”的中国式洗手间。这小小的风波对夏明宪触动很大，所以，这一年美心投资在开发区建设新厂房时，夏老板痛下决心：“不管投入多大，美心的厂区建设一定要按国际标准进行。”

1999 年 7 月，“美心门”新疆总经销商马光达领着几名手下第一次到重庆“寻根探亲”。跨进新厂区的一刹那，马光达几乎不敢相信自己的眼睛：欧式的草坪、干净的道路、宁静的环境……这哪里是他们想象中的铁屑四飞、杂料横陈、噪声冲天的防盗门制造企业，简直就是花园式的工业旅游区！

走进重庆市南坪白鹤路，在以生物工程、汽车制造、电子等三资企业为主的国家级经济技术开发区，企业环境个个争艳，产业方向家家时髦；然而，以生产“门”为主业的美心公司却是其中最耀眼的风景。在气势庞大的厂区，有近一半是绿化与休闲场所。亭台楼阁、小桥流水、市井老街与欧式草坪，个性酒吧加热带植物……自成一体又完美结合。九层办公大楼里，有足足三层是供员工娱乐所用的：网球场、乒乓球房、健身房、舞池、小酒吧、观景台………2000 年底，美国人巴特勒正是从这样的环境中走出，才不得不承认美心公司具备成为“世界门王”的气质。

走进美心公司，还能让你感叹的就是满世界的“标语”。曾有人称美心是“活在标语中的公司”“标语企业”。墙壁上、电梯间、办公区甚至董事长办公室……都可见标语的身影。标语有“谁升起，谁就是太阳”“绝不为眼前利益出卖未来”“我在工作中寻找乐趣”“推广普遍化，走向大市场”，等等。

“我们不希望人们把门业仅仅想象成钢铁与焊枪的结合，我们同时还希望优美的环境对员工形成潜移默化的影响，让他们讲礼貌，爱环境，规范言行，自我学习；让环境推动他们在工作中细致、严谨，有创造性。同时，因为他们的创造性，美心门将一天比一天富有表情——宁静与大气、风情与尊贵，动与静的交流、平衡与活力的支撑。”夏明宪严肃地说：“有人说制造业弄出这么夸张的环境是附庸风雅，但哲学家说，不要去嘲笑附庸风雅的人，因为他们正服从文明，而且终有一天将成为文明的使者。”

一位防盗门小企业的老总告诉记者：“在国内几家产值过亿的防盗门企业中，美心的广告投入不足其他家的 1/5，但品牌形象第一，企业效益第一，这是一个奇迹。”那么“奇迹”背后的原因何在？美心企划部陆经理一语道破天机：“口碑是最重要的。”

在所有的防盗门企业中，美心的企业环境独步江湖。而每天从全国乃至世界各地来到美心参观考察的人平均超过 100 人，全年 4 万余人。夏明宪甚至决定在“美心二期工程”中，将绿地面积扩大到 60%，让美心成为重庆市名副其实的“工业旅游企业”，每年接待 20 万以上的参观者。夏明宪认为，这必将成为政府、企业、旅游者三方受益的事情：“仅对美心而言，20 万人就会成为 20 万个小喇叭，从而一天天积累美心的无形资产。”

美心专卖店堪称行业内最规范的专卖店：统一布局，统一装修，员工统一培训、统一着装、统一用语。由于“美心门”对消费者的号召力，几年间，几乎每个城市都能看到这样的奇观：凡有美心门专卖店的地方，门面立即升值，防盗门企业蜂拥而至，在这里安营扎寨，大多数企业甚至将招牌颜色也改为“美心门”的三原色。

而那个被人模仿、被人嫉妒的夏明宪似乎很少在公开场合露面，他从不在电视上夸夸其谈，也从不开行业研讨会展示羽毛。在他看来，一个品牌的影响力最终取决于企业文化的方方面面，而企业文化又来自企业行为的每一个细节。除了环境对企业文化的塑造之外，还有企业内生的价值观的作用。它包括：老板的思想和能力是否令人信服并且具有亲和力，企业是否有远大的理想让员工甘愿为之奋斗，企业的一切是不是开放和透明，企业能否与员工进行平等的沟通，等等。

所以，今天的夏明宪在大的管理运行上可以变得很超脱，但在事关“企业心态”的细节上却事必躬亲，有经销商回来一定亲自接待，有表彰一定会亲自颁奖，每天中午同上千员工一起排队吃饭，每位员工生病住院一定会收到总经理签名的公司慰问品……

夏明宪认识到，在市场经济制度下，任何稀缺资源都可用钱去买，不管是商业秘密，还是技术专利。却唯有一样资源例外，即企业文化。优秀的企业文化哪怕买主愿意出天价，仍然买不回来，因为它是内生的。然而，这种内生的、融于企业人际关系、落实到每个部门每个员工行动上的企业文化，却又是企业在竞争中长治久安、立于不败之地的根本保证。

在这方面，美心人注定还有很多事情要做。

（五）备战WTO，深耕国际市场

多次见过夏明宪后，你仍然无法捉摸他是怎样的一个人——平凡的衣着举止常令人以为他就在你身边；但偶尔的言谈思辨，又会让人感到他远远地走在你前面。

关于他的传言也是莫衷一是。有人说他是“起步于政治家给实业家创造免费午餐的时代，典型的商界草莽英雄”，有人又认为他是“中国少有的能够真正走向世界的企业领军人物”。而他对这一点的看法是，“一个人身在何处并不重要，重要的是他正朝哪里走”。

他是这个企业上班时间最悠闲的人，但却从不迟到早退。

他的办公室藏书大概是全世界所有总裁办公室最少的，但家里的藏书却连很多学者都自愧不如。

在企业里，他告诫同事们要“放下包袱，轻装前进”。因为“企业每天都得面对陌生，不可能背着坛坛罐罐上路”；但逢年过节，他一定会亲自去看望退休的老上级，甚至下岗的“老兄弟”。

他要求太太出门“打的”，孩子上学赶公交车，告诫他们“千万不要以为自己是谁”；但公司员工外出办事，他会督促你定要开最好的车，因为这是事关企业形象的细节。

美心公司有一间鲜为人知的“密室”作为国际产品展示厅，摆放的是多年来美心耗资千万从世界各地收集来的数千款防盗门和装饰门。这里因此成为全球最新、最全而且独一无二的“万国门馆”。

“卖门的”为何要如此费心费力，持之以恒地去“买门”？采访中记者看到，这里实际上是美心的设计中心，无数设计人员日复一日地在这里观摩研究，潜心创造与超越。短短数年间，中心共开发出数百种规格款式的防盗门，一跃成为全世界款式最丰富、设计最新颖的个性化门业领跑者。

夏明宪告诉记者：“‘小批量、多品种’的个性化生产，是美心门进入国际市场最有效的‘法宝’。”

在频繁的国际穿梭中，夏明宪发现，世界上所有的门类企业还没有一家像可口可乐、飞利浦、麦当劳一样的大型跨国公司，美心公司的规模在全世界已经称得上屈指可数了。这让夏明宪很兴奋，“山中无老虎，猴子称大王”。1998年，美心组建国际部，决定率先在国际市场把自己变成一头真正的老虎。

“扑通”一声跳进国际游泳池，美心人发现自己差点呛了水。1998年全年美心门在全世界只卖了不足100万美元，几乎只相当于国际市场的开发费用。

“失败源于认识的肤浅。”夏明宪重新回头审视国际市场，终于恍然大悟，明白了这个行业为什么缺乏“行业巨子”的原因。

他发现，在国际市场，安全门都是“小诸侯”遍地；号称自己是知名品牌，但200千米以外没人知道它是谁的情况比比皆是。这不仅是因为这个行业的门槛比电视业、汽车业更低，更重要的原因是，各个国家和地区房门的长、宽、高、款式、朝向等各不相同，地方标准大相径庭，不同文化、宗教、肤色人种的家庭对门的需求千姿百态……任何一家企业要想大规模批量生产都十分困难，要想“小批量、多品种产，又因劳动力成本过高而遭遇瓶颈……”

那么美心的机会在哪里呢？夏明宪召开国际业务办公会，向同事们打气：第一，和国内同行相比，我们具有最强大的门类款式设计能力；第二，和国际同行相比，我们的劳动力成本远远低于发达国家的平均水平；第三，我们将逐步形成全世界最具规模的生产能力。

从1998年底开始，美心公司技术人员和中层干部被派往海外各地参观学习；公司还有意识地邀请各国客商和驻华使节做客重庆。在美心的世界地图上，北美、西欧、东南亚、澳大利亚、非洲、日本等地区均被红线连在一起。美心国际部员工则广撒“英雄帖”，告诉各国门类经销商：美心公司将首开全球安全门个性化订单生产。

左冲右突局面渐开，一位加拿大经销商定制了600樘基督徒的用门；一位尼日利亚经销商定制了1 000樘当地部落的用门……1999年，美心公司的个性化订单生产出口销售达到600万美元，2000年达到1 700万美元。

对比中国制造业那些动辄数以亿计的出口额来讲，这个成绩并不足以自豪。但夏明宪认为：“美心这些年下大力气深耕国际市场，价值不能完全以数字来计算：第一，国际市场对我们而言，是最具潜力的市场，仅以美国为例，一年对安全门的需求就达13亿美元；第二，当美心制造的产品开始以国际标准要求自己的时候，我们又找回了多年前那战战兢兢、如履薄冰的心情。国际市场对安全门的要求要高很多，比如在美国，若安全门出了问题，人在门里出不来，一场诉讼就能让企业破产。”

2000 年，美心公司一次性通过了美国安全门生产 UL 国际认证的全部测试，登上了世界门业技术的“紫禁之巅”。同年，夏明宪在营销策略上冲破“闷局”，开始大规模扩建厂房，跨地域吸收人才，拓展生产能力，完善销售网络，为加入 WTO 之后门业市场的整合未雨绸缪。

“当我们在管理、技术、质量上向对手再也学不到什么的时候，我们就应该大声地表达自己了！”夏明宪说这话的时候，露出了成竹在胸的表情。

下篇 | 会当水击三千里

（2004—2008）

中国经济发展的势头是不可阻挡的。加入 WTO 以后，中国经济每年的 GDP 进入了 9% ~ 10% 的高速增长通道，中国速度震惊了世界。

2005 年，孕育牛市的“大股改”正式启动。2005 年 4 月 29 日，一个困扰着中国资本市场数载的“老大难”问题尘埃落定。经国务院批准，中国证监会宣布启动股权分置改革试点工作。

2007 年 9 月，中投公司正式挂牌成立，这标志着我国外汇管理体制的重大突破。

在这几年，资本市场获得了飞跃式的发展。疯狂的牛市教育了中国民众，熟悉了一种新的财富分配方式。中国的传媒产业迅速发展，人们精神文化的巨大需求变为内容产业的发展推力。

第四章

资本崛起 | 金融投资狂飙突进

1999 年 7 月，《中华人民共和国证券法》开始实施，标志着我国证券市场走向更高、更规范的程度。

2001 年，我国第一只开放式证券投资基金获准发行。从此开放式证券投资基金迅速起步并发展壮大，很快超过了封闭式基金。

2004 年 1 月 31 日，国务院出台的《国务院关于推进资本市场改革开放和稳定发展的若干意见》更是为中国金融指明了方向。

可以这样说，现代经济的灵魂——金融资本的发展，促使了以美国为代表的西方经济的持续繁荣。而世界局势风云浩荡，中国经济的日益强大也同样意味着，中国经济的关键时期——一个以全球化金融资本为动力、促进经济加速度发展的时代，已经到来。

李思聪：一个“信用批发商”的崛起

他以金融从业者少有的快言快语解释他的那幅书法：“干我们这一行的，风险和机遇都常常以10倍的速度转换，所以个人要有平常心。机会到来时，当然不妨‘登泰山而小天下’；机会没到时，也要做到修身养性以图谋未来。”

一个传说中的民间金融家，就这样以极其不同的两种姿态，进入我们解读的视野。

(一)徽商李思聪的金融梦想

20世纪80年代初，21岁的李思聪大专毕业，被分配到中国人民银行安徽省分行，怀着前程似锦的憧憬，从最基层的办事处开始干起。

他第一年就发表了十几篇专业文章，顿时在安徽省银行系统里显得分外耀眼。1983年，李思聪被当作人才送入金融管理学院深造；3年后，他又回到中国人民银行安徽省分行。1990年，30岁的他成为第一批评上中级职称的幸运儿。在那个讲究论资排辈的行业和年代，李思聪创造了一个不小的神话。

然而，神话没有继续。在10多年的银行工作经历中，他做过计划信贷、银行会计、金融管理、外汇管理及金融证券管理与运作……把当时银行所有的业务都摸了个遍之后，李思聪升任分行一个不大不小的中层干部——这不过是一个很平凡的速度。

他是个天生很骄傲的人，与骄傲如影随形的就是激进。领导说，小李这个人能力很强，很能干，但是工作中不应该有太多自我主张。于是，他越来越发现自己的前途不妙：专业知识一流，但和环境保持心照不宣的“知识”没有；创造力很好，但控制创造力的能力不好。

1993 年初，李思聪决定辞职下海“捞天下”。“邓小平南方谈话”余音绕梁，中国经济火热推进，他南下广东，投身广州一家体制外的大公司实现抱负。不料数月之后，中国因经济过热实施宏观调控“硬着陆”，无数企业难以为继，他只好黯然离开那家公司。

然而，李思聪很快就发现，机会总是在一个人落地的一刹那赶到他身边。

“那时候几乎每一个企业都缺钱，但我知道，好企业是有机会找到钱的，只是他们不知道方法。”李思聪告诉记者。

能救命的钱是最值钱的钱。金融背景、政策悟性加上深厚的专业功底，而且闲置在社会上——李思聪立即成为各大企业老板的座上嘉宾。他开始为这些企业提供关于融资的咨询，例如，国债回购资金拆借、证券买卖，或者和金融机构配合做衍生金融的生意。短短数月时间，李思聪获得的“劳务回报”就突破了百万元。

财富是财富的敲门砖，李思聪像一阵风一样扑向市场经济的前台，发现那是一个遍地黄金的地方。他往返于广州、天津、武汉等地，四处收购原始股，再到一级半市场交易，或等待二级市场上市。年轻的生命力构成一种智慧力，前后一年多时间，李思聪的个人资产迅速膨胀，原始积累初步完成。

1994 年 10 月，李思聪成立广东银业发展有限公司，准备在实业领域大干一场。

谁知实业领域一出手，就差点血本无归：先是倾资惠阳做房地产，资金折损一半；紧接着又被一个朋友骗去剩下的一半。于是，赶紧回归金融，在证券市场轻轻松松地恢复了元气。

实业之梦依然不灭。投资做交通运输，赚钱；投资做石油化工，赚钱；投资做酒店，亏钱；投资做生物制药，赚钱……费心费力气喘吁吁，进三步退两步，从 1994 年到 2000 年，银业公司终于发展成为集多种经营为一体的银业集团，资产突破2亿元。然而，这在当时的广东企业界，在李思聪的视野内，却是一份不值得骄傲的业绩。他越来越觉得自己更适合做、更盼望做的不在这里，“干实业就好像干体力活，无论成功还是失败，都找不到成就感。后来，我想自己应该做更富有挑战性的、能把个人智商和知识结构发挥到极限的事情”。

他的眼光其实从来没有离开过金融领域。1999年前后，银业公司因业务发展需要，也开始有了贷款需求。但这个银行系统出身的董事长面对国有商业银行的标准，同样因没有合适的抵押物而“处处碰壁”。他开始研究这个现象，并很快将问题上升到“全社会的高度”。

他认识到，尽管金融机构近年来大力推行市场化运作，但其信贷传统并没有发生根本性的改变，造成的结果就是，中国的中小企业普遍缺乏银行支持。统计数据表明：全国中小企业有八成以上流动资金紧缺，超过六成的企业没有中长期贷款；另一方面，各大商业银行却总计有数万亿元的资金，躺在钱库里耗利息，睡大觉。

这就需要一个沟通两端的桥梁，而大力发展担保机构，是其中最主要的手段。

1999年开始，在国家有关部门“建立中小企业信用担保体系”的倡议下，各级政府纷纷通过财政出资成立担保公司，期望以此为中小企业输血。但运行的结果是，全国300多家国有担保公司全部陷入亏损。

李思聪认为，依靠财政出资，担保行为受行政支配，确实会形成“有人花钱无人还债”的局面，甚至将中小企业的经营风险转化为政府的财政风险。那么，假如由民营企业出资来做担保公司，政府会不会很支持？银行会不会很欢迎？公司会不会有“钱途”？

李思聪的金融梦想开始熊熊燃烧起来。

（二）经营风险，批发信用

民间担保公司在中国是一个新鲜得发亮的事物，能不能办好，李思聪个人并无十足把握。他决定找几个“实力雄厚面子大”的朋友壮胆——房地产老板、贸易公司老板、上市公司董事长……谈的时候大家都说好，纷纷表示这个行业前途远大；真要投资的时候，却一个个不见了人影，没人敢吃螃蟹，李思聪只好用自己的 2 000 万元去注册。

注册的经历就喻示着这不是一件一帆风顺的事情。李思聪找到工商局，工商局说：“你这是金融机构啊，是不是应该先让人民银行审批？”他跑到人民银行，对方说：“你注册一个公司跑到人民银行来干什么？”这才发现，“担保公司”究竟归金融还是实业，国家没有政策。

只好来来回回地跑，把两边的人都搞得心疲而无助。最后，工商局比较灵活，给他出主意：你干脆改名为担保服务公司，然后找几家银行签一份合作意向书，就 OK 了。这倒比较好办，李思聪的银达担保服务有限公司几经波折，总算拿到了营业执照。

“从本质上来说，担保公司做的是什么事情呢？”李思聪告诉记者，“八个字可以概括它的内容——批发信用，经营风险。你先用你的资金、团队、品牌和风险管理模式，在银行等机构那里建立一个信用；然后把它拆零，卖给不同的需要各种信用担保的企业，使其达到融资或交易的目的。同时你的公司就面临风险——企业不讲信用不还钱，殃及的是担保公司；于是，你就必须用各种专业的手段来控制这种风险，约束被担保企业的行为。”

2000 年 11 月，银达担保开业。开业广告打出去，两类人蜂拥而至：一个是中国金融领域有追求有抱负的精英们，看好担保业巨大的衍生前景，前来应聘；一个是急需资金的广州中小企业老板们，突然看到这里居然还有一家担保公司，病急乱投医地找上门来。

人才不缺，客户不缺，最缺的就是银行的认定。“银行不认可你的担保，不给你合作的机会，天大的客户找上门来也做不成业务”。

然而，这一关并不容易过。首先是概念之关——和“长三角”相比，整个“珠三角”的银行相对保守，很多银行工作者几乎从没有接触过民间担保公司，有的以为李思聪是放高利贷的，有的以为他是代人讨债的。

概念清楚之后，又会碰到观念的门槛。有人说：“你搞信用担保？那谁来担保你？”又有人说：“你那点资金和我们银行没法比，凭什么要替我们贷出去的款做担保？”

整整3个月时间，当地十几家银行没有一家和银达签署合作协议。李思聪几乎天天跑银行，天天开会给员工们“画饼”，在没有任何效益的情况下，工资照发、福利依旧。

不过还是有很多人熬不住了：当失去了对这个行业最初的新鲜感之后，人们才发现要实现想象中的美好蓝图，需要经过多么漫长的艰辛付出。2001年春天，银达担保临时租来的办公室里，每天上门要求担保的客户很多，每天收拾包袱离开的员工也不少。今天的银达董事会秘书刘路讲起那段岁月依然很动情：“如果没有银达担保一定能成功的坚定信念，当年的李思聪也同样熬不下去。”

4个月过去了，李思聪和留下来的银达人跑遍了广东各个银行，见人就递名片请吃饭，然后利用一切机会“布道”。铁打的信心，流水的脚步，银达担保在很多人心里渐渐有了印象。

2001年3月，民生银行广州分行终于开了第一个“口子”，授权银达代理了一笔100万元的担保业务。这是一个小单，在银行界也没什么影响。但正是这单业务，让所有对担保行业来讲都是半路出家的银达人，有了检验自己的机会：自己看资料搞出来的业务流程是否切合实际，银行的要求和理论上的想象有多大差距，与客户的合同是否周密到位，风险控制能不能做到更好……一单业务做下来，银达公司上上下下脱胎换骨，信心大增。

两个月之后，又一个机会降临银达。广东工商银行要推广新的“个人消费信贷”业务，因为风险较大，需要追加一个第三方担保，于是想起了银达。

按照担保行业的理解，这不是一单优质业务，因为投保手续和风险控制比较琐碎复杂，而保费收入仅为投保额的千分之一。比如，替某大学生的一台分期付款价值5 000元的电脑做担保，保费收入仅5元，而学生的违约率是10%。

但李思聪毫不犹豫就和工商银行签了约，敲定了这一宗看上去并不赚钱的生意。

亏损生意做出了巨大影响——工商银行大张旗鼓地派出行长来公司考察它的合作伙伴，竞争对手们岂甘落后？于是，兴业银行、交通银行、农业银行、中国银行、建设银行的行长也陆续到银达来考察。考察的结果让所有行长大吃一惊：这家公司尽管规模不大，但从产品创新、规范管理和风险控制的流程上，都远远地超越了国内的所有商业银行。

事实证明，这是一个意义深远的行业口碑。

（三）银达担保模式

市场经济如何从低级走向高级？李思聪认为信用担保是其中的关键。他给记者讲了一个案例。

广东省台山市一家外资铝型材公司由于从国外进口原材料，急需开具 2 000 万元人民币的信用证，于是向交行广州分行提出申请。按照规定，开具 2 000 万元信用证就要有同等数额的保证金存在银行。但是，这家新办企业现有的物业已经作为抵押物向银行申请了贷款。没有抵押物怎么办？交行广州分行很想做成这笔业务，于是把这家企业推荐给了银达公司。银达公司对这家企业进行了全方位考察，决定同意为其担保，并正式签署协议。

这宗商业协议的意义体现在哪里呢？现在人们常用双赢来形容正面的经济活动，而这宗业务有三赢。

一是交行广州分行赢。它扩大了业务规模，增加了国际结算业务量，增加了收入；同时还培育了一个优质客户（该企业注册资金 1 100 万美元），如果这宗业务做不成，这个客户就有流失的可能。

二是那家融资的企业赢，赢在可以充分利用信用证杠杆效应发展自己。根据担保协议，它只要提供 2 000 万元信用证保证金的 30%，即用 600 万元就可以做足 2 000 万元的生意；又因为这个信用额度可以在一年内周转使用，开具信用证的期限是 2 个月，这样一年就可以周转 6 次，用 600 万元就可以做成 1 亿多元的生意；如果资金周转提高到1个月，一年周转12次，更加不得了，企业就可以实现飞跃式发展。

三是银达赢。银达不是慈善家，它的效益如何体现呢？它收取了3%左右的年担保费率。在这宗业务中，银达提供了1 400万元的担保额，年收取担保费大约是42万元。按照惯例，银达需要按照1∶10放大系数的金额将保证金存入交行广州分行，这样在担保期内就要存入140万元，银行支付同期存款利息。如果交行对银达充分信任，也可以不要求存进保证金，这是银达公司最希望看到的——这就是整个担保的一个形象流程。

“事实证明，这个社会不缺钱，不缺需求，不缺增长空间，只缺一个能够让资金安全流动的信用加速器。”李思聪认为，“因此银达做的事情，正好是政府和银行想要推动的事情。”

那么银达缺什么？首先是缺规模；其次是在中国金融体制的现状下，缺一个各方都能认可、各种资源都愿意亲近的身份。

扩大规模则必须增资扩股——当经营开始上路、企业看到希望的时候，这不是一件难事。然而，如何增资扩股，将什么样的资本引进银达更有利于长远发展，李思聪却经过了一番痛苦的思考和艰难的抉择。最后，他将目标锁定在广州科技风险投资有限公司，一家广州市政府出资搞的国有企业，注册资金达6亿元。

而这家企业也正在苦恼当中：我投资这么多的高科技企业，都是固定资产很少、银行信贷不畅，如何解决这个发展中的难题？李思聪恰好登门拜访，于是两位老总第一次见面就言谈甚欢，第二次见面就握手言“合”。

2001年8月，银达第一次增资扩股，吸纳广州科技风险投资有限公司为股东，注册资本变更为了4 000万元人民币。

从民营担保公司到混合所有制担保公司；从一个人说了算，变成了和别人商量着办，关键是和国有资本商量着办这个令人感到不可思议的“银达担保模式”引起业界大哗。有人认为李思聪想钱想疯了，“这哪里是在找资本，简直是在找麻烦”。

但李思聪却“两耳不闻窗外事”，顺势在公司内部强化规范管理，推行现代企业制度；同时借国有股东的政府背景，轻轻松松就敲开了昔日紧闭的大门，和当地几乎所有银行签订了全面合作协议。同年 11 月，银达作为广州市唯一一家担保企业，成为“全国中小企业信用担保体系试点机构”。

2002 年 5 月，银达完成第二次增资扩股，再次吸收 12 家法人股东和自然人股东，注册资本变更为 1 亿元人民币；2003 年 4 月，李思聪发起第三次增资扩股，注册资本增至 2 亿元人民币。在这之中，银达担保的股东总数达 30 余家；在 2 亿元注册资本中，李思聪的银业集团大约占有 30% 的股份，国有股东约占 10% 的股份，此外便是民间资本。

“银达担保模式的特征是什么?”李思聪总结道:“首先，它开创了国内信用担保连接风险投资的经营模式，实现了对高新技术企业长期投资和短期融资的完美结合，使银达担保公司也成为广州市风险投资体系的重要组成部分；其次，它和国有股权结成战略合作关系，消除了在当前国内金融环境下的体制障碍和信任障碍，客观上放大了信用；最后，股东构成多元化和管理制度规范化，有利于公司的长期可持续发展，抗风险能力强。”

好房子人人添砖加瓦。深圳创新投资公司在决定入股银达时，一番话令人耳目一新:“银达首先吸引我们的就是它的混合所有制模式，透明度高，又有一定的‘民办官助’性质，避免了纯民营普遍存在的‘暗箱’操作，同时也避免了纯国有受政府意志左右的僵化问题。”

2002 年 7 月，时任广东省委书记的李长春突然带队考察银达公司，对银达模式给予了充分肯定——原本“自生自灭”的广东担保行业，终于迎来高层领导的第一次表态。

银达担保模式命运突变，短短的时间里，赢得了体制内外、行业上下的满堂喝彩。

（四）风险控制与业务创新

深夜11点，李思聪关掉手机，拔掉座机的电话线，静静地坐在办公桌前，摊开一份新的担保合同。他用红笔开始细致地勾画，连一个小小的标点符号错误都没放过。喧闹的广州城，只有这个时候最宁静。李思聪需要在宁静中高度提升自己的注意力和洞察力，手里的笔就好像医生的手术刀，多画一个地方或少画一个地方都可能产生巨大的反效果，给公司带来难以弥补的损失。他不允许自己犯任何低级的错误。

这就是李思聪大多数夜里的常规状态。他说自从入了这一行，已经放弃了几年前爱看电影和戏剧的习惯，同时也痛失了晚上回家还能享天伦之乐的机会。

担保业是一个今天获得收益、明天支付成本的行业，它的风险性远远大过所有的服务行业，因此，“全程风险控制”就成为李思聪头脑里永远绷紧的弦。

中小企业到银行贷款，银行有非常严格的硬约束：规范的财务报表、合乎标准的贷款抵押物、足够的企业现金流等。然而，大多数创业期的中小企业难以满足上述要求，于是贷款之事只能望洋兴叹。

而此时此刻银达人在干什么呢？他们正在做调查：这个酒楼老板没有完整的财务制度，但他是否每天有足够的营业收入？这个广告公司没有固定资产，但据说它曾买下某某电视节目的时段；那个汽车租赁公司老板的汽车随时可能开走，但他的直系亲属表示愿意负反担保责任……总之一句话，要用更加灵活的手段，抓住银行不愿接纳的客户。

但正因为面对如此个性化、纷繁复杂的客户，风险就相应地加大了。从总体上来说，银达要应对的是两类风险：一是内部人的判断或道德风险，二是外部客户的经营或道德风险。

内部问题只能用组织结构来解决。银达的结构特征在于每一个环节都有互补，同时每一个环节都受到监督。

比如“三员互补”制。针对某一个项目，银达同时设立A、B两个项目经理，并为两个项目经理配备一个助手：A角一般是对客户及行业比较熟悉，B角则着重了解财务制度，助手则协助处理日常事务及落实反担保手续。三员互补，既分工明确，又规避道德风险，同时还有效防止主观臆断。

又比如“前后台”分离制。“前台”即项目经理负责信息采集、调查报告的采写和真实性核查；“后台”即项目评审，负责对“前台”的工作进行修订，最后做出评审。前者靠业绩多少来考评，而后者则依据风险控制的好坏来考评。

同时，银达设审计部，担负着“第三只眼”的功能；设风险评审委员会，担负着大额担保业务集体决策的任务。其实除此之外，很多银达人都不知道，李思聪还有一个背后的“法宝”——独立评审委员会，其成员则由各行各业的资深人士构成，为银达对不同行业的个性化大额担保提供参考。

针对客户恶意欠贷的外部风险，银达最根本的手段就是要求客户提供严密的反担保措施。与银行的抵押不同，担保机构对于客户有多少实物资产要求并不高，但却一定要关注客户的动产与不动产、股权有价证券、经营权与收益权法人或自然人的无限连带责任、来自亲友等个人的第三方保证等。担保公司会综合考虑其优势与劣势，对不同客户设计不同的反担保组合措施。这无疑是一种更加灵活、有效的风险控制手段。

因此，迄今为止，银达已经做了超过 2 亿元人民币的担保额度，整个坏账率不超过 600 万元。这样的风险控制成绩不仅远远优于银行，也堪称国内担保行业里的佼佼者。

在业务创新方面，李思聪更是“奇人”，这得益于他多年的银行工作加经商生涯，把握住了经济生活最下层的东西，抓住了根基，明白了需求。

因此，他可以做很多银行做不了、很多担保公司想不到的业务。比如财产保全：客户向法院提请财产保全诉讼，要求查封对方财产；法院就要求客户出具担保，而且只承认银行出具的保函。然而，大多数时候银行不愿意提供此类担保，财产保全就难以执行。这时候李思聪动动脑筋，银达就多了个新产品——财产保全担保——由银达向银行提供一个反担保，银行再为客户提供保函，既符合银行加法院的游戏规则，又获取了较高的保费收入。

诸如此类，不一而足。迄今为止，银达除中小企业贷款担保、个人创业贷款担保等融资性业务以外，还开展了非融资性业务，如履约担保财产保、全担保、工程质量担保……个性化的业务品种越多，对人的能力的要求就越高。银达的员工不仅要熟悉银行、财会、法律、心理等相关知识，还要对各行各业大小企业的运营规律有深度涉猎。

因此，李思聪说："选择了做担保，就选择了辛苦，因为每一个客户对我们来说都是个性的、唯一的，每一次担保都是一次'量身定做'；选择了做担保，就选择了像航天飞机科学家一样的追求，不能做错任何一个精确的计算，不能放过任何一个即将给你带来损失的细节。"

当然，李思聪比谁都清楚，选择了做担保，银达人就选择了一种穿上"红舞鞋"的人生，音乐一旦响起，舞蹈便永不能终止。

（五）金融服务产业链

有商人的地方就有契约，有契约的地方就有担保——这是担保公司存在的市场基础。

然而，李思聪眼下忧虑的是，中国担保企业全行业的总体走向是个严峻的问题。是先进的现代企业方向，还是落后的互助会形式？是在推动社会进步的同时谋求企业发展，还是仅仅沦落为大企业的圈钱工具？是公开化、透明化，还是神秘化、暗箱化？是政府和企业联手合作造福经济，还是企业摇摇晃晃独轮上路？

一切都需要先行者来回答，李思聪显然很有使命感。他就信用担保体系的建议上书银监会、发改委；他所积极提议和倡导的广东省担保行业协会已经成立；他对广东省政府调研、推广银达模式给予最积极的配合……与此同时，一种最直接的进步——将银达公司本身做大做强的蓝图也在李思聪心中描绘完毕。

2004 年 4 月 10 日，在国家发改委举办的全国 20 个省市级担保公司会议上，李思聪做了一个简短的演讲："银达担保第一年利润持平；第二年股东分红 5%；

2003年股东分红达7%；2004年，我计划做到15亿元担保额度，收入4 500万元，除去成本500万元，提取1 000万元风险保证金，我的股东分红能上升到10%的比例。”

在这个全行业都在摸着石头过河的时候，这个数据让人敬佩。

2004年8月，银达担保进行第四次增资扩股，按每股1.20元募集股份，计划募集资金人民币约1亿元，增资扩股完成后，公司的股本金将达到3亿元。

“一方面，我们要把担保业务做大做强，在未来的一段时间内，将在珠三角、长三角设立担保的分支机构；另一方面，也要涉足其他行业。”

在拓展担保主业的同时，银达担保将逐步降低融资担保的收入比重，而非融资担保的比重将逐步提高。“下一步更重要的还会提高投资业务的比重。”李思聪说，“比如股权投资，有一家高科技企业想贷款，我为它担保500万元，它给我10%的股权做反担保。若我看好这家企业，贷款到期就由我替它还上，而我继续持有10%股权。今后这家企业进入资本市场操作，我把股权卖掉，收回的资金可能就是1 000万。”

李思聪最高的目标和境界是：有朝一日，银达做成像世界500强那样的百年老店，所有的银行、企业、单位面对银达，见保通行。

单祥双：风投“魔法师”

他无疑是这样一群人的代表：良好的直觉，超常的意志，缺少文人病，没有沙龙气；既有鸟瞰世界的视野，同时又有纵横世界的气概。

他无疑是中国风投界最神奇的“魔法师”：2000年，以自己的全部家当60万元撬起1 000万元，随后又以1 000万元撬起3亿元、20亿元；2006年，他即将掌控的是超过100亿元的风险资金。他的数十笔风险投资不仅没在任何项目上亏损一分钱，还创造了多个暴赚几十倍的资本神话。

理所当然，他成了当时这个金字塔尖行业的杰出领跑者。

(一)贫穷就是生命力

“我出生在东北，小时候家境贫寒，是个从小吃尽苦头的孩子……”39岁的单祥双长着一张差不多49岁的脸。

家里贫困到什么程度呢？小学三年级时，实在拿不出钱来买纸了，母亲就给他讲“岳飞沙盘习字”的故事。他如法炮制，在课桌上摆出一个沙盘，此举当然很快被老师禁止。怎么办？单祥双发现一个家境比较好的同学喜欢他的午餐豆包，就每天特意从家里多带两个来，以豆包换纸张。后来这位同学吃腻了豆包，单祥双又学会了画鸟，每画一只鸟换三张纸——“交换带来价值”，单祥双从小就被迫实践这个道理。

有一次，公社开小学运动会，结束前老师要单祥双负责把一面大鼓运回学校。谁知运动会一结束同学们一哄而散，操场上只剩下这面比他矮不了多少的大鼓。天黑之前，他终于想出一个办法，操起鼓槌拼命敲打，邻村的孩子很快围了上来。于是单祥双指挥着他们将鼓抬回学校，然后每人允许敲10下鼓。

贫困始终如影随形。高考前夕，他几乎断粮了，每天喝粥度日，一位老师发现后，接济了他10元钱。单祥双于是吃了半个月的饱饭，并考上了大学，学习会计专业。

就这样，命运一次次快要对他掩上大门的时候，他就一次次开动脑筋想办法，跨过门槛。所谓“生活就是名师”，在饥寒交迫中锻造的旺盛生命力，成为单祥双日后奋斗的大本钱。

1988年大学毕业，最没有背景的他凭借优异表现获得了系里最好的分配——国家教委，并很快成为教育图书进出口公司一个领导14人的科长，负责进口图书的市场开拓。

物质生活有了明显的改善，而旺盛的生命力却无处排遣。

他第一次召开全科工作会议，通知大家第二天9点开会，9点半了还有很多人没有到。年轻气盛的单祥双决定改变这种懒散的局面，给本科室定了一个严格的制度。第二天，科里最漂亮的女孩再次姗姗来迟，单祥双当场宣布把她解聘。

工作纪律立竿见影，当年订单翻了一番，可领导却说：“小单这人很能干，但想法太多不好管。”

1991年，单祥双调到了交通部，从事船舶等进出口贸易，25岁时成为中央国家机关最年轻的处级干部。在别人眼中仕途一片光明的单祥双，心中却是另外一种感受：“数十年来，这里已经形成了它自有的轨迹，人和人之间已经形成了许多心照不宣的生活秩序和内心规范，这让我感到压抑。我年轻，有锋芒，不适合在这样的环境里说话和办事。”

在一个不太需要创造力的环境里，他只好通过别的方式来排遣过剩的精力。他爱跑步，多年来风雨无阻，有局领导几次看到他在大雪天里面无表情、近乎自虐地奔跑，差点怀疑这小子精神上有障碍。

他还写小说，最多的时候一个月写了3本通俗小说，有段时间几乎打定主意辞去公职，靠写畅销小说为生。

初涉资本圈。一篇偶然看到的文章打消了他成为“畅销小说家”的念头。文章说的是袁庚创办深圳蛇口工业区的前前后后——那种从无到有、顺势而为、大胆整合社会资源、筚路蓝缕、艰苦创业的风云故事，让他从别人的足迹里触摸到了自己的梦想。

1998年6月，决心辞掉公职去闯荡的他在日记本里写下这句话为自己壮行：“生死都是上天安排的，人生就是这么一个短暂之旅。在这个旅程中，我唯一可以决定的就是满怀激情地往前走。”

他来到深圳，成为招商银行旗下国通证券公司的一位普通业务经理。这位原“部委官员”被安排住在一个脏乱差出了名的“安置区”里，与聚集在此的打工仔和无业游民们隔墙而居。在这个他一生中最漫长的夏季里，南国炎热的天气和肆虐的蚊虫一起攻击着他的意志。

在那间陋室里，单祥双坚持读书学习，并很快发现了梦寐以求的事业空间——世界上从来不缺钱，也从来不缺项目，可总是有人拿着钱找不到项目，有人拿着项目又找不到钱，这不正是自己施展才华的舞台吗？

单祥双开始琢磨如何构建一个平台“为项目融通资金，为资金嫁接项目”。1999年3月，经过几个月的研究，他提出了一个大胆的设想，希望组建一个中国交通投融资委员会，将交通部、铁道部、国家民航局、信息产业部和管道总局等五大部委的计划司、财务司及所有大型企业集团、上市公司整合在一起，以构建一个大交通领域的超级融资和投资平台。

其实，单祥双设想的这个平台就是募集成立一个交通行业的产业投资基金。与风险投资主要投资在IT、生物等高科技创业企业相比，产业投资基金主要投资在基础设施等传统产业，风险和收益都相对较小，投资额则大得多，一个项目动辄数亿元。

国通证券的领导哪敢接招！尽管这是个利国利民利企业的大好事，但一个招商银行下的小证券公司，凭什么去做国务院总理才有把握的几大部委局的协调工作?

单祥双不服气，既然是好事，为什么不能做?第二天，他便背着背包去了北京，大胆通过原来的同事找到原交通部部长钱永昌。钱老时任中国交通运输协会会长，在整个交通行业很有威望和影响力。他听完单祥双的构想，拍案叫好，决定鼎力支持。不久，项目说明书通过钱永昌牵线直接呈送到五大部委领导的案头，单祥双穿梭其中，侃侃而谈。1999 年 7 月，中国交通投融资专业委员会挂牌成立，32 岁的单祥双出任委员会秘书长。

单祥双一出手，便显示出超乎寻常的资源整合能力。

在投融资领域初试牛刀就大获成功，单祥双的目光又转向了风险投资。2000 年，网易、新浪等公司相继在美国纳斯达克上市，29 岁的丁磊横空出世成为“中国首富”，其背后的国外风险投资也得到了巨额回报，加上中国股市正风传马上要开创业板，于是风险投资成为世纪之交一个“人见人爱、风情万种的美人”。

同年 6 月，单祥双说服了几个委员会会员单位成立了 21 世纪科技投资有限公司并担任副总裁，主管风险投资业务。

坐上投资副总裁的位置，单祥双座下有车，手中有钱。但他很快怅然若失，原因是这种很具创新概念的公司在体制上又落入窠臼，他发现自己又成了国有大股东的一枚棋子，“用人要用最听话的人，而不是最能干的人，人事是由大股东的人事变动而变，与投资周期要求南辕北辙”。

这必然导致权力和后果的严重错位。“跑冒滴漏”尚属小事，最可怕的是管理者一旦被私心蒙蔽与被投资者合谋算计公司，各种“澡堂里的黑幕交易”让人防不胜防。

单祥双痛苦地看到，和许多国企一样，投资经理权力与责任的不匹配带来的道德风险，必将让自己在坏账的沼泽中越陷越深。

单祥双不愿做这个旧沼泽的新牺牲品，决定自己创业。2000 年 12 月，单祥双用个人存款 60 万元注册成立北大招商创业投资管理公司；2002 年，更名为中科招商。

一匹中国资本界的黑马，摇摇晃晃地站了起来。

（二）杠杆的力量

资本市场历来是个“挥金如土”的名利场，可做梦都想干大事的单祥双，手中只有区区 60 万元资金。唯一的办法，还是整合资源。

资金不多，却有股市指数帮忙。2000 年，中国股市从年初的 1 300 多点起步一路高歌猛进，到了年底蹿上了 2 100 点，纳斯达克的财富效应和中国创业板呼之欲出，使得各路资本蠢蠢欲动，于是单祥双顺势而为，在深圳创建了中科招商。

中科招商不仅是中国第一个受法律保护的私募基金管理公司（所谓私募，是指资本的募集过程不能通过公开的媒体广告，只允许私人间口口相传），而且以法人股东和个人股东相结合的模式，进行了股权结构的创新。

除了三家单位持股 76% 外，单祥双等管理团队成员持有 24% 的个人股是个刻意而绝妙的安排，在本土风险投资中，第一次把股东和管理者的利益捆绑在了一起。

成立之初的中科招商是中国最小最穷的风险投资公司，1 000 万元的注册资金连投资一个项目都不够。要想实现“左手融资，右手投资”的目的，就必须“找米下锅”，让别人掏钱供自己管理。

2001 年初的那 3 个月，单祥双几乎是全国最忙碌的人。他揣着 60 多页的基金招股计划书，天上地下来回奔波，向全国数十家上市公司的总裁董事长们“画饼”。

资金在中国已是如此充沛，而真正能够经营资金的人才却又如此罕见。这样的现实注定了单祥双很快被有识之士青睐有加。那些对中科招商感兴趣的总裁董事长，总会问单祥双同一个问题：“我们的钱，凭什么交给你们去管理？”每当此时，单祥双就明白这是给他的唯一机会。

所幸他口才一流——

“首先，风险投资能赚来利润，新浪和网易的例子不说，我们现在储备的项目就能够做到心中有数；其次，基金运作完全透明，你们可以找会计师事务所全程监控，认为不可行的项目可以一票否决；最后，如果 3 年内基金达不到预期收益，你们可以用脚投票，万一出现亏损，就先拿出中科招商的 1 000 万元进行赔偿。”

显然，这个年轻人给了他们一个令人满意的答案，何况他的背后还站着招商局等股东。

历时 4 个月，经 50 余次面谈，40 余次碰壁，2001 年 5 月 26 日，5 双有力的手与单祥双真诚地握在了一起。中国华录集团、鄂尔多斯羊绒集团、安徽古井集团、唐钢集团和北京城建集团 5 家企业各拿出 6 000 万元，交到他手中。

就这样，单祥双用第一个财富杠杆 60 万元撬起了 1 000 万元，再用第二个财富杠杆 1 000 万元撬起了 3 亿元。在这样的杠杆下，未来的天堂和地狱同时向他洞开。如果 3 年间基金能够保证预期的投资回报，他将升入财富的天堂。然而，如果基金 3 年内仅仅赔了 1 000 万元，他就将成为一文不名的穷光蛋。

——这或许正是他追求的阳光下的刺激。看上去稳健敦厚的单祥双，就这样选择了最疯狂的人生。

3 亿元拿到手中才几天，纳斯达克股市在连续走强了 22 个月后泡沫破灭，几乎在同时，我国上证指数从 2 300 多点巅峰坠落，一路不回头地跌至 2005 年 6 月的 998 点。对无数投资者来说，那是个刻骨铭心的 4 年。

那年夏天，幸运与不幸的两种感觉总会一起涌上单祥双的心头。幸运的是，自己在最后时刻抓到了一根“救命稻草”，再晚几天，3 亿元资金将一分都到不了账；不幸的是，自己的事业刚刚上路，冬天就开始了。

(三)红苹果

2001年，甘肃兰州和天水的两家国有企业被重组到一起并完成了股份制改造，短期内有望上市。单祥双考察后发现，这两家公司产品的市场前景都很好，忙不迭地掏出1 000万元购得新公司近10%的原始股。

他对这桩开门生意相当自信，特意和朋友去了一趟沙漠。一望无际的沙漠里天高云淡，让人心情爽朗豪气顿生，骑在驼背上的单祥双不断憧憬着一个答案：这些原始股上市后究竟能赚多少倍？

可他的心情并没好多久。由于天水公司效益比兰州公司效益更好，不愿被政府"拉郎配"，于是组织员工罢工静坐。最后的结果是政府妥协，新公司名存实亡。

听到这个消息，单祥双顿时出了一身冷汗，如果不能收回本金，不仅注册资金全部亏完，而且刚刚募集来的3亿元也有被撤回的危险。经过多方努力，两年后，中科招商从这家公司退出，勉强收回了本金。

这和后来的两笔投资一起，构成了中科招商投资史上最差的3笔记录——辛苦一番，仅仅收回了本金，却没赚一分钱。

开张不利反而因祸得福，单祥双从准备甩开膀子大干一番的躁动中清醒了一大半。他认识到，中国企业不仅和国外企业一样面临财务和市场风险，还面临更大的社会和政治风险；在中国做风险投资绝不能简单照搬国外惯例，必须摸索出一套行之有效的本土模式。

"好比在山野乡间赶路，买一辆奔驰还不如套一驾马车跑得更有效率。"单祥双开始一点一滴地搭建自己的"马车"，后来被同行广泛学习的"中科招商模式"一步步浮出水面。

他首先抛弃了"奔驰"常用的风险投资理念，把产业投资理念套上了"马车"。

"风险投资不是投资于风险，靠冒风险赚钱，而是因为成功规避了风险而赚钱。"这句话成为他判断项目、警示同事的名言。

在国外，一个创业者只要能把故事讲精彩，绘声绘色地向风险投资商描绘出自己企业的美好未来，风险投资商便可能以该企业在未来上市当年的利润乘以一个合理的倍数（即市盈率，一般为10倍至几十倍）来为公司估价。

比如，公司上市时的年利润为1亿元，双方都接受的市盈率为20倍，则该公司价值为20亿元，风险投资想获得10%的股份就必须拿出2亿元，20%则为4亿元。很显然，如果年利润保持不变，则投资方收回投资的年数等于市盈率的倍数，市盈率越高则收回投资的年限越长，投资风险越大，同时也表明投资者对企业未来的成长空间越乐观。

换言之，这种发达国家盛行的风险投资理念，是个天生的乐天派，满脑子漂浮的都是企业的美好将来，很少关心现在。

但单祥双认为自己最好还是“悲观”一点。国外创业环境成熟，只要是一粒好种子，不愁长不成大树，而且资本充沛，随时有更乐观的下家等在后面，以更高的市盈率接单。但在中国，有几个企业成功实现了自己描绘的明天？

产业投资理念则务实得多，它关注的是企业现在的赢利情况，今天投资一元钱明天能有多少实实在在的收益。在这种理念下，中科招商总是尽量回避那些处于“种子期”的前期项目，而选择已经有利，在短期内就可能上市的后期项目。如今，国际上大牌的风险投资商，在中国因“豪赌”种子项目而付出了大把的“学费”后，也悄然改变了投资风格，把目光转向了中后期项目。

单祥双还制定了“两个20%”的投资原则，即所有项目的投资收益率必须超过20%，项目持股比例也要超过20%。

这意味着，中科招商开出的市盈率最高只能有5倍，低得让人觉得寒碜。2001年，中科招商的“抠门”引来同行一阵嘲笑，在他们看来，如此苛刻的条件不可能拿到项目。

单祥双不为所动，还理直气壮地抛出了他的“红苹果理论”。

“国外资本市场非常发达，树上的红苹果都被摘完了，连青苹果也难得找到几个，大家都不得不种苹果树了，所以只好听创业者讲故事，投资种子期的项目。但中国的苹果树上挂满了红苹果，压弯了枝头无人去摘，你就不该去摘青苹果，更不该去种苹果树。”

可此时的同行们正热火朝天地摘着“青苹果”，不惜成本大肆抢购那些传闻将在创业板上市的高科技企业股份，市盈率高达二三十倍。到2001年底，大肆“抢宝”的同行们开始发现自己陷入了进退两难的境地：创业板出台已经没有了明确的时间表，原本奇货可居的股票现在成了烫手山芋，不仅抛不出去，还不得不给企业大笔追加投资，否则其生存难以为继。

中国风险投资业因此遭遇了集体滑铁卢，95%的风险投资企业出现了巨额亏损。

中科招商却迎来了难得的机遇，办公室被大批嗷嗷待哺的企业主挤爆，获得了一个低价收购“红苹果”的良机。

2001年，中科招商尽管开局不利仍小赚了300多万元；2002年，在大多数同行草木皆兵一分钱都不敢投的情况下，中科招商投出去了6 000多万元；到2003年，中科招商的投资总额达到了3亿元，95%以上的项目获得了成功，其中，三北种业、广州捷赛等项目短时间内都获得了数倍的收益。

单祥双在2004年的一次行业研讨会上意气风发，目光炯炯：“保持理性的投资策略，我们在创投业的冬天，讲述了一个春天的故事。”

（四）风中的木桶

单祥双爱讲一个故事：一个小孩在他父亲的工厂里看守着木桶，每天早上他都要把木桶擦干净摆放整齐。但是一夜间，风把木桶吹得东倒西歪，小孩问父亲怎么办，父亲告诉他把桶里面放满水。第二天，这个小孩发现桶在那儿整整齐齐，没有一个被风吹倒。小孩终于领悟到，当我们不能改变风时，只能想办法利用自己的资源改变木桶的重量。

“我们就是那风中的木桶，当一时改变不了环境时，就先改变自己的重量。”

单祥双想改变又一时改变不了的，是整个行业的诚信状况。

在投资一个项目时，总离不开各种信息，而信息总有巨大的“操作空间”——项目方可能提供虚假信息，变着法儿包装、化装甚至伪装自己来套钱；投资经理也可能和项目方沆瀣一气，为了得到10万元贿赂不惜让投资公司栽进1个亿。这些现象在业内屡见不鲜，让风险投资企业防不胜防，吃尽了苦头。

如何才能改变自己的重量？中科招商的办法是进行完备的公司制度设计。

它在业内首创了诚信责任书制度。在任何正式谈判之前，中科招商都要求对方签字画押，如果提供的财务等资料不真实合法或向投资经理进行任何形式的行贿，那么对不起，中科招商不仅撤回全部投资，而且还将拿出诚信责任书追究对方的法律及经济责任。

诚信责任书不仅约束了别人，还能管住自己。如果投资经理被发现作弊，除了被免职、罚款，还会被公司登报告之于世人：“某某缺乏诚信，不适合再在投资业从业。”从此他就在圈子里臭了大街。

“盲人背瘸子”是另外一个精彩的设计。中科招商不仅要求所有的项目谈判都必须由两个以上投资经理参与，以降低被收买的风险，而且还在最终拍板时采用“4+1”模式，即每个项目都必须经过行业投资总监、管理投资总监、风险控制总监、资本运作总监和单祥双本人的一致同意，即使单祥双作为总裁也没有一票通过的权力。综合多人的知识结构和行业经验，对投资项目做出更接近实际的价值判断。这就是“盲人背瘸子”的内涵。

有了这两项制度律人律己，中科招商得以在行业诚信缺失的沼泽中洁身自好。

中科招商不仅“惩恶”，还要“扬善”，用制度激发每个人的智慧和活力。

它让每位投资经理都持有股份，从公司的赢利中获利。除了这个“大锅饭”，“跟投制度”的设立还让他们都有自己的“责任田”。在公司投资外，投资经理还必须对选中的项目自己投入1%～5%的配比投资资金，这样每个项目都被“包产到户”。

有了跟投制度，投资经理们惊喜地发现，中科招商的大舞台上还有一个可以倍增自己财富的小舞台，于是不辞劳苦满世界搜寻好项目。看准项目后，他们便踊跃跟投，甚至不惜卖车卖房，结果不少人和公司一起都赚了几十倍。

一套房变成了一栋楼，一辆车则变成了浩浩荡荡的车队，这是一种让人难以抵御的吸引力，业内精英纷至沓来。2006年，中科招商已经聚集了近百名顶级人才，形成了国内最豪华的资本经营团队，并具有了业内首屈一指的项目发掘和承揽能力。

这就是好制度的威力。

倍增价值的“五星级酒店”。世界上最让人梦寐以求的生意，莫过于把从菜市场买来的苹果做成五星级酒店的果盘卖出去。

那么，中科招商怎样把自己变成了“五星级酒店”？

这和单祥双的资源整合能力有关。尽管业内有人敬重他精明能干，有人则说他不过是善于编织关系，但大家都不得不承认，单祥双的确有效整合了资本界、企业界、学术界、政府等各界的巨大资源，构建了一个强大平台。

这些资源首先让中科招商有能力把“苹果”做成“果盘”。这也是中科招商和同行一个很大的不同。

同行把风险投资当成一项纯粹的生意，投资之后不介入企业的经营管理，而是任其自生自灭。这就像酒店买了一堆苹果原封不动摆在那里，哪怕大部分都烂了，只要有几个被客人高价买走，也能赚些钱。

在中科招商看来，自己和项目方不仅是纯粹的商业关系，还是合伙人关系。由于中国市场经济环境还不健全，企业仍缺少获取外部资源的能力，于是单祥双提出“三保服务”，即做项目的“保安、保姆和保健医生”，给它提供各种资源，做好增值服务。

事实上，很多企业愿意把股份以不高于5倍市盈率的低价卖给中科招商，看中的就是它的资源带来的增值服务。

“五星级酒店”里自然要有阔绰的客人，而强大的资源网络为中科招商提供了这样的客人——中科招商不仅能让成熟的项目在海内外上市，而且还知道谁是最渴望得到它们的买家。

2004 年，从事数字电视研发的北京数码视讯科技公司当年赢利已达 1 700 万元，几家国外风险投资看中其潜力并开出了 10 多倍的市盈率估价。但正是因为看好中科招商提供增值服务的能力，数码视讯以 2 500 万元的价格向其转让了 35% 的股份，市盈率只有 4.2 倍，“贱卖”了一大半。

中科招商投资后，立刻进入了“三保”角色，帮助数码视讯获取政策性资金支持，争取各种优惠政策及介绍企业结成战略合作伙伴。一年内，数码视讯迅速成长，产品在全国 30 多个省、市、区的 180 多个城市得到了应用，产品占有率跃居全国第一。数码视讯对当初选择中科招商非常满意。2005 年底，中科招商把 15% 的股份高价出售给一家与数码视讯有紧密业务联系的企业，众人拾柴火焰高，新股东的到来再次提升了数码视讯的价值。

浙江森禾种业公司是另外一个例子。花卉作为一种新兴的快速消费品，最近几年市场增长火爆。可掌握国内最先进花卉种植技术、生产了全国 50% 以上高档花卉的森禾，却发现自己的利润少得可怜。原来森禾在营销上非常不专业，辛辛苦苦种出来的优质花卉只能廉价卖给批发商，让别人赚了大钱。

2005 年初投资森禾后，单祥双提出在森禾推行“咖啡豆计划”，学习星巴克起家时的秘诀，通过对消费者和经销商垄断最优质的上游资源——咖啡豆，提升竞争力。

森禾迅速建立了 20 个苗木大卖场和 15 个花卉大卖场，批发网络覆盖全国，并推出“天天送”森禾花网和“天天送”森禾花卡，直接面向消费者。结果，就像当年人们发现想喝真正的好咖啡要到星巴克，想买优质的咖啡豆也要到星巴克一样，要想买高档花卉，只有找森禾。

“咖啡豆计划”让森禾利润猛增，行业龙头地位更加巩固。当森禾作为“中国花卉第一股”在海外上市进入倒计时，已经有多家国际大买主准备高价接单，中科招商的获利又将是几十倍。

…………

2004年，正是中国投资业冬天中的“三九”时节，整个行业业绩惨不忍睹，大面积闹“钱荒”。那年，尽管绝大多数项目仍处在培育期，中科招商仍取得了23.8%的投资收益，中远集团和乐凯集团出资6亿元成立中科招商二期基金——中科中远创业投资基金，也成为那个冬天的一个传奇。

成功就是硬道理。中科招商的股权结构安排、管理制度设计、投资理念、投资原则和投资理论，都被在中国市场上交了巨额“学费”的中外同行争相效仿，成为行业标准。

在风险投资之外，中科招商剑指产业基金，每只基金都上百亿元。

中国大多数产业都存在着散乱差现象，只有利用产业基金进行深度整合，才能有效提升企业竞争力和产业竞争力。

“有力量改变并推动这个世界，是每一个像我这样的男人孜孜以求的事业。”说到这里，单祥双戛然而止，丢下记者，为了新的项目率领一干人马奔赴山西。

◎链接

2006年6月14日，北京。从燕山山脉奔涌南下的罡风把城市上空的滚滚乌云一驱而散。暴雨骤停，天朗气清。中科招商总裁单祥双在他新迁入仅3天的典雅办公室里，如约接受本刊记者的采访。

他先是和我们一起分享了最近创造的几个“财富神话”——

2004年，他以2 500万元获得北京数码视讯科技有限公司35%的股权，到2005年底时出让15%便收回了全部本金，眼下这“白捡”的20%股权已经增值到上亿元。

2005年10月，他以3 500万元持有深圳莱斯达公司35%的股份后，莱斯达便被 20 多家国际资本巨头“哄抢”，3 500 万元半年内就变成了 4.2 亿元，增值 12 倍，等第二年莱斯达在海外上市，将至少增值 40 倍，为中科招商赚回 14 亿元。“像这样的项目，中科招商绝对不止两个。今年，中科招商管理的基金能有 30% 的投资收益率，等明后年投资项目纷纷瓜熟蒂落，投资收益率将超过 200%。”

中科招商为什么这么赚钱？

他没有直接回答，而是反问：“企业就像一个苹果，你说它值多少钱？”

紧接着他便自己回答：“把它放在菜市场只值 1 元钱，放在商场能值几元钱，如果把它放到五星级酒店，再做成漂亮的果盘，它又值多少钱？它就变成了几十元钱！中科招商就是‘五星级酒店’，从菜市场买来苹果，做成果盘。”

难道大名鼎鼎的中科招商，赚钱的秘诀就这么简单？“当然不！如何身无分文建造酒店、如何低价采购‘苹果’，以及如何做‘果盘’……为了寻找这个行业的点金魔杖，中科招商足足探索了 5 年。”

李非列：资本世界里一面奔跑的旗

钱是用来做什么的？如果一个人手里的钱多到数亿数十亿元，它对生活的意义就不大了。但是，作为资本，钱的社会属性此时就会充分体现出来，需要重新回到社会成为新的润滑剂和血液，所以，钱是用来经营的。但此时进入怎样的领域，才最有意义？

2000年，李非列撤离海内外证券市场，将全部力量投向实业，他按照自己的理念、构想和商业逻辑，在短短5年之内打造出了一个跨美国、中国香港和内地，控股和参股国内外多家上市及非上市公司的庞大的“飞尚系”。

（一）财富传奇

2001年，李非列首次在资本市场亮相。

出场就很特别。2001年6月，李非列和他的同事们得知，福州市国资局要把他们持有的福建零售业老大东百集团39%的国有股拿出来公开拍卖。这是“国内首次拍卖国有股”。李非列顿时两眼放光——这与公司的战略构想正好吻合！他太想做实业了，他相信自己的血管里流淌的其实是实业家的血液，他崇拜的是李嘉诚、王永庆。

一行人风尘仆仆赶往福州。

第一次收购上市公司就遇到了竞拍，温文儒雅像大学教师的李非列有些紧张。竞拍底价为1.65亿元，多次举牌激烈争夺之后，李非列最终以1.92亿元的报价，战胜了对手。

近2亿元巨资掷地有声！然而，这样一个资本大鳄，当时在圈内圈外竟然默默无闻，毫无知名度。他一胜出，现场立即有人表示诧异，许多人还相互打听："深圳飞尚是个什么公司，李非列是谁?"是的，李非列是谁?

李非列，广西梧州人，1991年7月北京大学经济学硕士毕业后南下深圳，口袋里只剩下10元钱，后在鸿华股份有限公司谋得职位，做了个普通员工。

但是，他迅速展示出了对证券市场罕见的领悟能力，那时中国证券市场刚刚起步，李非列耳濡目染了北大师兄弟们靠第一批原始股暴发的传奇故事，受到莫大刺激，试了几把之后竟小有斩获。专业理论水平加上成功实践，李非列初出茅庐，就让同事们刮目相看。

财富梦想随着证券市场的燎原之势不可遏制地汹涌起来。1991年底1992年初，毛头小伙子李非列在他的外籍同事中大胆募集了100多万元人民币，去海南冒险，收购未上市的琼能源原始股。当年的琼能源是深圳"老八股"中最活跃的一只，有着巨大的后发潜力。

琼能源发原始股时，政府允许单位职工按1元1股买200股至8 000股不等。此后，一级半市场活跃，又吸引了全国各地的股民竞相前来购买，"最让人瞠目结舌的例子"是，怀揣100多万元资金的李非列见到琼能源就买，"甚至沿街收购"。之后海南几家股份制企业上市未果，一时间股票大跌，价值1元的琼能源也不例外，一路跌到0.7元。李非列一入市即被严重套牢，备尝股市艰险。

眼看赚钱没有希望，一起投资的同事们渐渐失去信心。此时李非列主动提出，将严重亏损的股票全部按买入价卖给自己，由他一人承担全部损失。孰料邓小平南方谈话令股价应声上涨，前几年无人问津的股票成了万人争抢的宝贝。随后海南第一批股票正式上市，著名的琼能源每股涨到40多元！股价戏剧性的大起大落，千万人倏忽间悲喜交加。李非列也水涨船高获利几千万元，迅速累积了第一桶金。

按理说，此时全部收益应归李非列个人所有，但他却将同事们的本金和收益如数奉还，让同事们大受感动。从此，他们对李非列的品行和能力更加钦佩，继续委托他投资理财，并成为一直跟随李非列奋战资本市场的忠实伙伴。

1994年上半年，李非列和境外同事成功操作海南某企业在美国纳斯达克上市，结识了一批华尔街基金经理。此后多年，李非列跟随海外基金投资纳斯达克高科技板块，获利丰厚。据香港一名资深人士透露，光李非列的几个合作伙伴，每个人都在美国高科技股票的投资中获利数千万美元。

李非列在国外市场最为成功的一次投资是，持有的一只股票最终以获利90倍出手！“学习巴菲特的价值投资理念，不过持有时间长达6年。股市是个称重器，只有时间才能称出股票的价值。”同时在对国内证券、期货市场的投资中，李非列和他的伙伴亦是得心应手，几无败局。

2000年上半年，李非列突然决定，从国内证券市场全面撤出。

他隐隐感觉到，这个“阿里巴巴的山洞”已经充满了未知的凶险。

（二）战略转型的商业逻辑

“如果你根据空气动力学来研究蝴蝶，它不可能飞起来。正因为蝴蝶不知道这个道理，所以它飞起来了。”李非列就是这样，他们所做的正是他们以为自己不能做的事。

真正快速做大的企业，一定是在并购或战略转型中成长，A加B或从A跳到B。

到1999年，李非列已经握有巨额现金，现金的数额无人知晓。他不打算把这些钱再投进证券市场，前几年全线飙红的“黄金时代”已经过去，如果把那个最佳时机赚到的钱，又投到现在这个日渐低迷而且看不清未来的股市中，显然是愚蠢的。

那么这只“笼中的老虎”出路在哪里？做实业。

2000年7月，深圳飞尚实业发展有限公司成立，李非列宣布进军实业，同时全面撤出股市。自此，李非列事业乾坤大挪移，将给他带来层出不穷的烦恼和快乐。当时他宣布“5年内股市不能碰”，被同行嘲笑，现在看来竟然完全正确。

李非列从股市悄然消失了，理由只有他自己最清楚——

第一，“那个时候，国内证券市场市盈率过高，同时传出法人股即将流通的消息、预计创业板即将成立，等等。基于这些不确定因素，我们判断未来数年里中国证券市场将是各行业里风险较高的领域，孔子言‘君子不立于危墙之下’，必须迅速离开。”尤其是飞尚的海外股东，他们经历过多次海外证券市场的大起大落，认为中国股市的涨跌周期就要到了，撤离的心情更是迫切。

第二，金融证券等虚拟经济的真正价值来自实体经济，实体经济是虚拟经济的“根”。而坐庄炒作不外乎把钱从一些人的口袋装进另一些人的口袋，企业价值并没有增加，“一旦退潮，你就会发现这些企业在裸泳”。所以，李非列利用虚拟经济积累资金，但绝不迷恋虚拟经济。他要从经济的“根部”入手：“进入股市是为将来做实业积累资本。”

第三，纵观全球最优秀的企业，无不是利用资本工具进行并购、整合，最终做大做强，或者说没有任何企业完全是靠自身的积累做大的。然而，中国不管是民企还是国企，对资本运作却十分陌生。此时李非列将自己丰富的资本运作经验与企业相结合，必然比那些靠生产买卖来积累的企业更具优势，即所谓“两条腿比一条腿走得更稳更快”。

第四，从个人角度而言，李非列已与电脑和纸上的上市公司打了八九年交道了，他太想亲自操盘一家企业，看看自己能不能如巴菲特所说，做出企业真正的价值来，看看自己是否有能力比国内上市公司做得更好……

兴趣与战略思路都已经非常清晰了，但是该怎样进入实业？“我们一没经验，二没人才，三无社会背景和行业关系，因此只有选择并购。”但又选择什么样的企业来并购呢？此时上证指数为 1 900 点（后来涨到 2 300 点），飞尚还是觉得自己像半路下车。万一下一波行情上涨呢？出于“股东利益最大化”的原则，李非列最终决定，采取个两全之策——收购上市公司。

其中的奥妙在于，上市企业基本都持有未上市流通的法人股或国有股。如果未来行情看涨，李非列手里上市公司的法人股、国有股同样可以溢价增值；等到全流通之时，飞尚同样可以在资本市场玩得风生水起。这样一来，实业经营与资本运作“两手抓，两手都要硬”，利益可保无虞。

（三）从惨遭滑铁卢到东百好心情

现实与理想永远不可调和。

战略构想虽然美妙，然而等待实施的过程却漫长而充满变数。最现实的问题是，在没找到适合并购的上市公司之前，干什么去？换句话说，从2000年那个凉爽的夏天退出股市到2001年6月第一次收购上市公司（东百集团），这一年之间李非列都做了些什么？

当然他绝非无事可做，他东奔西走想做高科技企业。

这里面有飞尚的另一个战略构想——做高科技项目，然后上市。此时股市设立创业板已是大势所趋，其中的高科技项目更是炙手可热。一个聪明的企业家此时应该做的，是立即着手并购高科技企业，经营成功之后申请在创业板上市。“那时他相信，一个资本与高科技产业相结合的崭新实业帝国，同样可在自己手中快速建成。”熟悉他的人说。

于是李非列在全国各地飞来飞去，忙得不亦乐乎。

但是谁也没料到，李非列撤出股市之后满怀希望第一次出手实业，就遭遇了滑铁卢。

那是2000年10月，深圳第二届高交会上，大连双金科技股份有限公司因缺乏资金，带着“双金属带锯条”等两个项目，来会上寻求合作伙伴。飞尚与双金由此相识联姻，双方共同投资创立了新的公司，其中李非列以现金出资3 000万元占股份70%，大连双金以专有技术占股份30%。

资本与高科技的“恩爱盛宴”，眼看就要有了爱情结晶时，意外发生了——

大连双金所交付的设备与其所承诺的设备严重不符。卖给新公司的生产线，在国内的实际价格仅为600万元左右，而深圳飞尚却为之付出了2 000万元的高昂代价。随后有关方面对其设备的鉴定结论是关键部件陈旧；大多数设备既没有产品合格证，也没有任何技术资料，而且还无产品铭牌，不知道出自何处……李非列大呼上当，后悔当初掉以轻心，只对下属说了句“3 000 万元的项目，难道还需要老板亲自去看吗”，自己就没去实地考察。后经调查，大连双金当初提供的技术资料和资质也是假冒篡改的。虽然对方公司最后败诉，但资金却再也追不回来了。

为此，李非列在他的海内外股东面前，不知做了多少次道歉。

李非列首次出手实业即惨遭滑铁卢的事实已无可挽回，他在美国纳斯达克叱咤风云的一世英名却在国内如此蒙羞。如今已经不再愤怒的李非列再也不愿提及此事，“只希望它早一点在记忆中消失”。此后他认为，中国民间没有真正的高科技，民营企业没有能力也没有环境做真正的高科技。他离开了这一领域。“只有社会全面进步时，我们才会回来。”

然而就在为大连双金心情糟透之时，李非列却发现自己收购的上市公司东百集团的业绩，有了大幅增长。这时他才勉强挤出一丝笑容，把注意力转向了福建。

2001 年 6 月，李非列拍下福建东百集团之后亲任董事长，经过大规模的资产重组和大刀阔斧的定位调整、人员调整，2002 年、2003 年，东百集团分别实现净利润 2 076 万元和 2 574 万元，2004 年开出第一家连锁店，2005 年恢复再融资能力；2006 年上半年，实现净利润 1 992 万元，同比增长 29.12%。股价走势看好。

同时，东百集团还并购了两家房地产企业。

至此，李非列的心里算是平衡了一些，把一直悄悄悬着的心款款地放回了肚子里。

（四）当资本遇到自然资源

2001 年 6 月，深圳飞尚收购东百集团之后声名鹊起，不久有券商慕名而来，介绍说安徽芜湖做铜精加工的国有上市企业鑫科材料的大股东想出让股权，希望李非列介入。李非列一看，大前提符合要求（上市公司），派人前往接洽，得知芜湖市政府想卖的原来是鑫科材料的母公司、上游企业、以粗铜精炼为主业的国有恒鑫集团，然后间接控股鑫科材料。此时恒鑫一年要亏损1亿多元。

恒鑫的问题是，设备太陈旧，技术太落后，又没有自己的原料基地，债务还十分沉重（这一点飞尚可以用钱来解决），体制和机制问题已导致企业没有活力，全是坏消息！李非列抱着试试看的态度，与恒鑫很谨慎地进行了接触，却发现了几个让人心动的特点：

一是铜冶炼行业里基本全是国有企业，体制和机制与恒鑫一样落后。这意味着一旦飞尚介入改造，恒鑫就能在制度上超越所有同行。二是30年来，整个行业的冶炼技术从来没有进步过。李非列一听，顿感来劲："这下好玩了！"他不相信技术30年都没有进步，一定有好的技术因为机制的原因被埋没了。一旦率先找到新技术，恒鑫就能超越同行。三是目前还没有其他资本力量关注此行业，先人一步进入可占尽优势。四是全行业没有一家企业做整个产业链，收购恒鑫之后只要再购进铜矿山，整个产业链就形成了。如此一来，恒鑫成本将大幅降低，还可形成高效的协同效应，完全可能成为中国铜开采加工行业新的领军企业。而整个大背景更是利好，经济的发展使铜的需求量每年以15%以上的速度增加！

看来这行业能做！李非列兴奋得浑身的细胞都活跃起来，他隐约看到一扇大门正向自己徐徐打开。

孰料大门背后，是一番更让人兴奋的景象——

随着中国经济的迅猛发展，各种物资的需求量明显上升，产生了全球资源危机。道理很简单，过去全世界这桌饭主要是欧美日等西方国家在吃，资源供求相对平衡，现在突然中国带着13亿人口进来了，加上印度，这桌饭还够吃吗?！资源必然长期紧缺，价格必然大涨！而且涨价是正常的，会波动，但再也不会回到原来的价位。

想到这里，李非列赶忙问"现在的铜价是多少，涨了还是跌了"，得到回答

1.3 万～1.4 万元 / 吨，比前两年跌了数千元。李非列一听，立即觉得自己坐不住了。按照中国目前资源消耗越来越厉害的情况看，他料想这个价格必然是谷底，并且很快就会涨起来！显然此时是购进恒鑫的最佳时机，光它库存的铜就可赚大钱（果然到 2006 年铜价涨到了 7 万～8 万元 / 吨）。何况，铜是不可再生资源，就像石油一样，会因为稀缺而随着经济的发展加速涨价。

另一方面，从管理危机论来看，中国企业的管理相当落后，企业 20 多年的成长其实是靠国内市场的强势增长拉动起来的，一旦需求变弱，进入微利时代，中国企业与跨国企业平起平坐拼管理的时候，我们就会败下阵来。而飞尚来自证券市场，对企业的管理更是弱项。此时该怎么办？扬长避短，避开自己的弱项，去经营那些正好不需要精细管理而又很赚钱的矿产、港口……

事情已经想得很清楚了。此时李非列已经不允许自己再犹豫，他只怕并购动作太慢！

2001 年 12 月 27 日，深圳飞尚持股 90% 的子公司芜湖飞尚、自然人余劲松与芜湖市经贸委达成协议，全资收购鑫科材料的第一大股东恒鑫集团，从而间接持有上市公司鑫科材料 51.76% 股权。

此后，飞尚确定了以自然资源开发为未来产业的重点方向，飞尚产业帝国已经有了清晰的战略思想。

（五）当资本遇到企业难题

究竟什么是资本？什么是资本运作？

苏格兰经济学家麦克鲁德认为：“凡可获取利润之物都是资本。”美国经济学家萨缪尔森认为：“资本是一种不同形式的生产要素。”不管怎样解释，钱无论如何都是最强大的资本。而资本运作，简单来说就是整合各方资源优势互补，实现增值的目的。

而真正使企业增值的，绝不仅仅是资本运作。

1992 年，印尼华裔巨商黄鸿年背着大大的钱袋来到中国，像割稻子一样四处收购优质国有企业。他先把收购到的橡胶厂纳入他在海外新注册的公司，增发新股后在纽约证交所上市，然后，他又将募得的美元拿到中国来收购更多的橡胶厂……

李非列从这位前辈身上学到许多技巧。然而，他们本质不同：黄鸿年不对企业进行再造经营，而是以包装转售为目的，这使他最终黯然退出历史舞台；而李非列的想法是，对收购的上市国企进行脱胎换骨式的改造，激发活力，挖掘企业最大价值，进而拿到海外上市，做成强大的产业帝国。

铜产业链中下游两个公司已握在手里，飞尚立即对其进行了现代企业制度改造：改造企业领导班子，调整体制和机制，重塑管理制度和流程框架，进行业务培训和价值观再造，尤其是建立了一套完整的短中长有效结合的激励体系和有效的监督内控体系。企业渐渐有了新气象。

对于恒鑫，最关键的是，要在冶炼技术这一核心竞争力上实现创新。他们一边经营企业，一边遍访该行业的国内外专家，等待时机。一旦实现冶炼技术突破，恒鑫就能成为行业龙头企业。

就在恒鑫致力于练内功之时，至少有10家铜矿山企业开始向飞尚靠近。他们慕名而来，都说："我们不要钱，零收购，只要你保证我这里的工人不下岗，有饭吃……"看着这一批又一批陷入困境的国有矿山企业渴望的眼神，李非列心里很难受。但他不能答应，他不敢答应。这些矿山每一个都有上万人，学校、医院、派出所，职工的生老病死，等等，什么都得管。转型时间不到两年的飞尚，哪里有经验和能力驾驭这么庞大复杂的企业！而恒鑫和鑫科两个加起来才四五千人。

"当然，现在飞尚集团早已有了这样的能力。"李非列对记者强调说。

虽然太想得到铜矿山，李非列还是不敢冒险。送走这些失望的人，他叹了口气。

为打造出全新的恒鑫和鑫科，飞尚前后投入了4亿元人民币。而鑫科是国内铜精加工行业唯一一家上市企业。将鑫科做好，飞尚就能顺势整合行业里更多的企业。

刚接手时，鑫科既有国有企业的弊端，又没有国有企业的优势，最糟糕的都结合在了一起。官僚体制、人浮于事、机构臃肿、效率低下，人心早已涣散，材料的采购和产品的销售又被别的企业控制，周转资金枯竭，企业已经危在旦夕……李非列心急如焚。他新派到鑫科的老总在关键时刻召开了一次全体员工动员大会。他跳到台前慷慨陈词："现在，我们鑫科 2 000 多人，已经到了生死存亡的最后关头！我们所有员工必须站起来，配合企业的彻底改造，自己救自己！"台下 2 000 多人激动不已，压抑多年的改革渴望终于喷涌而出。

在芜湖市政府的全力支持下，鑫科大刀阔斧的改革成效显著，逐渐成为行业龙头企业。

2005 年，鑫科销售收入 21 亿元，同比增长 25.29%；2006 年上半年，实现营收 16.5 亿元，比去年同期增长 81.01%，实现净利润 2 646 万元，比去年同期增长 331.58%，成为股市公认小盘潜力股里的"新科状元"。

（六）与萍钢的幸福生活

世界上有两种企业，一种是赚现在的钱的企业，一种是赚未来的钱的企业。前者多做消费品，后者多做物资。由于飞尚是后者，显效较慢，同时因为改革打破了部分人的既得利益，有两年媒体和网上出现了大量质疑飞尚的声音。

对此李非列深感委屈，这种委屈他在心里埋藏了很多年。"像我这样从最浮躁的资本市场出来的人，都能给自己时间，媒体怎么就不能给我一点时间？"他别无选择，只能保持沉默，埋头把企业做得更好。

2004 年 10 月，飞尚控投上市公司芜湖港。芜湖港是长江沿岸最大的煤炭能源输出港，担负着华东沿江地区用煤的转运任务。而飞尚看中的，正是港口不可替代的自然资源属性。至此，加上过去参股的新大洲，飞尚集团已形成控股三家上市公司、参股一家上市公司的格局，并且在一年前并购了江西萍乡钢铁有限公司及芜湖矿业等公司，进入了铅、锌、金、银、膨润土等领域。

并购江西萍钢，还颇有些戏剧色彩。对方出价仅5 000万元时，李非列不要，出价6.5亿元时，他想都没想就答应了。这又是怎么回事？

2001年时，萍钢是一个刚刚渡过破产危险期的企业。他们找到李非列，要求并购5 000万元即可控股。但李非列对那1万多名员工有一种莫名的恐惧感，拒绝了。2003年1月，当李非列看到公告说，已经成为江西工业翘楚的萍钢铁定要改制了，他立即向对方伸出了橄榄枝——钢铁行业已经让人趋之若鹜。

此时与飞尚一起报名的财团有德隆、复星等10多家，最后提供材料的只有复星和飞尚。很有意思的是，两家正在公平竞争时，萍钢职工代表大会突然出了一个文："不欢迎飞尚介入！"原来，萍钢与复星已经谈得很深入了，不希望他人半路插上一脚。

"好吧。既然如此，飞尚就没有必要自找没趣了。"李非列想，此事就算了吧。

但是没过多久，李非列得到消息，江西方面对复星的2亿元报价极不满意，难道我们如此优质的企业仅仅值2亿元?！很快飞尚接到了江西省政府的邀请：欢迎重新介入洽谈。

当李非列再次来到萍钢——真的是很戏剧化——他立即看到了职代会刚刚出的另一个文："热烈欢迎飞尚进入！"一前一后的迥异，李非列当即就笑了，而且"介入""进入"用词不一，体现出了他们心情的微妙变化。不过他很理解，对江西，尤其是对萍钢1万多名职工而言，这是关系他们子孙后代的大事，他们必然要拿出他们全部的真情。

李非列给江西政府承诺：第一，不裁员；第二，政府没有股权，但对损害职工利益的决定，有一票否决权；第三，扩建200万吨产能，使萍钢产能达到400万吨，使富余员工上岗；第四，进行股份制改造，建立长效激励机制，让管理层、中层人员持股，若他们没有钱，飞尚可以拿出2亿元借给他们持股；第五，运作萍钢上市。对于萍钢团队而言，飞尚既能让他们留在舞台上，又能让他们实现成为股东的梦想（MBO），没有比这更诱人的事了！

然后，政府报价 6.5 亿元。李非列没有还价，表示同意。

最后飞尚控股占 52%，萍钢管理团队占 48%。“我们一点不后悔，他们值这个价。一是我们确实看好涂建民带领的这支管理团队，二是我们对萍钢有我们自己的定位。我们相信萍钢能做到中国建筑钢材领域的老大。为什么？因为这后面有很深厚的行业背景……”

原来，当时建筑钢材产量第一的是首钢，萍钢第二。首钢等一线大厂从国际市场采购铁矿原料时，拿到的是协议保护价，即他们采购量大而且是长期合约，国际大矿山给了他们比市场价优惠得多的价格；而萍钢采购铁矿原料完全是市场价。在此情况下，萍钢还能做到市场第二，证明萍钢的效益管理相当出色。

随着 2006 年铁矿石涨价 19%，意味着大厂们成本大幅增加，而原本就从没享受过原料优惠的萍钢，成本基本不变。竞争能力此消彼长，意味着萍钢完全可能更上一层楼。

李非列看重的，正是这样的未来，是将来自己能手持萍钢在国际资本市场上大声说话。

2005 年，萍钢销售收入超过 100 亿元，成为该年江西唯一新增的销售收入过百亿元的企业。

（七）依然是那个低调的资本大鳄

李非列强大的“飞尚系”产业帝国，越来越清晰地浮出了水面。

但他依然不知疲倦地在全国各地奔走，甚至奔走在深山峡谷、穷乡僻壤。他直接参与了探矿。在不为人知的水面下，探矿之后的动作已在紧锣密鼓地推进——

他的铜产业链计划，正在实施上游环节——飞尚在内蒙古、新疆、云南、四川、湖南、江西，以及境外的蒙古、柬埔寨等地已找到可开发的铜矿产资源。在内蒙古党委、政府支持下，2006 年底投产的巴彦淖尔 10 万吨（首期 6 万吨）铜冶炼项目的原料，就来自当地的铜矿。该项目产出的粗铜将在芜湖恒鑫完成精铜冶炼，然后在鑫科完成最终的铜产品加工。李非列构想中的“从矿产开发、冶炼到产品精加工产业链”正在形成。

内蒙古项目的投产，证明行业传统的铜冶炼技术已经被突破。道理很简单，传统的铜冶炼厂，产能至少要达到8万～10万吨，否则，连最基本的盈亏平衡点都达不到。而飞尚的项目首期只有6万吨，证明他们已经掌握了一种革命性的技术！

这项技术，将使飞尚远远超越铜产业的竞争对手。

2006年2月3日，离开国际证券市场多年的李非列，终于再度出山回到美国纳斯达克市场，演绎了一出资本传奇。此前，飞尚集团并购了纳斯达克上市公司——总部在香港的中国天然资源公司（CHNR），然后置入飞尚矿业优质资产。之后，CHNR立即受到国际基金大力追捧，股价猛涨4倍，从每股4美元飙升到21美元，飞尚财富猛增1亿多美元。飞尚集团的资本触角由此从国内延伸到了国际市场。

李非列独特的市场洞察力和高超的财技，再一次得到淋漓尽致的发挥。

目前，飞尚在中国香港、美国、新加坡等地的资本市场，都有一套班子在运作。“以借壳或公开招股的方式，把飞尚优质资产推介到美国及中国香港证券市场上市，为企业提供更加广阔的融资平台。”这正是李非列下一步要着手实施的计划。

这个计划，正是“飞尚系”资本运作赢利模式的体现——收购实业，然后通过机制转变、完善管理并注入增量资金来盘活企业，全力做好业绩后，再拿到证券市场上市融资，寻找资本绩效的飞跃，为股东创造最大价值。“到境外上市是一件简单的事，我希望每一个项目都能上市。”据传闻，继飞尚矿业借壳上市后，飞尚的下一个境外上市目标正是萍钢。

这意味着，飞尚已经有规模地进入了赢利模式中的上市运作阶段。

当李非列重新回到纳斯达克时，美国的基金经理们已称他为“来自中国的实业家”。

的确如此，之前社会对他还有所怀疑，但安徽省政协委员、世界杰出华商协会副主席、北大经济学院贡献奖、“中国诚信优秀企业家”“2006 中国杰出人士”“2006 亚太最具创造力之华商领袖”等身份和荣誉，都证实了他的实业家身份已经得到了社会的认可。而这些身份和荣誉都是他过去做证券期货闷头赚钱时不可想象的。

这意味着承担更多的社会责任和义务——“达则兼济天下”。李非列一直在努力，矿产基地都在穷乡僻壤，他见过了太多让人落泪的贫穷。但他靠一己之力，无论拿出多少钱来搞产业扶贫、搞慈善事业、捐资助学，都感到太无力了。

所以，2005 年底中央建设社会主义新农村决议出台时，兴奋的李非列立即发起了一个倡议，号召民营企业家积极参与进来，与国家同心协力。该倡议得到企业家的广泛响应，来自 100 多个企业家的产业扶贫活动，随后在全国最贫穷落后的地区悄然开展起来。他的这一努力，得到了全国政协的关注和肯定。

此时，李非列才真正意识到，自己的企业家身份，原来有着非常深刻的社会意义。此时，他还是当年那个资本大鳄，但又不完全是当年那个资本大鳄了。

在社会公众面前，李非列依然十分低调。持股发了财的“老萍钢”们真正成了企业的主人，他们想见见李非列，也依然见不到。

陈宏：资本棋局

夜幕时分，四个人物出场了。

这是 2005 年 9 月的上海。傍晚黄浦江两岸的霓虹灯璀璨闪烁，大街上还是一如既往的下班高峰拥堵，街道两边的桂花树早早绽开了花蕾，清香飘逸，沁人心脾。

一家上海餐馆内，这四个人——分众传媒董事长江南春及公司的 CFO，汉能投资集团董事长陈宏和框架媒介 CEO 谭智，落座在了餐馆大厅的一角，而不是单间内。

他们在洽谈分众传媒和框架媒介的并购事宜，席间言谈和风细雨，一切似已水到渠成。一个月后，分众传媒高调宣布以 1.83 亿美元并购框架媒介，顿时业内振荡，风云失色。“那家上海餐馆的名字已经记不得了，我印象最深的是，居然是在餐馆大厅内完成谈判的，而且当时的人均消费不超过 100 元人民币。”陈宏向记者回忆说。

这一注定在日后将声名卓著的资本运作案例，其令人咋舌的内幕是：不到一年以前，框架媒介的估价只有 400 万美元，转眼竟然卖了 1.83 亿美元！迄今为止，以分众股价计算，当年框架传媒的投资者收益达到了 60 倍。不仅如此，这一案例的尘埃落定，更是决定了分众、聚众传媒全国争霸战的大局走势，从而开启了中国现代传媒和企业发展新思维的又一扇大门。

（一）从 15 岁大学生到硅谷人士

个子不高，花白头发与年龄不太相称，肤色微黑看上去像有点南亚混血。这个梦想做“中国高盛”、刚刚获得“中国十佳最具影响力的私募股权投资机构”称号的投行老板，言语爽朗，举止随性。

他精力充沛地一边在办公室里忙进忙出，一边见缝插针地接受了记者的采访。

1978 年 9 月，15 岁的陈宏考进了西安交通大学计算机系。与生俱来的聪明、开朗和善于社交，让他迅速成了校园里最活跃的人之一。“年轻的生命和无穷的活力”如此张扬，系里唱歌跳舞、文艺晚会等热闹事自然都有他作为组织者忙碌的身影。1982 年，陈宏因为各方面能力突出留校任教。

“正如索尔·贝娄所说，性格即命运。”多年之后，陈宏对记者如此总结他的青春时代，“其实这种性格的活跃就是在制造一种场，一种影响力，一种物理学上的‘势能’。按现在的话说，那就是能吸引更多的眼球和注意力。其实，这何尝又不是塑造品牌的原理？”1985 年，陈宏考取中国公派赴美国留学，从此命运大转弯。4 年过去了，获得纽约大学计算机博士学位的陈宏毕业了。他面临着前途选择：毕业做什么？当教授，还是自己创业？

那么美国社会最适合做什么？过去有一个世界性的名词叫“美国梦”，说美国是一个实现梦想的巨大平台。无论你是美国人、中国人，还是其他国家的移民，无论你是贫穷还是富贵，只要你有梦想，你就可以在平等待遇下将梦想付诸行动。你可以创业开公司，没有国企、私企、行业之分，没有注册资金之分。所以，一两百年来，有无数不安分的年轻人在前往美国的道路上前赴后继。

于是，陈宏想创业。又有人告诉他：“如果你在纽约看到 4 个男人在聊天，那他们一定是在谈论股票；如果你在硅谷看到 4 个男人在聊天，那他们一定是在谈论创业。”最终陈宏决定到硅谷去，他要像所有美国“平民英雄”一样打拼自己的天下。

1989 年，他和妻子刘雅玲来到了硅谷一边打工做工程师，一边寻找机会。

这期间，他依然热衷于社会活动。他创办了中华专业人士协会，致力于把分散各地的中国留美的专业人士聚集在一起，形成一股力量，一是推动全球华人事业的进步，二是把在美国的所见所学向中国政府谏言，“每有中国代表团前来，我们这些留学生就组织起来提建议，说国家的科技该向什么什么方向发展……”对中国而言，这是一种难得的资源。

谏言一多，陈宏便在1990年顺理成章地开了一家“万事通”公司，专为中国企业做管理咨询。“朋友帮忙出个主意，怎么还要收钱啊？”于是不久便宣告失败……

（二）不完美使过程更有价值

人生是一个不断寻找和折腾的过程，你必须兼顾两个原则：一是时刻准备应对变化，二是调整自己适应变化。

万事通不能做了，他就将公司转型为替美国IT企业做技术解决方案。公司规模不大，但“一年总有10万～20万美元的收入，比当工程师时高出一倍以上”。

此时，一个崭新的时代正扑面而来，陈宏清楚地看见了自己的另一个方向。

1993年底，互联网浏览器和视窗开始出现。“这一来，Internet不就成了一个全球化的信息系统了吗！”互联网在全美普及是迟早的事，创业的机会显而易见，陈宏兴奋不已。“我那个时候要干什么呢？第一件事情就是去做第一家拨号上网的公司。我拿出我赚的20万美元，去请了我的同学，也是西安交大的同学，他是拨号上网技术专家。然后，我从台湾地区融到了50万美元的‘天使投资’，买了一些路由器，租了电话公司的线路。于是我的第一家ISP（网络服务商）公司Aimnet在1994年做起来了。”

Aimnet的利润模式很简单，收取用户拨号上网的线路租金。

这是一个一开始就竞争非常激烈的资金密集性行业，要想在竞争中站稳脚跟赚到钱，就必须不断投资烧钱做大客户量，迅速达到规模竞争的临界点。虽然Aimnet经营不错，但资金日益捉襟见肘，于是公司决定引入风险投资（VC）。

1995年初，30多岁留着一头长发的陈宏，四处与VC接触，结果四处碰壁！

美国人一脸不屑：“你们中国人只会做厨师做衣服，知道这钱该怎么赚！”没有双方信得过的人向美国人引荐，名不见经传的陈宏一个电话、一个邮件地给VC发资料过去，“哪有人理你”。

钱越花越少了，眼看公司要关门，陈宏急得像热锅上的蚂蚁。在这紧要关头，华侨黄炎松打算组织一帮华人来投资，但只要是资金没到账，都不算数。这时，已经在北加州小有名气的Aimnet就快要死掉了。“我们在最后关头向台湾亲戚借了10万美元苦熬；同时我天天在公司里，用自己的一切能力说服华人同胞，为什么这是一家值得投资的公司，为什么不能再犹疑了。最后，在最后的10万美元花光之前，他们答应签字了……”

那一刻，陈宏软软靠在椅子上，长长地舒了口气。“很快，我到律师楼里签那一大摞文件，太太在楼下车里等我，签完已是凌晨一点多钟了。”然后陈宏拿着一生中从没见过的高达200万美元的支票，下了楼。那是一个夏夜，晚风拂面，陈宏步履轻盈，被“拯救”的感觉就像“从水中被捞上了岸”。但激动之余，陈宏与太太又产生了另一种心态：“中国人胆子怎么这么大，就这样把200万美元给我了？”

从此，陈宏掂出了“信誉”的分量，明白了融资能力是一个公司必不可少的“护身符”。

那一夜，成了陈宏一生中最难忘的时刻。过去影响着未来，但未来却难以预期。融到资，虽然使Aimnet有了更好的发展，但这时，陈宏已失去了市场。“两权相害取其轻”，1997年，陈宏将公司以1 000万美元现金卖给了Verio。随后，Verio整合了几家Aimnet这样的小公司后联合上市，上市后Verio又以56亿美元卖给了一家日本公司，一夜之间，财富暴增。刚喘过气来的陈宏顿感吃了大亏，当时他太需要现金，从而放弃了“现金+股权”的谈判方式，孰料公司上市之后，别人暴富，自己只能作壁上观。“如果我只拿一半现金，另一半换成股票，至少可以赚数亿美元！”不过，吃一堑，长一智。整合小公司、以“现金+股票”卖给大买家的做法，对陈宏后来成功运作汉能产生了巨大影响。不完美才使过程更有价值。

（三）那一场惊心动魄的往事

人在受伤的地方，会长出坚硬的翅膀。

多年以后，陈宏给记者陈述了他的总结：“当企业难以做上去时，有两种退路：一是把公司直接卖掉；二是将几家小公司整合起来，形成足以与一二名抗衡的公司，再上市做大。”

卖 Aimnet 赚到的钱，陈宏转身投到了他的另一个正在操作的新项目 Gric（全球互联网漫游联盟）上。Gric 又是一个什么项目？

“每次来美国，上网总要重新下载软件、申请账号，不但麻烦，收个邮件还得以国际长途计费。互联网的优势一点体现不出来。陈宏，你这学计算机的，不想个办法？”不少亚洲人前往美国向先驱者陈宏请教互联网发展情况时，总会这么抱怨。这抱怨把一扇新的窗户打开了。

“做一个跨服务商的漫游验证系统不就行了吗？”然而，这事全世界都没有人做过。1996 年 5 月 16 日，由陈宏创办的 Gric 公司在新加坡成立。但成立之前，却经历了太多的曲折。

今日，陈宏对记者细说往事，已是波澜不惊。“也就是做了一个漫游软件，这个软件适用于全球所有国家不同服务商的网络系统，你想跨国际上网，在我这里中转一下就可以了。就这么简单的一个概念。”但业务要做起来，关键是各国网络服务商要愿意加入陈宏的联盟，很快，这成为最大的难题。

当时，新加坡电讯、中国吉通、日本 Jimet、美国 Aimnet（尚未卖掉）等十几家公司愿意加入，但就在即将向全球召开新闻发布会前两三天，那十几家公司突然联合起来釜底抽薪，说不干了！消息如平地惊雷，陈宏呆立当地。他们说：“这么好的事为什么让陈宏去做，咱们弄一个松散联盟，自己做！”当时，陈宏为联盟设计的商业模式是双向收费。比如，他从美国服务商手里拿到2.8美元/小时，再以5.6美元/小时卖给新加坡，然后新加坡服务商再以6.8美元/小时卖给在新加坡上美国网站的人。反之，从新加坡到美国亦然。此时，对方的想法是，迈过陈宏，服务商之间直接合作，降低成本。

此刻，陈宏四面楚歌，他采取的对策是“说服”。陈宏立即前往不同国家，一一拜访说服。陈宏对记者复述了他的理由：“按各个公司的想法，会出现几个问题：第一，联盟太松散，就会谁也不做主，谁也不愿意投入研发，事情就会不了了之；第二，你不做，你的竞争对手会与别的联盟合作做，那么松散队伍里这业务就没法做了。如果由我们整合起来，每一家都能给用户提供很好的服务，一是可以把业务做强做大，二是每一家都可以两边赚钱，一共4美元/小时，这很划算了。大家一听，觉得还是蛮有道理的。”

临近新闻发布会了，事情还是迟迟定不下来。陈宏决定对他们做最后的工作。会议室里，几个国家10多个公司的人“像开联合国会议一样”坐在一起，听陈宏高谈阔论，最后，大家举手表决“做吧”，转身才举行了新闻发布会。

“多悬啊！那一刻真的很紧张，很刺激。如果他们迟迟不同意，新闻发布会就必须延后，媒体必然质疑合作是否出了问题，那纸还包得住火吗？一旦事情曝光，就不可能再合作了。日后在纳斯达克上市，那是想都不要想的事……”如果说得再重要一点，这一环，它决定着陈宏未来的所有事业，也关系着日后中国分众与聚众的强弱对比与并购走势。

合作一开始，业务便顺风顺水。Gric慢慢成长为全球最大的网络漫游公司，并在1990年12月成功登陆美国纳斯达克。

“泰山不让土壤，故能成其大。”此语可作为陈宏企业策略的写照。

（四）美国上市公司里第一位华人CEO

文化本来是一种反省和思索的力量，但常常适得其反，成为某种行为的合理借口和漂亮外衣，甚至变成了颠倒轻重缓急的迷魂阵。Gric公司的一群美国高管，固执地坚持自己的管理文化和理念，市场经营用传统方式推进，不够机动灵活，这一度使公司烧钱无数，面临危局。

陈宏的想法，一些美国高管总是要反对："我们不同意你这么做……" 真是道不同，不相为谋。但身在美国，陈宏又能怎样？

然而，他必须行使董事长的权力。此时，他认准的事，别人再反对也没有用。

最后，公司停掉不赚钱的业务，全力以赴做主业。几年的坚持和努力终获回报，美国AT&T、中国电信、中国移动、亚洲电讯、诺基亚等多家公司纷纷加入国际漫游联盟。当时，Gric在10多个国家有分公司或办事处，在150多个国家有网络。

至此，陈宏运营思路的下一个步骤——上市，已箭在弦上。

可偏偏这时候又有一部分美国高管反对上市，认为时机尚不成熟！

这就是新老思想的冲突。董事会部分人属于上一代的职业经理人，他们保守，总觉得一定得多年盈利以后才可以上市。但陈宏属于互联网时代，很多公司上市，根本没有营业额，一个概念就上市，一个.com就上市。"你不上市你就没资金，你拼不过别人！"

双方争执不休，最后的解决方法却颇为戏剧性。一个风水先生来看了看，说："很简单，公司缺钱要扩张，然后有3 000万美元放在那里，一是你将来可以拿到，二是今年肯定拿得到，你要哪个？很显然，今年就该拿嘛。"

这一来，反对派们竟然不再坚持了。

1999年12月15日，在加拿大皇家商业银行的协助下，Gric终于在互联网泡沫破裂前，成功登陆纳斯达克，华人企业上市引起轰动，认购率超过了27倍，市值一度高达15亿美元，成为中国人在美国创办的最大的公司！

——陈宏也成为美国上市公司里的第一位华人CEO。

"我当时带领公司上市的想法很简单，我想证明给美国人看，我一个中国留学生，一样能够在美国创业成功，中国人不仅仅是能做厨师、做裁缝，也能做

CEO，还能把公司带上市!”

公司刚一上市，陈宏又创建了华源科技协会，会员定位为出生在中国大陆的留美科技及企业界人士，协会致力于促进中美商界交流，协助大陆留学生创业。协会刚成立，杨元庆、王文京、田溯宁等众多商界领袖人物纷纷加入，而雅虎与阿里巴巴的合并便由该协会牵线搭桥，联想在美国招聘人员也是通过该协会完成的。陈宏很快成为留美华人成功创业的代表性人物……这个平台，为陈宏积聚了丰厚的跨境人脉力量。

“也许你没有能力掌控一件事的结尾，但至少你可以选择怎样开始。”陈宏就是这样一个人，不断地创造惊喜。尽管已届不惑之年，尽管已是一家纳斯达克上市公司的董事长，但他依然不放弃每一个重新开始的机会。有了创业资本、跨境人脉和创业经验，陈宏一不做二不休，准备开创新的事业了。

这一次，他将转身进入一个更具风险和挑战性的领域——投资银行业。

（五）“汉能”，中国人能

至今，陈宏都难以忘记他作为华人在美国受到的一次刺激。

“在一次 IT 行业 CEO 会议上，我和康柏公司 CEO 握了个手，我想同他谈合作，他却说声‘How are you’，就不理睬我了，只自顾与当时做 Google CEO 的那个人聊天。我只好在旁边傻站着……”这件事深深地刺激了陈宏。

“我一生都想进入美国主流。”陈宏当时虽然是上市公司的 CEO 中少有的中国人，但是跟人家主流差远了。人家都不知道你是谁，陈宏自称是什么公司的，人家说“没听说过……”一直推动别人不要错过“China Wave”（中国浪潮）的陈宏，决定回国了。

可是回国做一些什么事情呢？陈宏深深体会到，如果不能获得金融支持，任何公司不可避免会陷入窘境。同时，陈宏清楚地看到，中国经济正势不可挡地强大起来，无数风起云涌的优秀企业需要融资投资。

未来数年，中国一定会出现一个或几个大的跨境投资银行，为中国企业做大规模，以及融资、并购，提供专业的财务顾问服务。那么自己为什么不可以利用在美国的投融资经验、跨境人脉力量和资本力量，来为中国企业提供这样的金融服务？

创立一家跨境投资银行机构，与中国经济一起做大做强，成为陈宏对自己最终的定位。

那么投行的价值具体怎么体现？“举个例子：一个企业，融资前估值4 000万元，如果你想融资2 000万元，可能丢掉1/3的股份。但如果我们介入，对资源重新整合配置，可能会把公司估值做到8 000万元，这样你再融2 000万元，不过稀释掉1/5的股份。就算我们从中得到100万元的佣金，依然比你自己去融资划算得多。”陈宏希望以实践证明自己的价值。

决心已下，2003年初，陈宏卸掉Gric公司的CEO之职，只保留董事长的职务，回到国内。他全力以赴创办了一家新公司——汉能投资咨询有限公司，总部设在北京。陈宏放言，他要做“中国的高盛”。“‘汉能’，意思就是中国人能’！”

市场辛苦培育了近两年，2005年初的一天，陈宏接到一个电话——第一桩买卖不期而至。

“我的第一个客户，是美国一家应用材料公司退休的高工尹志尧。他想在中国开一家半导体设备公司，除了一个18人的团队和一纸技术，他一无所有，但他急需融资把公司做起来。”随后，汉能开始帮助尹志尧做计划。

“我会做这样一个材料，大致是，”陈宏说，“第一，说清楚中国有没有这样的市场，有多大？我会用数据说明这是一个多么让行业人士心动的市场。第二，为什么比别的厂家便宜？中国各方面成本低，对劳动力、各项成本低的情况做分解并分析持续时间。第三，我们的整合工业设计，可以使整个价值链为你省钱；还有，你分别做多大规模的量，成本和利润各是多少都可以算出来。

“接下来我会说，这只是传统做法，赚的是眼前的小钱；而好公司可以赚未来巨量的钱，那就是上市。我们就分析投这个项目做到什么时候可以上市，各阶段现金流会怎样，未来市场空间和市值、市盈率会多大等，把行业分析透。最后让对方认识到这个项目能力强、市场大，能在当地得到政府支持，销售模式有创新……”

就这样，陈宏很快为“中微半导体设备公司”融到 3 800 万美元。今天，该公司已成为中国最优秀的半导体企业之一。“汉能从第一单业务中赚了近 100 万美元（投行通常的利润模式是从融资额中获得 3% ～ 7% 作为佣金）。钱虽不多，但却大大鼓舞了士气。因为投行讲的是品牌，这也为日后成功运作框架媒介打下了基础。”第一个案例，陈宏小试身手，并成为他日后的一块敲门砖。

一扇新的大门已经向陈宏隆隆开启。那扇门里，他的理想、无穷的未知和可能在等待着他。

下面我们看一下“汉能 + 框架媒介”连横式整合投资的经典案例。

1. 连横

2005 年，陈宏成功操作了他人生中最精彩的一个案例。

之前一年，陈宏与汉能投资合伙人谭智等人想做一个私募基金。当他们四处寻找客户的时候，电梯平面媒体框架媒介进入了视野。“当时谭智的太太任框架媒介总经理的助理，因为公司资金紧张，向汉能提出能否帮忙想想办法。”

所谓电梯平面媒体，其实就是将广告海报贴到公寓楼的电梯里去，其低进入门槛导致任何单一企业的市场影响力都十分有限。最大的框架媒介 2004 年的利润也不过 800 万元，市场份额仅占 10%。就在这种情况下，2004 年 11 月，汉能和 IDG 两家机构以 1 500 万元收购了框架媒介 43% 的股权，并把谭智安排到框架做了 CEO。

表面上看，汉能的这一投资并不明智，违背了私募股权基金通常只投行业前一二名的做法。然而耐人寻味的是，此时分众、聚众已开始对电梯平面媒体市场虎视眈眈，处于绝对弱势地位的框架媒介最终被“收编”的可能性非常大——而这，正是汉能和 IDG“运筹帷幄”的风险底线和盈利底线。

果不其然，2005 年 1 月，分众开始暗中接触框架媒介，提出以 6 500 万元将其整体收购。

但由于分众忙于海外上市，又嫌框架规模太小，很快整体收购的谈判被搁置下来。分众只将框架的液晶屏广告业务以1 700万元的价格买走了。“不过，让分众万万没有想到的是，正是自己付给框架的这1 700万元，成为框架整合同行与之抗衡的重要支持资金。”

此时，陈宏和谭智一刻也不停息地观察并分析着楼宇广告行业的发展态势，谋划着框架媒介的出路。其间已是风起云涌，险象环生，种种可能此起彼伏。最后形成了一套堪称经典的运作方案……

2005年4月，在汉能的策划支持下，框架用私募基金当初投入的1 500万元和分众支付的1 700万元，开始了在全国各主要城市收编同行的行动。仅用了5个月的时间，汉能投资就并购重组了北京、上海、广州等大城市原框架媒介、朗媒传播、领先传媒、拓佳媒体等9家公司，成本共计“人民币5 000万元现金+30%框架媒介股权”，而且实际上，框架媒介需要立即支付的只是一半的现金！

这几家公司如果被分众或聚众各个击破的话，必然卖价甚微，但它们联合起来却不容小觑了，而且消除了同行间的恶性竞争，统一的市场、统一的价格带来了利润的增长。仅2005年7月对新框架媒介的估值，净利润4 000万元，以5倍市盈率估算，公司价值上涨至2亿元。

更重要的是，重组后的新框架媒介占据了中国90%的电梯平面媒体资源，成为决定分众和聚众对决最终胜负的最重要的“砝码”——如果框架投向分众，聚众则将被分众彻底击败；反之，如果框架投向聚众，聚众则将呈现与分众分庭抗礼甚至略胜一筹之势。

此刻，新框架的诞生，使分众与聚众的对决迅速进入了“加时赛”阶段。

2. 以小谋大

2005年9月，上市归来、意气风发的分众想再收拾电梯平面媒体市场时却发现，短短几个月时间，它想购买的企业都已收归框架旗下。无奈之余，分众再次找到框架，但此时的框架已不可同日而语，新框架媒介的净利润已从几个月前的 1 000 多万元上升到 1 000 多万美元，而提出的报价也高达 11 倍市盈率，并强调“如果分众不接受，就自己上市或转投聚众”。

于是出现了文章开篇的那一幕。

反复权衡利弊得失之后，2005 年 10 月，分众和框架最终达成协议：分众传媒以 1.83 亿美元的高价买下了整个新框架媒介，控制了楼宇内外市场的大半江山，并成功地在聚众的后院烧了一把“火”。聚众一直将公寓楼的视频广告作为对抗分众的有力市场，但当时的情况是：人们将在电梯口看到聚众的视频广告，而进入电梯后看到的却是分众的平面广告，这无疑会大大影响聚众广告商的选择。

竞争的天平已倒向分众。

至于框架选择“投奔”分众的原因，陈宏的解释是：首先，三家企业中，分众的实力最强，如果框架和聚众整合，未来两强竞争的格局如何发展还很难说。“我们比较相信行业第一名，而且分众已经是上市公司了，平台比较好。”其次，分众的主要市场在办公楼，而聚众和框架的主要市场在住宅楼，分众和框架的互补性更强。最后，也是最重要的，如果分众和框架合并，聚众可能很快也会被合并，那么三家整合起来的市值会放大很多。

2006 年 1 月，竞争劣势日益明显的聚众，终于向分众“投降”了。

回过头来再看陈宏的整个操作，当初只值 3 200 万人民币的框架媒介，通过陈宏和谭智的操作，不到一年卖了 1.83 亿美元，陈宏和 IDG 对框架的 1 500 万元的投资，迄今也变成了 5 个亿！这是一个让人瞠目结舌的奇迹，也是资本运作令人着迷的魅力。

而陈宏之所以这样操作，是因为他内心深处有一个难以解开的结：1997 年，他在美国卖掉 Aimnet 只收了现金而没有股权导致损失惨重。今天，他学习到了这样一种整合弱小企业的连横式操作手段，同时以“现金 + 股权”的方式，为客户创造了更大的价值，“因为，股权比现金更重要”。

对于“汉能 + 框架媒介”的做法，陈宏认为：“这是由中国国情决定的，这个模式将很有市场。”因为中国一个行业往往有成百上千家企业，每个城市都有自己独立的污水处理厂、电脑城、医院、广告公司等，因此，中国的环境特别适合整合并购……这就是陈宏的战场。他相信，他将在这里实现他的“中国高盛”的梦想。

（六）不是尾声的尾声：连前台也有期权

随着谈话的深入，坐在记者对面的陈宏也越发显得深沉厚重。

记者一直在想，做国内一流的投资银行——很多人都有过这样的梦想，而唯独做了不到4年的汉能独领风骚。为什么是汉能？为什么是陈宏？

除了人脉网络之外，陈宏的社会活动家身份，使得汉能的投资银行业务很快在市场上打开了局面。在陈宏身上，光环一个接一个：把公司带上纳斯达克的第一批华人，美国上市公司中第一位华人CEO，北美专业人士协会加州会长，以及在中美两国相当有影响力的华源科技协会的首任会长，加上近20年在美国的奋斗历程，使得陈宏在中美两国拥有丰富的人脉网络，成为当时在美国的几十名最成功华人中的一位。

对社会活动的热诚一直是陈宏的一个鲜明特点。陈宏实话实说，做社会活动就是为了找个平台帮助别人。在这一点上，陈宏确实和很多人不一样。“这个大家都知道。我特别愿意奉献。”

专注，使陈宏的成功来得更快。做汉能4年来，陈宏一直将公司核心业务聚焦在融资与财务顾问方面，直接投资只有几个案例，在“中国最具投资价值企业”中，前五位有四家公司是陈宏的客户。整个投行业务，陈宏已服务近20家企业，完成了10多亿美元的交易，这更是让他骄傲的资本。

公司的激励机制是汉能在国内投行中的另一个亮点。当你造访汉能，当清秀而略带青涩的前台工作人员把你带到休息室、给你倒水时，你是否想到或者敢想过，她们也可以分享公司成长的果实？“连前台都有期权！”陈宏脱口而出的话让人惊讶。

“因为在这个行业，人就是一切。”

第五章

文化强国 | 文化传媒行业的崛起

2003—2008 年，开启了文化产业合法化发展的新时期。在文化产业独特而不可替代的战略地位正式确立和文化体制改革深入推进之前，文化生产力进一步释放，文化建设活力显著增强，我国文化及传媒产业发展进入了由“相对封闭”向“逐渐开放”转变的“快车道”，并在国家文化软实力建设和国际化竞争中扮演越来越重要的角色。国家在文化及传媒产业政策上更加开放创新，以深化文化体制改革为重心，结合文化及传媒产业结构调整，积极利用有利时机，全力助推“走出去”战略，内外统筹推动我国文化及传媒产业发展繁荣。

刘长乐：凤凰卫视的凤凰故事

2000年以前，凤凰卫视的名声是伴着几大当家主持人的名声红透中国的：吴小莉、鲁豫、窦文涛、许戈辉、杨澜。短短几年时间，“凤凰的干法”成了很多人争相学习的“干法”，凤凰模式正成为无数同行热衷“拷贝”的模式。而凤凰老板刘长乐则默默无闻，他犹如半个神仙，在很多场合只见其运作，不见其身影。

直到2000年凤凰股票上市前后，基于国际资本市场“公司领导人形象等于股票半个形象”的惯例，刘长乐才被迫从幕后走向前台。

躲在幕后的刘长乐在香港曾被称为“神秘的大佛”，传媒业界有很多关于他的传言：传言他投资凤凰卫视只用了自己10%的财力，却投入了90%的精力；传言他在中国新闻界曾官居司局级，下海后从石油贸易起家；传言他口才奇佳，精力过人，激情大于理性，产业多过家业，每年有1/3的时间在天上，总飞行距离甚至超过空姐……

（一）英雄莫问来路

记者：听说在你的办公室里能见到这样一句话：大约80%的成功者在他们铸的宫中沉陷了。这算不算是你对自己的一个警示？

刘长乐：应该算吧，这些年全球企业界风起云涌，在潮流中呛水甚至被淹死的大有人在。我对自己和凤凰卫视的要求是，不管你怎样弄潮，你应当秉持一些基本信条，譬如以人为本，以诚信为本……另外，还要夹着尾巴做人，得志不可猖狂，法律上的禁区别碰，做人的禁区别碰，好大喜功、图名不图利的事情别干，每一步都要争取走得踏实。

记者：这是否就是你不愿多谈自己的原因?

刘长乐：这倒不是。对于公众人物，传媒往往喜欢去追踪他的发家背景，这是我不赞同的。故事和传奇其实并不能让人们原原本本地在生活中复制，只能满足人的猎奇欲望，只有经验和道理才能使人获得体会并受益。所以，我是多讲后者少谈前者。

记者：所谓英雄莫问来路?

刘长乐：我的第一桶金来自做石油贸易中介商的经历，应该是清清白白的。

记者：一个普通人，起步就做石油贸易，听起来不免让人感到很神秘。

刘长乐（笑）：1980 年我从北京广播学院毕业，进入中央人民广播电台工作，一直干了 8 年。在一个中央级的新闻媒体，从普通记者做到高级管理人员，这份履历对我后来从商有很大的帮助……当然下海的时候也同样面临选择，我也可以从很小的地方起步，比如开餐馆什么的。选择做石油贸易，是基于两方面原因：一是我对自身特征的一个判断。我认为每一个人在选择创业之前，都应该有这样一个对自己的准确判断：你的社会关系的优势在什么地方?你的文化层次在什么地方?你自己所处的社会地位是个什么感觉?我是从中央新闻单位出来的，记者最大的学问就是社会学，最大的优势就是“人脉”；我选择经商有一个比较好的氛围，包括拥有海外关系，等等。另一个原因出自偶然。1988 年，正好有一个海外朋友问我能否拿到中国的出口石油制品。我用了一些时间来打听当时在中国做石油贸易的情况，感到路还能够走通，当年我就翻身下海了。

记者：今天的凤凰卫视有一个经营理念叫“高层次高起点”，这个理念是不是从那时候就一脉相承?

刘长乐：石油贸易是一般的小公司很难运作的，所以，我们用了较长的时间来进行“环境的运作”。这一方面得益于我作为记者建立了一些良好的关系，另一方面也得益于我们通过这些关系在国际市场上找到了一些比较好的合作伙伴。具体来讲，我们中间商做买卖就是利用合作伙伴的信任度，谈判一个时间差，即在中国客户和海外客户之间，用“TT”到岸付款方式，让自己付款出去的时间比第三方付款给自己的时间长。然后用客户的钱来周转。当时，国际石油成品贸易的利润非常丰厚，回报率通常高达30%左右，而一船油的贸易额在300万～700万美元之间。所以不到一年，我就拥有了一笔不小的启动资金。

这是一种典型的“借船出海”“借鸡下蛋”，但是我们借的船是“万吨巨轮”而不是“小舢板”，我们要借的鸡是“金凤凰”而不是“老土鸡”。从开始下海出道到现在，我一直秉承这样一个原则，哪怕是铺垫的时间比较长，也希望用“高层次高起点”的办法来开始我们的某个商业行为。比如，我后来相继投资的房地产、高速公路、码头，等等，都是基于这一思路。

记者：听说你不久之后去了国外？

刘长乐：这主要是从生意上考虑，为了便于更直观地感受和进入国际市场。1989年，我去了美国休斯敦，在那里注册成立了乐天国际公司；1990年，我来到中国香港，1993年移民新加坡，因为这里是世界石油贸易的中心，特别是中东到中国的石油一般在这里过泊转运。另外，新加坡的金融体系也比较完备，自由开放。

记者：有关材料告诉我们，今天的你名下拥有40多家全资或控股企业，分布在中国内地、新加坡、中国香港、美国等，个人总资产达数十亿元人民币，仅在内地投资就上百亿元人民币。这些投资项目包括了中国最大的石油码头——广东茂名25万吨级原油码头，中国等级最高的高速公路——北京至八达岭高速公路，以及投资5亿港元建造的皇家园林超豪华宾馆——颐和园宾馆。此外，轰动一时的史实纪录片《邓小平》，听说你也是制片人。

涉足如此广泛的投资领域，往往也隐含着相应的风险。人们一直想了解有关你的投资神话，比如，你抓住的几次大的发财机遇，同时又避过了几次大的市场风浪。

刘长乐：神话是谈不上的。实际上对于一个具有无限机会和变化的亚太经济市场来说，十几年孕育出我们这样规模和实力的公司，并不太难。对于抓住机遇和规避风险，这是一枚硬币的两面，我的做法是，尽可能审时度势对产业进行分析。

比如，投资中国的高速公路，作为公用事业，市场风险和短时间的波动对其影响都不大，也容易得到海外投资者的认可。所以在这方面我做的是长期投入。而房地产则是一个高度敏感的产业，我是在 1993 年中国政府进行宏观调控之前，就已抽回大部分资金。当时我对中国政府在房地产方面的政策有一个判断，即在各地的盲目发展之后，政府必然会出台措施予以整顿。相比较而言，能源则是“发展的速度赶不上需求”，中国对原油的需求还依赖进口，这是一个简单的常识，所以，我从买卖原油起家，并且至今从事着这项利润不薄的生意。

（二）世界上什么事最开心

记者：12 年以前，当你辞官下海时人们的评价是“商界多一个大贾，媒体少了一个人才”；5 年前当你投资创办凤凰卫视时，传媒的说法掉了个个儿：“媒体多了一支新军，商场少了一支劲旅。”据说你创立凤凰卫视的初衷并不在赚钱，那是为了什么？

刘长乐：一个人有钱之后就不再去赚钱，我想这样的说法是靠不住的。凤凰卫视首先还是一种商业化的运作，我做的是媒体产业，而不是政府投资的媒体机构。

当然，投资传媒，一个更重要的原因来源于我的文化情结。1990 年，我来到中国香港，做的第一件事就是出版《中华古文明大图集》，这是一个集传统文化精粹之大成的东西。由于在海外待的时间比较长，我注意到，西方人对中华文化有两种截然不同的取向：一种是非常喜欢，他们摆放的家具、古玩、字画都是中国的，并把这些视为高消费奢侈品；另一种是极度鄙视，因为他们不了解中华文化复杂的内涵。特别有趣的是我们的一些中国人，比如我做石油贸易的一个合作公司，有个中国内地过去的中国人主管，此人以阅读中文的报纸为耻，每次跟我说不了几句中文就要说英文，以至于后来每次见到这类人，我都压抑不住恶心和愤怒……

记者：愤怒出诗人？

刘长乐：仅仅愤怒还出不了诗人。这种现象让我想起中华文化在全世界的地位，目前还只能称得上是弱势文化。现实是，西方传媒和西方电影文化对全世界的影响越来越大，东方文化在夹缝中生存，声音很微弱。我是从大陆传媒出来的，做一个在全世界有影响的华人传媒的梦，在当时就种下了。

记者：后来是怎么想到做一个卫星电视的呢？

刘长乐：1994年，我有很多时间在新加坡逗留，这里华人的比例达74%。我发现尽管当地的官方语言是英语，但那里的两个主要电视台，即五频道英文台和八频道中文台，后者的广告收入是前者的好几倍。我为此体会到，分布在全球各地的华人，可能日常用不同的语言交流，但他们最感亲切的仍然是汉语。于是，办一家面向全球华人的卫星电视频道的念头，就基本确定下来了。

记者：有了好的想法，只是事业成功的基础，并不一定能保证成功。办一个有世界意义的华人电视台是一个很好的创意，但要实现它，难度真是不小。

刘长乐：先得有冲动，然后再想怎么一步步去实施；也就是先学诗人写诗，再学商人打算盘。

记者：写诗、打算盘？这比喻很有意思。但是一般人总是认为，这两者是矛盾的。

刘长乐：凡对立，常常是互补。一个人一生中如何把握好这两者之间的分寸，是一个难度很大的问题。我的体会是，真正优秀的企业家，不仅需要严谨、守恒的管理精神，还必须经常有某种本能的、萌发奇思妙想的冲动。这种冲动通常被误认为只有艺术家才具备或者需要，而许多没有真正进入商界的人，甚至会将奇思妙想当作是经营管理的最大敌人。报告文学家陈祖芬写过一本书叫《世界上什么事最开心》。这本书名字很动人。那么对于我们经营企业的人来说，世界上什么事最开心？我想，能够把基于梦想层面的激情和冲动，纳入现实的理性轨道，并一步步去付诸实施，这就是世界上最开心的事情。

（三）凤凰出笼

记者：1996 年以前，尽管你在大陆传媒有过履历，但对于在国际传媒产业来讲，可以称得上是一无名气，二无实力。然而，在 1996 年 3 月凤凰卫视正式开播的时候，你的主要合作方居然包括美国传媒大王默多克，这有点像一场门不当户不对的婚姻，不能不让人感到分外惊奇。

刘长乐：因为我在创办卫星电视的第一道坎上就遇到了默多克。事后想起来，人一生中阴差阳错、鬼使神差的事，总会遇到几次吧。

要做卫星电视，就必须租用卫星转发器。当时“亚洲一号”卫星因为功率强，亚太地区覆盖面宽，属于理想选择。1995 年，正好蒙古电视台退还其租用的“亚洲一号”上的一个频道，我们马不停蹄地赶去想接管过来。律师费付了，酒也喝了，事情居然黄了——我们被告知，默多克名下的香港卫星电视租用了“亚洲一号”的大多数频道，因而对其他频道的租用拥有否决权。于是又只好上门和默多克谈判……

记者：传言是你高超的个人谈判技巧，把对手谈成了兄弟？

刘长乐：那倒没那么神，我想主要还是由于双方各取所需，利益契合。为了创办凤凰卫视，我首先注册了今日亚洲有限公司，它的背景只有一个，就是多年从事内地传媒工作的我了解内地传媒的市场特征；而香港卫星电视是默多克当年斥资从李泽楷手里收购过来的，希望以此进军中国内地市场，几年下来做得并不好。一方面，我希望“今日亚洲”利用默多克名下新闻集团强大的媒体资源，打入海外华人市场和欧美主流社会；另一方面，默多克也希望同像我这样有中资背景的公司合作，把触角成功地伸向内地传媒市场。很明显，最根本还是这个重要的互补性吸引我们坐在了一起。

记者：你和默多克当时的情况是“合则两利，分则两伤”。

刘长乐：是的，然而任何谈判都称得上是一场博弈，前后谈了20多轮，最后双方才达成协议。

记者：在内地业界人士的心中，凤凰卫视的股权结构一直是个谜，它的发展背后似乎总有神秘力量的推动。这一点能否披露呢？

刘长乐：其实凤凰的股权结构很简单：今日亚洲和香港卫星电视各占45%，另外10%由中国银行旗下的华颖国际集团持有；三家共同组建凤凰卫视有限公司，经营原来香港卫星电视除中国台湾地区以外的中文节目，由我担任董事局主席和行政总裁。由于香港卫星电视此前在中国内地已经拥有3 000多万客户群，所以站在别人的肩上，我们的起步相对比较轻松。

记者：这一阶段也许还有一个重要的问题，为什么要取名为凤凰？

刘长乐：这确实是我们绞尽脑汁、综合考虑的结果，可以说这个名字体现了凤凰人的理想，以及凤凰卫视的宗旨。

首先，世界文明史上关于凤凰的传说，来自中华文化的“百鸟朝凤”。所以凤凰的传说和龙的故事一样，是中华文化的专利和象征；取名为凤凰卫视，也就是希望在我们的节目上，清清楚楚、明明白白地打上中国的烙印。

另外，传说中凤和凰是两只鸟，凤为阳，凰为阴，“凤凰”的另一个寓意就是“南北东西大荟萃”。所谓南北荟萃即内地文化和港台文化的融合。内地文化是以传统文化为背景的正统文化，港台文化是以传统文化为基础，然后进一步商业化、消费化的通俗文化。所谓东西文化结合，是寓意以默多克的新闻集团为代表的西方文化，和我们所代表的中华文化之间的取长补短，推陈出新。更进一步引申，凤和凰还可以代表历史和现实的融合……

再看看凤凰卫视的标志设计，它的寓意在哪里呢？第一，它是两只鸟；第二，它所有的口都是开放的，而不是封闭的；第三，这两只鸟感觉上有很强的动感，有些像中华文化的太极……

记者：追求东西文化的互补、传统和现代的融合，这个理想是近代100多年来无数东西方学者的共同追求；同时，“在全球经济一体化过程中如何协调不同文化之间的冲突”，也是西方学界提出来的“世纪之问”。这当然已经不仅仅是一个商人的追求。从这个意义上讲，你走了一条中国文化人梦寐以求的路。

刘长乐：是的，至少相比很多下海的文人来讲，我没有一去不回头。我认为对于一个人的价值来说，文化与经济，往往是可以殊途同归的。

（四）凤凰的干法是什么样的干法

记者：不知你是否考虑过，一个定位于服务不同社会体系华人受众的电视媒体，它必然也很难完全满足任何一方。因此很难成为某个地方的主流媒体。

刘长乐：从 1996 年 3 月至今，凤凰卫视开播近 5 年来，它在各地的收视率越来越高，品牌越来越响，广告收入年年翻番，那么我们的方向是什么呢？是“为观众提供另类选择”。所谓另类当然就不是主流，我们也无意在华人受众圈的某个单一地区成为主流。邓小平女儿邓琳曾经对我说：“凤凰卫视是个‘四不像’，不像内地电视，也不像中国香港、中国台湾、新加坡的电视，可这四地共有的外来台属凤凰收视率最高。”为什么叫“四不像”？就是因为凤凰这盘“大菜”里加入了不同“菜系”的风格和手法，所以对于每一个观众来讲，它都既是熟悉的，又是新鲜的。

为什么能做成“四不像”？这首先来源于资本结构的保障。凤凰集团的股东分别是中国内地投资者、华裔和外国人，三方共同形成电视技术、人际关系、发展资本组合。在人力资源上，凤凰兼容并蓄，精英荟萃。来自中国内地、中国香港、中国台湾及海外电视的各路专才，带着不同的期望、不同的文化，最先风云际会于维多利亚港湾，好比现代国际版的水泊梁山：东西方武艺兵器一齐上，东西方文化因此遭遇碰撞，不一样的火花因此飞舞荧屏。

记者：这就涉及凤凰的用人问题。有人说，凤凰成功的关键在于它有一批真正懂电视的人，尤其是创业初期搜罗了不少在中国电视体制之外的电视精英。你认为呢？

刘长乐：人的问题永远是一件事成败的首要问题，所以这个说法是对的。

凤凰是一个舞台，我作为传媒老板，就是向一切适合这个舞台的人提供做梦的机会，提供发挥潜能的空间。如果凤凰让他们能够重打鼓、另开张，所有想法抱负得以施展，在这个舞台上能够焕发出和在别的舞台不一样的光彩时，他们就会很珍惜这里。

记者：来到凤凰听说了一个榨汁机的故事。听说有一次你过生日时，员工们集体送上一个礼品盒，打开一看，是个榨汁机……

刘长乐：这是一份具有企业文化内涵的礼物。据我所知，香港有线电视一个新闻频道就有200多人，而凤凰卫视从主持人到后勤总共只有100多人。因此在凤凰，每个人的工作量都很大，一个人几个岗，骨头里榨油（笑）。但大家乐于榨和被榨，连老板，也被更大的老板——我们所处的竞争时代榨，结果大家都很辛苦，但又很快乐。

从过去到现在，新员工进入凤凰卫视工作只有一个标准：为了热爱而来。因为有了热爱，所以才能激发潜能。据科学家测算，人的能力一般只发挥了7.2%，而挖掘到10%～20%是完全可能的。所以我的观点是：第一，每个人都有“汁”可榨；第二，每个人都应该得到与“汁”相对应的社会回报。

记者：凤凰卫视的员工有多少拥有这里的股份？

刘长乐：所有正式员工全部都拥有股权或期权，最多的是吴小莉等几位明星主持人，仅次于副总裁。

记者：对于员工的管理除了“榨”的一面，还有没有“放”的一面？

刘长乐：这个问题很好。所谓“榨”，是从高处加压；“放”，则是从局部放手。

先给你讲两个故事。知道鲁豫是怎么蹿红的吗？凤凰卫视曾经以娱乐节目为主。然而1997年在邓小平逝世的日子里，如何能播放娱乐？时事报道便成了不得已的选择。但又无力拍摄即时新闻，于是《凤凰早班车》开创了新闻史上从未有过的“读报”先例，文艺栏目的主播鲁豫被推上舞台，按照她的语感、风格，一读出彩，一读出名，该栏目很快就成了凤凰台少有的金牌栏目之一。

2000年上海电视节，我们派去布展的员工的设计创意事先连我都不知道。然而，他们又确确实实是绞尽脑汁，煞费苦心，布置完就一鸣惊人。开展后，武警甚至两次出动维持秩序，不然柜台就要被挤趴下……

这类故事还有很多，它们合起来形成凤凰卫视用人上的一种另类风格：让每个人尽兴表演，甚至不告诉他怎样表演，只交给他一个舞台。我们着力营造的是这样一个管理公式：压力+动力+空间=出奇的效果。

记者：有人把世界上的企业划分为两种类型，一类是交响乐队，另一类是爵士乐队。你认为凤凰卫视属于哪一类？

刘长乐（笑）：我正好是个音乐发烧友。我想凤凰卫视更像是爵士乐队，中央虽有总谱，但绝非一成不变。爵士乐队的特色是，演奏时成员可按自己的情绪，刹那间创意，即兴地变奏，加入一些新的意念。其他成员受到刺激后，也会相应地加以回应。一支心灵感应的爵士乐队可以玩到出神入化，每次都给人以新意。我想这也是凤凰卫视5年来不断创新的关键。

（五）飞机和降落伞的关系

记者：1996年3月，凤凰卫视中文台开播；1998年8月，凤凰卫视欧洲台、电影台相继开播；听说不久之后凤凰卫视美洲台也将开播；2000年6月30日，凤凰卫视在香港创业板上市，几个月来，股价逆市而上，连创新高。如果我们把这几年你和你的同事倾尽全力所做的事比喻为在打造一架飞机的话，那么今天当面对这架已经升上天空的飞机，你最大的感想是什么？

刘长乐：我想，是赶快动手生产降落伞的时候了。

记者：降落伞？

刘长乐：是的，我的意思不是说这架飞机就快要降落，而是要用降落伞保障飞机上乘客的安全，而乘客就是指凤凰的所有股民、股东和员工。

记者：这似乎让人感到凤凰在面临挑战？

刘长乐：凤凰卫视目前所面临的挑战来自两个方面：第一，从内容上说，凤凰卫视的“另类选择”，一开始很能够抓住观众的视线，迅速扩大影响；但久而久之，也会让观众感到深度不够，专业性不强，容易厌倦。那么怎么解决这个问题呢？我们目前的做法是通过栏目来进行“分众”，让每一个栏目特色更加鲜明，专业化程度更高；下一步我们打算让“分众”频道化，比如 2001 年 1 月凤凰卫视即将开播的“凤凰资讯台”，就是一个完全专业的新闻和财经频道。实际上，专业化分工是西方媒体的大趋势，比如美国仅气象频道就有 3 个。

第二，从形式上说，我们对电视节目数码化带来的影响估计不足。数码化是一个什么概念呢？比如凤凰卫视一套节目原来要租用一个频道卫星，一个转发器，一年要花费 300 多万美元；数码化后，一个同样的转发器租用成本没变，但节目传输可以达到 15 套甚至 24 套。这意味着，未来的凤凰卫视如果不能成为宽频节目的供应商，就有可能被别的宽频节目供应商挤出市场。

另外，凤凰卫视下一步还面临着“从淘金者向卖水者转变”的问题。当今美国传媒市场有句话叫“内容为王”，随着频道越来越多，节目需求越来越大，节目即内容的制作前景就会越来越好。凤凰卫视从前买节目的时候多，自制节目很少，现在也势必有一个大的转向。

记者：除你所说的之外，我想凤凰卫视至少还有一方面的挑战。

刘长乐：是吗？

记者：正如你所知道的，凤凰卫视曾经是唯一一家成功打入中国内地市场的港澳台卫星电视，这其实是它最核心的竞争力。然而随着中国加入 WTO 进程的临近，中国内地对境外电视的入境限制必将放宽。据了解，澳门五星卫视、杨澜创办的阳光卫视等均已获得在中国内地的落地许可，毫无疑问，不久的将来，这些电视新贵就会对凤凰卫视在中国内地的市场造成不小的冲击…

刘长乐：你说的这个问题，近段时间担心的朋友似乎比较多，但我反而不怎么担心，原因有三：第一，如此巨大的华语电视市场，目前来看多几个媒体少几个媒体，对整体市场格局都构不成太大的压力。第二，凤凰卫视本身在节目取向上跟它们不一样。它们要么是单纯的娱乐，要么是历史性频道，如阳光卫视就是美国历史频道的中文版。这样的取向要在广告上和凤凰卫视相争，我认为，谈何容易！第三，大家看到凤凰卫视做成功了，很多后来者都想做“凤凰梦”，都认为中国市场很容易操作，很好赚钱；但恰恰中国市场并没有那么简单，驾驭它是一门很深的学问。另外，运作一个像模像样的卫视台，最起码也要赔 3 ～ 5 年，一个频道一年一般要赔 2 000 万美元以上，这也不是每个人都赔得起的。

记者：换句话说，要做凤凰梦，不能只学凤凰的表面文章。

刘长乐（点头）：最后我想谈谈关于凤凰的未来。我曾经说过，有一类工作是没什么兴趣又非做不可，也有一类工作虽然难度很大但很有兴趣。既然我在凤凰卫视上面投入了 90% 的精力，对它的未来就不免想得更多一些。

具体的目标，就是我们即将开播的凤凰卫视资讯台和凤凰卫视美洲台，这是我们发展中的一个新的里程碑。比如，资讯台的开播就是促使我们进一步走向权威化，走向大媒体的一个阶梯，对于确立凤凰卫视作为民间华语电视的领导者地位具有重要作用，而美洲台的开播使得凤凰卫视真正走向了全球化，实现了创办之初所设想的“五洲凤鸣”。

长远来看，我希望能把凤凰卫视在资本运作、媒体管理方面形成的经验和运作机制进行整合，在更大的领域里发挥影响力，通过合资、合作等方式输出管理，甚至输出资本。

记者：对不起，刘总，最后一个问题：下海 10 多年，完成了从传媒人到商人再到传媒人的螺旋式转变，请问你对自己是否有过总结？

刘长乐：小时候印象最深的是看过一本俄罗斯小说《船长与大卫》，里面的两句话至今未忘。

第一句：“奋斗探求，不达目的誓不罢休”；第二句：“永远做一个出类拔萃的人”。我对这两句话的理解是：出类拔萃不见得就是出人头地，在某种意义上讲，一个有追求的人就是出类拔萃的人。

江南春：海上幸运史

从萌生一个创意，到建成一个帝国；从找到一个模式，到公司市值200亿元，个人财富30亿元——这一切，江南春只用了3年。

3年30亿元，意味着每天都是300万元！

究竟是怎样的人生轨迹，怎样的谋略和机缘，让这个曾经吟风弄月的贫穷校园诗人，不到30岁就赶上了这趟高速飞驰的财富列车？

尽管太阳已经分外耀眼，但被夜风吹送过来的大西洋的咸湿仍未完全褪去。这是2005年7月14日上午9点半的纽约。

这一天，来自中国上海的“分众传媒”在纳斯达克成功上市，CEO江南春被邀请敲响了当天的开市钟声。这之前，中国企业家还无人受此礼遇。钟声“当！当！”响起的那一刻，股价立即拖着江南春的财富一路蹿升，很快达到了令他目瞪口呆的高度。

在这个市场高度自由化的国度里，在资本嗅觉高度灵敏的纳斯达克，飙升的股价，意味着所有投资人在面对这位年轻的中国人高唱赞歌。他身后的企业与行业，他记忆中的幸运与辛酸、智慧与狡黠，在这一刻仿佛都蒙上了最真实的荣光。

从萌生一个创意，到建成一个帝国；从找到一个模式，到公司市值200亿元，个人财富30亿元——这一切，江南春只用了3年。3年30亿元，意味着每天都是300万元！

盘点这些浓缩人生的数字，32岁的江南春有些激动，沉睡在脑海里的一幕幕突然在眼前清晰，很快又如烟淡去。他想起了自己写的一句诗："我分明看到了过去，却已无力表达充分。"

(一)"这么说，你是穷人喽！"

家里的大门靠江朝南，他出生在一片春天的阳光里，于是得名江南春。

那是 1973 年。当他降生时，距离这个上海普通家庭从祖籍浙江宁波迁徙而来，已经足足过去了三代人。

幼时的江南春是个安静、胆怯的孩子。他爱好诗歌，总喜欢窝在被窝里读诗。正因为如此，他的作文总是在学校得第一。父母对此十分满意："争取考个好大学，毕业后找个好工作。"

一切都在按父母的期望进行着。高中时，他因获得上海市中学生作文竞赛一等奖，被保送到华东师范大学中文系。写写诗，跳跳舞，便是他当时全部的生活。

"每当清晨，当我翻身下床，看见昨天一首略带缺陷的诗还站在狂乱的句法中，我觉得那种感觉分明就叫作幸福。假如时光不使它流失，我相信它必会更加纯粹。"

这就是这位校园诗人的写意生活。可现实注定无法让他如此"纯粹"下去。

这天，江南春去学校舞厅跳舞。一位漂亮的女生问他学什么的，他得意地回答是诗人。

"哦，这么说，你是穷人喽！"女生半开玩笑地说。

一曲过后，这位女生拒绝和江南春再跳。这种经历，江南春不止一次遇到。让他气愤的是，师大后门有个卖水产品的小老板，长相和谈吐都俗不可耐，可有一天当小老板骑着摩托车在校园里经过时，后座上居然坐了一位男同学们争相追捧的校园美女。

"我的悲哀在于，我生在了一个诗歌没落、个体户容光焕发的年代。"青春期的江南春写道。

就这样，江南春的诗人梦破灭了。但对文学诗歌的爱好，却奠定了他此后创业必需的心智准备。

首先是想象力。“用一支玫瑰堵住你燃烧的嘴唇……”如果连嘴唇都可以燃烧，那这个世界还有什么不可能？这种反叛的想象力让他体会到求新的意义，体会到什么是真正的激情。

文学还从根本上影响了他的人生观。在钱锺书的小说《围城》中，恋爱中的方鸿渐和唐晓芙因争吵将要分手。男人在雨中站在窗下恋恋不舍，女人在窗帘后心生悔意。犹豫中女人推开窗户想要叫他上来，男人却于此刻抖了抖身上的雨水，转身走了。

就在3秒钟之内，他们的人生就发生了根本性的改变，从此再也没有交集。

江南春在最困苦的时刻，总是想到这个场景——人生往往在3秒钟内便会沧桑巨变，多挺住3秒钟，便意味着一切。

（二）“他就是江南春！”

后来所有成功的基因，几乎都藏在他刚进校园不久的这个故事里。

大学一年级时，师大学生会主席换届选举。按照各系人数多少，先分成大系组、中系组和小系组分别进行初赛，最后再进行决赛。

江南春踊跃地报了名。他写了一篇热情洋溢的演讲稿，然后就不厌其烦地背——他决心脱稿演讲。演讲抽签，第一个就是江南春。他走上主席台，瞬间大脑一片空白，虚汗直流。等他惊慌失措地一张嘴，没想到演讲词竟流畅地冒了出来，手势和表情也不自觉地跟上了——经过台下几百遍的演练，一切都形成了条件反射。演讲竟然无比精彩。

接下来是提问，江南春同样对答如流。

后面的同学本来都准备拿着演讲稿照本宣科，看到江南春脱稿演讲，方寸大乱，在提问时，更是被问得面红耳赤。

江南春在大系组顺利出线。当时，他最有威胁的对手就是小系组的钱海。此君在全国大学生辩论赛中曾担任师大的首辩，名气和能力远在江南春之上。

他不想输，决定到小系组去听听钱海的演讲，以便知己知彼。谁知他气喘吁吁地跑过去，才听说此人在第一轮就被淘汰了！几经打听才得知原因：此君过于鹤立鸡群，小系组的代表不愿意陪太子读书，于是约定可以相互投票，但就是不能投给钱海。就这样，最有实力的选手被硬生生地排挤了出去。这个结果让他大吃一惊。走出赛场，江南春第一次感觉到，这个阳光照耀下的世界，与想象中的竟然如此不同。

——任何成功的背后，最根本的决定因素，是各种利益和意志的较量与平衡，而不是通常认为的个人的才华。一个人如果不能洞悉并顺应各种意志冲撞后的前进方向，结果往往是越高的才华，换回越多的感伤。

正因为不明白这个道理的人太多，自古以来，冯唐易老、李广难封的悲剧，怀才不遇、终老南山的伤感，才会被人们一遍遍不假思索地咏叹。

钱海已经出局了，江南春便是下一个要被“谋杀”的对象。因为他的脱稿演讲已经在校园里被传得神乎其神。

被钱海刺醒的江南春，开始在学校后门的小饭馆里，逐个请各系的学生会主席吃饭，倾听他们的想法和意见。当他站在决赛的演讲台上时，他的“施政纲要”已经融合了各系的主张。结果，在全部 169 张选票中，江南春得了 162 票，毫无悬念地当选师大新一届学生会主席。

师大勤工俭学的信息一直都是通过学生会向外公布的。这天，江南春看到一则新消息，一家广告公司要在师大招聘业务员，底薪 300 元加提成。正为钱苦恼的江南春进行了唯一一次“以权谋私”，他没把这个消息贴出去，而是一个人应聘去了。由于没有竞争对手，应聘自然相当顺利。

江南春的确是个干广告的料，他勤快，而且心态平和、积极。有一次，江南春清晨就出发，骑自行车 5 小时来到一家公司，结果被对方几分钟就打发走了。回到学校，已经是星辰满天，他匆匆吃过晚饭，又高高兴兴直奔舞厅而去，心里竟然毫无挫折感。

江南春不仅能拉来广告，写诗练就的想象力还能让他为广告主带去最宝贵的文案创意。第一年，江南春挣了5万元的佣金。到大学将要毕业的那年，他竟然有了50万元的积蓄。

他用上了价值4万多元的手提电话，往返校园总是出租车来去；他每到一处，总有女生远远地兴奋地指点——“看，他就是江南春！”

苦心写诗无人知，一朝经商全校闻。写诗，对于江南春已经是遥远的过去；而深藏体内的商业天赋，开始拖着江南春，在一个全新的方向上飞奔。

（三）寻找“法拉利”的日子

在遇到第一个大的挫折前，江南春在广告之路上，足足快乐地摇滚了10年。

1994年，打工3年，手握大批忠诚客户的江南春自立门户，成立了永怡传播公司。1996年，人缘极好的江南春结识了IDG集团的朋友，成为这家全球最大的IT传媒集团上海办事处首席代表。IDG在中国投资了很多个IT媒体，永怡传播就负责代理它们上海的广告。

背靠IDG这棵大树，永怡的销售收入年年翻着跟斗往上涨，很快就发展成为上海滩IT界最大的广告代理商。1998年，永怡便垄断了上海IT广告市场的95%，到2000年时，销售收入达1亿多元。

他不仅帮客户安排媒体，还介入他们的营销策划，提供广告创意。江南春在华东IT业的圈子里几乎无人不知。有谁想做广告，总有人告诉他：“去找江南春！”

他那时有两个口头禅。

一是“赢怕了”。每次参加广告竞标，无一例外总是胜出，独孤求败，乏味无比。二是“账号满了”。对数额几十上百万元的广告费，江南春总是告诉客户：“赶快打钱过来哦，我们账号满了，再不打要封账号了。”

可就在江南春最踌躇满志的时候，寒流来了。2000年下半年，互联网泡沫破灭，风险投资商们纷纷勒紧了钱袋，潇洒“烧钱”的各大IT网站一下子断了资金来源，永怡的广告收入顿时萎缩了大半。

互联网热潮退去了，可永怡却无处可退。公司的摊子已经铺得很大，各种费用居高不下。到 2001 年底，尽管公司勉强维持了下来，但江南春已经身心俱疲。

愁苦之中，江南春和陈天桥聚在一起吃饭。陈天桥曾是江南春的客户，后来变成朋友。2000 年时，陈天桥经营一家小网站，靠让网友领养一只名叫史丹莫的虚拟宠物狗赚人气，做广告时，就认识了江南春。

“如今，你网站的日子也不好过吧!”江南春问陈天桥。

“转向了。现在做网络游戏，火着呢!”原来，几个月不见，陈天桥从网络游戏中发现了商机，代理韩国的“传奇”，同时在线的人数已经高达 11 万，每月营业收入 2 000 多万元。

听闻之下，江南春受刺激不小。他不记得是怎样吃完了那顿饭，只有当晚回家后，在日记本上写下的这段文字，真实地反映了他的感受——

“人生就像赶路，途中看到有一辆很大的巴士，上面有很多人，想必是个不错的行业，我也冲了上去。凭着年轻力壮，我把不少人挤到了一边，终于抢到一个靠窗的位子坐下。从此，江湖上有了我的名号，行业中有了我的地位。可陈天桥却没有挤上这辆大巴，他继续往前走，很快发现一辆紫色的敞篷法拉利停在路边。他拉开车门，一踩油门便绝尘而去。”

辛辛苦苦做了 10 年广告代理，江南春猛然发现自己还待在一个慢腾腾的公共汽车上，在产业链的最低端，汗流浃背地挣点苦力钱；而陈天桥一年不到，却拥有了自己的“法拉利”。其中的区别，就是商业模式的不同。江南春开始认识到:“只有发掘别人没发现的商业模式，才能挣大钱!”

看到陈天桥做网络游戏很赚钱，江南春当即决定如法炮制。他找来几个做互联网的朋友，给他们投资 500 万元，也让他们去买一个游戏来代理。6 个月后，市场上还没见任何动静，钱已经花得干干净净。

慢慢地，江南春的心情平静了下来。他终于明白，自己只有在熟悉的广告领域才有别人不可比拟的优势。这个“不熟不做”的道理，是江南春花了 500 万元后买来的唯一的东西。

（四）分众时代

在江南春四处寻找“法拉利”的时候，改革开放后的中国广告业，已经悄悄经历了三个时代。

1980—1989年是第一个时代。中国经济尚处在商品短缺的卖方市场，各企业的产品供不应求，根本没有做广告的意识。此时，只要有企业投放广告，便能产生奇效，太阳神口服液的成功，便是一个代表。

1990—1997年是第二个时代。随着市场竞争的加剧，企业陆续萌发广告意识。此时，只要投入足够的广告费对消费者狂轰滥炸，也能取得成功。巨人、秦池、孔府家等品牌，则是这个时代的代表。

1998年后，中国经济全面进入买方市场，广告也成了每家企业都不可回避的“必修课”，这是第三个时代。此时，即使企业的广告费足够多，能不能取得成功，也仍是未知数。

在江南春的客户那里，岁月流转、市场陡变的体会分外真切。他们向江南春抱怨，投出去的广告越来越多，为何效果却越来越不明显？

2001年，江南春经过长时间的思索后，在一次论坛演讲中给出了这样的回答：

第一个原因是广告的分众性太差。1992年之后，中国经济高速发展，社会各阶层的贫富开始明显分化，收入的巨大差距决定了他们有着全然不同的品牌偏好。

但大多数媒体却仍孜孜不倦地追求覆盖尽可能多的人群，结果造成广告主投放的广告，大部分浪费在了错误的人群当中，比如奔驰的汽车广告投放在各大电视台，当然可以让全国数亿观众看到，但可以肯定的是，99%的观众都不是奔驰汽车的目标客户。

现在各地的电视台越来越专业化，纷纷细分成体育频道、新闻频道、影视频道等。但谁能保证，看体育的一定是富人而没有穷人，看电视剧的一定是穷人而没有富人？这仍然无法把目标客户从大众中分离出来，只有进行广告的分众投放，才能避免把广告投放在错误人群上而造成的浪费。

第二个原因是广告太多，相互的干扰度太大。1985年春节，上海电视台播放《上海滩》，在每集演到让人屏气凝神的关键时刻，突然“砰砰砰”三枪，跳出一个片中广告——只见电视上打出五个大字：水塔牌洋伞！

20多年过去了，江南春对这个广告仍然记忆犹新。“可是如果你问我昨天晚上看了哪些广告，我很难告诉你。不是我没看广告，而是看得太多了，一个也没记住。”

第三个原因是广告的强迫性不够。对报纸上的广告，人们可以视而不见，跳过广告版了事；对电视上的广告，人们按一下遥控器就能换台，你能奈他何。之后不久的一天，江南春在上海徐家汇一写字楼里等电梯，电梯门上的一个招贴广告，像落在牛顿头顶的那只苹果一样让江南春突然激动起来。

——如果把招贴广告换成电视广告，结果会怎样？

首先它会具有很强的分众性，因为出入写字楼的绝大多数都是白领，有着差不多的收入水平和消费偏好；其次它有强制性，因为它恰好就在空间狭窄的电梯口前，让你很难逃避，何况在等电梯的无聊时间里，必然有很多人愿意看广告。

再仔细一琢磨，江南春发现，这正是自己要寻找的新商业模式——第一，它有非常大的发展前景，上海乃至全国各大城市的写字楼，多得数都数不过来；第二，它容易操作，且投资回收期很短，只要把液晶电视往电梯口的墙上一挂，就可以收钱；第三，它有天然的竞争壁垒，不仅资金门槛高，而且有价值的写字楼数量增长缓慢，几乎是占领一栋少一栋，这可以避免类似彩电行业屡屡上演的血腥价格战，能保证长期的投资回报。

而这三点，恰好满足了一个优秀商业模式必需的要素。

10年广告代理生涯中，江南春的脑子里不断涌现着各种新奇的商业构思，但他天性谨慎，没有一次付诸行动。这次，江南春不再迟疑。

他请人研发出所需的液晶电视，然后委托给上海一家工厂代为生产。2002年12月，他的第一批电视同时出现在上海50座重要的商业楼宇中，并很快星火燎原般蔓延开来。

当他把自己的理念与客户沟通时，获得了超常认同。招商银行信用卡、轩尼诗洋酒、富士数码相机等大客户纷纷买单，第一个月的广告收入便突破了100万元。

为了检验楼宇广告的效果，诺基亚在推广一款型号为6108的中端商务手机时有意做了一个测试。这是诺基亚的第一款手写输入手机，手写笔插在手机的背后。诺基亚分别以“机器人”和“背剑武士”为诉求点，做了两个版本的广告，其中，“机器人篇”专门在上海的电视台播放，“中国剑甲篇”则在分众播放。

广告同时播出后，很多消费者直奔诺基亚的柜台，他们都记不清型号，但提出要买“广告中有把剑的那个手机”的人数比例，竟然高于“机器人手机”的比例。

这个结果让诺基亚大吃一惊。从此，诺基亚在推广每一款中高档手机时，都不会忘记找分众。

（五）终极时速

从一个崭新的创意出发，到以一个年利润1亿元的公司身份登陆纳斯达克，分众只用了短短30个月。

这种“终极时速”，是如何成就的？

分众生逢其时，无疑是其中最重要的原因。正是因为广告主对原有广告模式的效率越来越不可忍受，液晶电视才在瞬间获得了广告客户的信任和认同。

由于开业之初就不幸遇到“非典”暴发，客户开发受到了一定影响，从月收入100万元增长到200万元，用了足足半年。“非典”结束后，分众的广告收入便迅速攀升，半年后月收入便飙升到了1 000万元。2004年初，广告出现“井喷”，分众在北京、上海、广州、深圳的广告全线爆满。

第二个原因，则是“幸运”地遇到了一个强劲对手的追赶。

他就是同为上海人的虞锋。虞锋比江南春年长10岁，在复旦大学哲学系受过7年的思辨训练，沉稳而敏锐；教过书，从过政，经过商，在中欧商学院读过EMBA（高级管理人员工商管理硕士），拥有广泛的社会资源。

虞锋看到楼宇电视后，便敏锐地觉察到其中的商机惊人。他无意中和一位读EMBA同学谈起此事，没想到这位同学说："江南春的液晶电视就是我给他生产的。你要吗，我也可以卖给你。"

如此巧合的机缘，坚定了虞锋的决心。他成立聚众，避开江南春在上海的锋芒，抢先到北京跑马圈地。此时，江南春在上海才刚刚起步了3个月。

按照江南春本来的计划，楼宇广告先在上海铺开，赚到钱后再投资北京，之后是广州、深圳，一步一个脚印。虞锋在北京的捷足先登，让他措手不及。显然，江南春不能容忍对手抢走自己的下一个战略重地，两个星期后，便不得不挥师进入北京。聚众也很快还以颜色，进入上海。两家公司在每栋写字楼上都互不相让，竞争很快白热化。

一栋写字楼的租金本来2万元就能谈下，可为了不让对方拿走，一方就拼命抬价，抬到20万元，最后自己也不敢要了；一方已经给广告客户谈妥了100万元的价格，另一方就会突然冲进来，报出30万元的低价——在相互捣乱的同时，成本急速上升。

2003年5月的上海，晴川历历，芳草萋萋，正是一年中最生动的季节，而江南春的心情，却阴霾得可以挤出水来。即使不算楼宇租金，每块液晶电视就要8 000元，1 000块就是800万元，可仅仅在上海4 000块都打不住。江南春手中的2 000多万元马上就要烧光了，他已经听到了资金链行将断裂的嘎嘎声。

一种出师未捷身先死的恐惧笼罩着他——难道又将重演上次投资网络游戏血本无归的惨剧?

那哗哗烧掉的每一分钱，都是自己辛苦挣来的。那不是钱在燃烧，而是自己的青春岁月在燃烧，是过去10年中苦苦打拼的无数个不眠之夜在燃烧。那些守更熬夜的艰辛，都在需要付款的厚厚账单上，被他的签字笔一一勾销……

江南春不知道，他的一举一动，一直都在一个陌生人的"监视"之下。他看到江南春总抱着一沓策划书步履匆匆，每天都要工作到很晚，而且每个周末都在加班，办公室里摆满了液晶电视，这些都让他对江南春产生了浓厚的兴趣。

这个人就是世界著名的风险投资公司——软银的中国区首席代表余蔚。软银和江南春的办公室同在上海顶级写字楼——兆丰世贸大厦的28层，中间只隔着一个洗手间。

在江南春马上弹尽粮绝的时候，余蔚敲开了江南春的门。

“你是想赚点钱就满足呢，还是想做一个伟大的公司?”余蔚劈头就问。

“当然是做一家伟大的公司!”尽管公司前景生死未卜，但江南春绝不肯让隔壁的邻居小瞧了自己。

“既然你有宏伟的愿景，那我们就谈谈吧。”

余蔚问分众究竟在做什么业务，江南春便大谈当前广告模式的弊端，以及自己的理念。

一番话说得余蔚将信将疑。“你能不能提供一个权威数据，说明一下这个市场的规模?”余蔚不太懂广告，他关心的是自己的投资回报率。

江南春拿不出这样的权威数据，事实上，这个世界上那时也没有这样的数据。他只能给余蔚讲一个故事。

“一个典型的都市白领，大概只有8小时在家，其中有1小时看电视，而看广告的时间是5分钟。这5分钟创造的广告市场是多大呢? 500亿元。如果我能把户外电视广告植入他其余16小时活动的各个接触点上，也能让他看5分钟广告，市场有多大呢? 也许没有500亿元，但50亿元肯定没问题。”

这个说法打动了余蔚。不久，江南春的口袋里便多了软银的2 000万元风险投资。有了这笔钱，江南春一边加速在上海和北京与对手竞争，同时奔赴广州和深圳开辟市场。

在江南春融资7个月后的2003年12月，虞锋得到了第一笔融资，随后也追到了广州和深圳。2004年4月，江南春第二次融资拿到1 250万美元，业务铺向全国各大城市，5个月后，又被第二次融资1 500万美元的虞锋追了上来。

2004年11月，江南春第三次融资3 000万美元，并最终于2005年7月在纳斯达克上市，融资1.72亿美元。此时，虞锋又融资2 000万美元，仍在后面穷追不舍。

正是在虞锋的不断追逐下，江南春才不得不一路狂奔，最终创造出“终极时速”。

在分众和聚众的赛跑中，资本的力量功不可没。这也是江南春速度神话的第三个原因。同样重要的是，江南春在第一次融资时，便欣然接受软银的要求，按照国际通行规则，再造了公司的管理平台和治理结构。他把分众的财务、人力资源、行政管理等后台工作，全部委托给软银打理，尤其是财务，完全按照国际准则办，这为后面的融资和上市带来了意想不到的好处。

在不断引入风险投资的同时，江南春还充分利用了其他城市众多企业的资源。2003 年，江南春受资金限制而无暇他顾。他通过特许加盟，把分众推向了全国近 50 座主要城市。2004 年待资本充足后，江南春便一一收购了这些加盟企业，既没有失去市场，也没有错过时间，一举两得。

10 年广告代理生涯，让江南春认识了大批经营广告的媒体职业经理人，他们中的很多人从江南春的手中接过大笔的广告。在分众高速发展而人手严重不足时，江南春挨个给他们打电话：“朋友们，你们还我人情的时候到了，赶紧来吧。”

分众开出的期权、良好的发展势头，再加上对江南春多年的信任，促使一大批人才疾驶援来。这个不断会聚的精英团队，保证了分众的高速发展。

“人的占有率就是市场占有率。只要你聚集了业内最优秀的人，这个世界便是你的。”江南春对自己的这个理念深信不疑。

（六）浪漫的理性

2005 年 7 月 14 日，江南春走出纳斯达克交易所，在门口的巨大液晶屏前站定，脸上挂着灿烂的笑容。他摆出个高举大拇指的造型，刻意让同事为他拍张照片留念。

可这张照片根本不能反映江南春的心情。

此时，他的老对手虞锋正向他发动着空前猛烈的进攻。纽约与上海之间 12 小时的时差，让他不得不在一小时工作一小时睡眠中交替转换，一边揉着惺忪的眼睛，一边用手机遥控国内的作战。

再次融资2 000万美元的虞锋，用一轮最猛烈的攻势迎接了从纽约归来的江南春。此时，他还悄悄运作着对做中高档公寓楼里电梯海报广告的框架媒介的收购，以扭转被动的市场形势，并向纳斯达克加速冲刺。

这个消息让江南春紧张了起来。

框架媒介之前曾主动找过江南春，但他当时正忙于推广自己的卖场广告，根本没有精力也没有财力旁顾。就在短短的几个月内，框架传媒已经收编了全国的同行，实力今非昔比。

此时，分众虽然比聚众有着明显的市场优势，但如果框架媒介落入了聚众的口袋，则分众的优势便会瞬间化为乌有，后果不堪设想。

2005年10月，江南春咬牙以现金加股票共1.83亿美元的代价，从虞锋的手中抢走了框架媒介。

这几乎让虞锋陷入了绝境。如今，分众的业务已经形成楼宇电视、卖场电视和电梯海报三足鼎立的布局，而聚众只有楼宇电视一项业务独立支撑。

在进行惨烈战争的同时，另外一幕大戏也在悄悄地进行着。

继续进行你死我活的竞争意味着什么，江南春、虞锋和他们背后各自的风险投资商们都明白。在资本方的撮合下，2005年9月，两人乘同一个航班来到香港，商讨分众并购聚众的可能。

在维多利亚港湾旁的一栋写字楼里，刚刚用手机向自己的“将领”们下达了新一波猛攻指令的江南春和虞锋，第一次面对面坐在一起。窗外的海湾，流淌着阳光，一艘艘远洋轮，拖着被劈开的波痕，在蓝色的海面上缓缓远去。

这对老冤家带着微笑和尴尬，握手坐下，然后便不约而同地赞扬起了对手。江南春称赞虞锋与资本的谈判能力比自己强，每次的融资代价都比自己合算；虞锋则称江南春对于广告业的感觉让自己望尘莫及，就是与国际顶级广告机构相比，也毫不逊色……

相互的赞扬都是真心的。因为他们都知道，彼此能坚持到今天，都不容易。

这是一种棋逢对手的惺惺相惜。这次谈话持续了两个多小时，但在最关键的并购价格问题上，二人的底线相差太大。彼此的战争仍在继续。

转眼又过了两个月，纳斯达克通过了聚众递交的第三次招股说明书。江南春坐不住了，他明白这意味着聚众上市也进入了倒计时。聚众一旦上市，他们之间的竞争将永无宁日，股价也都将大受影响。携程和艺龙股价的双双低迷，就是先例。

江南春又和虞锋坐在了一起。分众收购聚众，江南春最高愿意出 3 亿美元，虞锋的底线却是 3.5 亿美元，双方僵持不下。

突然，虞锋做了个深呼吸，动情地说："一个人活着，总有梦想。亲手敲响纳斯达克开市的钟声，就是我多年的梦想。现在你却在劝说我撕碎自己的梦想。"江南春则回答："其实纳斯达克并没有什么钟，那只是一个按钮，我去按过，一点都不好玩。"

最后，两个气质浪漫、行动却无比理性的文科生各退半步，以 3.25 亿美元握手成交。

（七）江南春梦

分众和聚众之间的恩怨烟消云散了。合并后的分众，垄断了国内楼宇电视 98% 的份额。在中国最重要的 70 多座城市中，一线城市月收入超过 3 000 元，二线城市超过 2 000 元的都市主流人群，几乎全在分众的 7 万块液晶电视的覆盖之下。这是一个总数多达 1 亿的庞大人群，他们强劲的消费能力，让 3 万多个广告客户聚集在了分众身边。

在楼宇电视"一统天下"后，2006 年初，江南春开始提出另外一个概念，那就是"打造生活圈媒体群"。

"对中国的广告业，这几乎又是颠覆性的。"江南春带着他一贯乐观的口吻告诉记者。按照他的设想，目标消费者一大早乘坐公寓电梯下楼，到写字楼上班，在高级酒店、咖啡吧，在高尔夫俱乐部，在超市、美容美发院，直到晚上回到住所公寓的电梯内，无时无刻不接触到分众的广告。

江南春用了两个战略向这个目标挺进。

第一个战略是“更多覆盖”。除了覆盖写字楼的楼宇电视和覆盖公寓的电梯海报广告，2005年初，江南春又投资建设卖场电视广告。当前，江南春正在与国美、苏宁等几大家电零售巨头洽谈合作，建设家电销售的广告网络，其商业思路与卖场广告如出一辙，目的还是“更多覆盖”。

另外一个战略则是“更多细分”。目前，在写字楼外，分众的液晶电视还覆盖着全国1 000家医院和3 000家药店，它们可以联成网络，专门服务药品和保健客户。中国现有270个高尔夫球会，其中200个球会在分众的覆盖之下，这些地方就非常适合播放奔驰汽车等高端广告……受众被分得越细，客户投放广告的效率也会越高，分众也随之越有价值。

在这两种战略思路的指引下，江南春又发现了一个巨大的金矿，那就是手机广告。目前，分众已经宣布全面进军手机广告市场。

中国已有4亿手机用户。这首先很符合“更多覆盖”的要求。其次，每部手机的背后，都对应着一个综合的数据库，能对其主人进行“更多细分”——手机的款式、通话频率、国内外漫游次数、是否手机上网，以及喜欢登录哪些网站等，这些信息都能让分众对手机的主人进行细分，然后有的放矢、投其所好。最让人兴奋的是，这些手机每时每刻都伴随在主人身边，而且不需要分众掏一分钱。

说到这里，江南春突然焕发了诗人的激情。

2000年时，白花花的尸体漂满了互联网的海岸。谁能想到，几年后，这里便摆满了首富们的桂冠。

“手机广告也是这样。我们已经花了整整一年的时间和大笔资金，把手机广告市场的运作模式研究透彻，那就是——”

说到这里，江南春戛然而止：“哦，对不起。具体的思路现在还不方便透露。”

顿时，那个校园诗人不见了，一个精明谨慎的上海商人，又坐在了我们的面前。

张艺谋：他和他的老板兄弟

这注定是一部多灾多难的影片。

2003年4月，《十面埋伏》摄制组100多号人即将启程赴乌克兰开机。“非典”突袭北京，开机时间被迫一拖4个多月，直到9月初最终成行。然后是张艺谋倾心种植的“视觉花海”变成了萋萋荒草；然后是男主角金城武受伤，女主角梅艳芳逝世；然后是乌克兰的冬天提前到来……《十面埋伏》的拍摄进程几次被迫中断，2004年1月，张艺谋在空前的精神压力下撑完最后一个镜头。

2004年7月10日，张伟平投资2 000万元的《十面埋伏》首映式在首都工人体育馆举行。演出当天，一场北京市10年未遇的暴雨突然降临，市政设施几乎瘫痪。但为了一睹传说中的超豪华庆典，上万观众依然准时赶到，头顶瓢泼大雨，下坐冰凉板凳，为盛大而精彩的晚会激情呐喊，群情激昂。同样在暴雨中激动不已的张伟平，“从现场的热度里触摸到了票房的温度”。

1个月后，当记者来到北京新画面影业公司采访时，放映18天的《十面埋伏》国内票房已达1.5亿元，海外版权收入2亿元。董事长张伟平告诉我们，这一票房成绩是在遭遇盗版和媒体普遍负面报道的“埋伏”后取得的。

据国家电影总局公布的统计数字，稍早于《十面埋伏》在国内上映的好莱坞大片《后天》和《特洛伊》，票房收入分别为7 000万元和5 000万元；而在2004年上半年国产影片票房排行榜上，前50位国产影片的票房总和为1.08亿元，不敌《十面埋伏》18天的收入。

平凡的数字背后有着不平凡的故事。一个商人和一个艺术家，是以怎样的

方式携手同行，实现了中国电影产业化振兴的一次经典跨越？

（一）女人和友谊

1977年，19岁的张伟平从沈阳来到北京，顶替去世的母亲进入北京第四人民医院，做了一名药剂师。

药剂师一做就是10年。此后，外资企业蜂拥进入中国，张伟平跳槽至西门子公司北京代表处，任商务部经理。随后他娶妻生子，呼朋唤友。与生俱来的豪放性格，令其在诸多领域人脉广泛，信息通达。

信息通达的人常常感到很痛苦，因为眼看着“海”里漂着浮财，而自己却天天在岸边喝酒。1990年，张伟平终于忍不住了，他拿出外企高薪所得的积蓄十几万，与两位朋友合资40万，“下海”成立公司，做房地产。

这是一段亏钱比赚钱还难的岁月。张伟平告诉记者：“20世纪90年代初，全中国的房地产都是草寇式操作，同时绝对暴利：首先拿土地不要现金，你有一个计划书，完成一个审批手续，你的地就可以批下来；拿到土地使用证后，就可以请设计师，设计师的钱也是秋后结账；图纸一画出来，你再盖一个样板间，就可以卖楼花收钱了。”

资金像滚雪球一样滚了起来。此后，张伟平还投资了诸如航空食品、医药代理一类的企业，也是不声不响、稳稳当当。1993年，有钱人张伟平开始想为自己置办一点固定资产，于是拉着一个贴心贴肺的哥们儿陪同，来到正在卖楼花的北京阳光广场样板间看房。哥们儿溜达来溜达去地摇头：真正的房子肯定修不到样板间这样好，细节做不到。张伟平没顾上他的提醒，而是忙前忙后地排队交定金。瞧这盛况，说不定一个星期后就得涨价。房子买了下来，3年后，它成了两人共同的公司所在地。

这哥们儿就是张艺谋——当时已经因《红高粱》《大红灯笼高高挂》《秋菊打官司》等电影红透世界的中国导演。

张伟平就在他买下的房子里，给记者回忆他和张艺谋是如何因女人而相识的：

“那是 1989 年吧！那时候我是个地地道道的电影盲，在外企工作的太太却是电影迷，《红高粱》全国播映后她就成了巩俐的影迷。有娱乐圈的朋友举行家庭 Party 邀请我们参加，同时还说邀请了国内一大帮明星、导演什么的，其中包括张艺谋和巩俐。

“我对电影没兴趣，不想去；据说艺谋不爱凑热闹，当时也不想去。后来我是陪太太去了，他是陪巩俐去了。两个大男人在这种场合都沉默寡言，显得很不入流。吃完饭后，艺谋要提前告辞，我正好无聊就开车送他，奇怪的是我们在车上却聊得十分投机。10 天之后，巩俐打来电话，请我和太太到他们家打麻将。”

交往就此开始。女人拉家常，男人侃社会，“性格脾气秉性，做人做事，一聊起来就发现在一个平台上”。张艺谋话少，张伟平话多；张艺谋常有艺术家的偏执和激情，张伟平常拿些世俗生活的常态来调剂。张、巩二人在生活上都呈“白痴”状，而且行踪不定，于是在北京一有什么问题就赶紧找“伟哥”（巩俐对张伟平的称呼），而“伟哥”总是热心热肠神通广大，让人信任和放心。

这为他们此后关于电影的合作打下了基础。

但仅有这样的基础显然并不够。多年来中国电影圈呈现的生态是，制片人和导演没有合作之前是朋友的；但合作之后出现矛盾甚至成为“仇敌”的，达 90% 以上。导演是花钱的，制片人是给钱的；花钱的总是希望花得越多越好，给钱的希望给得越少越好——天生的角色矛盾，一个心态和细节处理不好，擦枪走火就在所难免，整部电影甚至整个公司就会砸锅。

所以更重要的是，从 1989 年到 1995 年，张伟平和张艺谋长达 6 年的纯粹友谊，令彼此将对方看得非常清楚——从人格上、利益上和做人做事的方式上。于是，在 1995 年至 2004 年近 10 年的时间里，张伟平和张艺谋才有可能成为中国电影界合作时间最长、最令人眼红的“黄金拍档”。

而合作的缘起却是张艺谋的“情变”。1995年，张艺谋和巩俐拍完电影《摇啊摇，摇到外婆桥》之后，巩俐突然提出分手，并很快嫁给香港商人黄和祥。张、巩之变引起业界大哗，因为多年来张艺谋所致力打造的就是巩俐的品牌。品牌就是票房焦点。票房焦点消失了，张艺谋的电影还有市场吗？

果然，海外投资商迅速对新筹拍的《有话好好说》2 600万元的投资提出异议，准备只给1 000万元了。张艺谋经过痛苦思考，断然和投资商解除合作协议。

此时，张伟平已经是北京小有实力的房地产商，看见“老哥们儿”受委屈，拍案而起：“我投这部电影！”

张艺谋听见这个从不看电影的人说这话，吃了一惊，说：“这事你行吗？再考虑考虑吧！”

“不用考虑，我帮你。”

“那，我给你看看剧本？”

“不用，你是专家，你认为行就投。”

半个月后张伟平说服合作伙伴，停掉一个房地产项目，将2 600万元现金划到了《有话好好说》的名下。

（二）品牌张艺谋

有钱开工，顺风顺水。几个月过去，电影快拍完了，张艺谋找到张伟平：“下一步怎么办？”张伟平云里雾里：“什么下一步？资金不都到位了吗？”张艺谋大急：“电影拍完了还要发行啊！不卖出去怎么收回投资？”张伟平一拍脑袋：“哦，还要发行！”

《有话好好说》的发行就这样“脚踩西瓜皮”仓促一溜，毫无章法套路地开始了。尚幸张艺谋在海外市场威名赫赫，很快欧洲最大的电影公司法国高蒙的副总裁亲自飞到北京，约张伟平及太太吃饭兼谈判。

谈判很顺利，合同几乎都要敲定了；然而吃饭吃得很憋气，法国人“舍我其谁”的傲慢令张伟平食不下咽，最后终于拂袖而去。第二天，张伟平甩手就把海内外发行权给了国内一家刚刚成立的影视公司。

这家影视公司在支付了800万元国内版权费之后，就再也没有下文，因为海外市场对他们而言鞭长莫及，始终做不进去，最后时机又被耽误了。张伟平投资回收还差一大半，此刻在何去何从的问题上，却不禁踌躇起来。

根据合同，张伟平一起诉，就能拿回自己所有的投资，甚至还能赢利。然而官司一打，“张艺谋离开巩俐后的第一部电影做砸了，海外没卖出去”的新闻，一夜之间就会挤爆娱乐媒体的头条。如此一来，帮朋友岂不成了害朋友？

这当然不是张伟平的风格。他撕掉了合同和起诉书，把电影拷贝搬回家，“挂起来自己慢慢欣赏”，并私下里认为自己功德圆满了。

然而一部电影亏掉朋友1 000多万，张艺谋心中的歉疚可想而知。更重要的是，谁还会在这个时候给他投资呢？张伟平一看这阵势，那不是自己还得做下去吗？如果此事成为一个长期行为，那就得好好思考一下怎么去做了。

1996年岁末，张伟平约张艺谋在北京民族饭店谈下一步计划。等待的时间，张伟平随手拿起一本杂志，看到有人写关于巩俐的文章：“钻戒珠宝因为戴在巩俐身上而幸福发抖，宝马香车因为亲近了巩俐的肌肤而欲入博物馆。”当时巩俐之红，堪称红遍全球。然而巩俐越红，离开巩俐后的张艺谋就越不顺。张伟平突然福至心灵——我们不应该再去创某某明星的品牌了，而应该创“张艺谋”三个字的品牌。我们要让全世界都知道，张艺谋才是电影的灵魂，演员只是亮点；凡张艺谋的电影，离开了谁都可以，用谁演都能成功！

这一年，张伟平投资1 000万元注册北京新画面影业公司，自任董事长，张艺谋任艺术总监。新画面影业公司宣布一年里同时投拍两部由张艺谋执导的电影：《一个都不能少》《我的父亲母亲》。两部电影都决定一个明星不用。

张艺谋从中央戏剧学院表演系挑了一个叫章子怡的学生——唯一的表演经历就是拍了一个“京酒”的广告，而且只露了半张脸——做《我的父亲母亲》的女主角；然后去遥远的农村，选来一个完全没有表演经历的魏敏芝，做《一个都不能少》的女主角。

结果两部电影都拍出了“让人心灵震撼”的效果，在国内外引起巨大轰动，魏敏芝甚至一举获得威尼斯电影节最佳表演奖。市场效果也很好，新画面公司因此拿回了前一部电影亏掉的资金。“更重要的是，因为这两部片子，‘导演是电影的灵魂’才开始被业界公认，张艺谋的品牌才真正得以奠定。”有媒体如此评论道。

这两部片子的合作令张伟平对张艺谋有了新的认识：“他是一个完全为电影而活的人，我越来越相信他对电影的感觉和才能，国内无人可比。于是，我给新画面影业公司定了一个新的使命——完全为张艺谋的电影而存在。”

合作由此进一步定型。在包括司机、秘书在内一共只有16个人的新画面公司，张艺谋具有极大的决定权，比如影片投资额大小、演员阵容的组成，等等，并对每一部电影的收益拥有提成。而除导演以外的所有事情，都归张伟平打理。他甚至把两个人的分工比喻为“一个是种萝卜的，一个是卖萝卜的”。

然而，“种萝卜”和“卖萝卜”的关系一直维持了近10年，张伟平认为其核心还不仅在于外在的合作结构，更在于内在的绝对信任：“艺谋是一个有强烈敬业精神和道德责任感的人，而他也相信我是这样的人。比如在拍摄《一个都不能少》的时候，整个摄制组吃住行全部在山区，没有发票，只有白条。十几箱的白条，好比一个良心账，如果不是双方绝对的信任，稍微有一点怀疑，你看着这些白条就会像看着一堆问题。”

所谓“近朱者赤，近墨者黑”，渐渐两人从观念上也开始相互影响。比如，张伟平常向张艺谋喋喋不休这样的观点：在中国做电影你一定要跟政府合作，要去发现当代中国社会的精神需求；你不能觉得你是多大的艺术家，是世界级的电影大师，就可以不顾中国的国情；美国不也有电影审查制度吗？他们宣扬的，不也是一种美国精神吗？张艺谋慢慢点头，并逐渐从一种压抑扭曲的文化心理状态，过渡到明亮、舒展、民族的文化心理上来。

而张伟平说：“少一些商人味儿，多一些人性味儿，少一些做作，多一些本色，是我从张艺谋身上学到的人生最大的财富。”

（三）从文艺片到商业片

世纪之交的中国电影，各种圈内外加身的荣誉，掩盖不了一部部影片票房低迷的尴尬。

以艺术家自居的导演们一方面依赖商业，一方面又反感商业；一方面四处寻找投资，一方面又拿了钱就拍一个少数“精英”才看得懂的“高雅艺术”。于是投资商纷纷破产，电影院越来越冷清，导演们越来越清闲。常在海外奔走的张艺谋认识到，如何从“小众电影”向“主流电影”转型，是中国演艺界在新世纪面临的一个重大课题。

转型则必然遭遇阵痛。2000 年，新画面公司投拍的主流电影《幸福时光》，盘点下来又赔了钱。

当然，转型也需要机遇。2001 年，美国导演李安执导电影《卧虎藏龙》，全球票房大获成功，并一举夺得奥斯卡最佳外语片等四项大奖。这让张艺谋看到了中国古典武侠片经过商业包装后的巨大魅力。

《卧虎藏龙》的制片人之一江志强是张艺谋的朋友。张伟平、张艺谋、江志强匆匆聚在北京一合计，决定复制《卧虎藏龙》的成功模式，打造一部地地道道国产的商业武侠片——《英雄》。这也是张艺谋从主观意识上，第一次以“纯商业片”定位自己执导的电影。

对他来说，这是一件充满风险故而需要绝对自信的事情。首先，他需要重新疏导自己的观念：商业片是什么？不是叫好不叫座，而是必须叫座，哪怕叫好的声音微弱点。那么，什么样的电影才会叫座？全世界只有一个标准——好看，而且是让最大范围的观众，从 5 岁的孩子到 80 岁的老人都觉得好看。那么，怎样才能好看？好莱坞的经验告诉他们，必须是大投资、大制作、明星阵容、视觉冲击……

其次，每一个操作的环节都要贯穿商业意识。比如投资如何降低风险，国外成熟的商业片操作手法就是融资：自己投一部分，绝大部分是国外的风险投资，而且剧本都要让国外投资银行认可。如此一来，《英雄》的投资额度在得到 3 000 万美元的风险投资后，飙升到 2.9 亿元人民币——尽管还不到好莱坞大片的 1/5，但已是中国电影史上史无前例的投入。

又比如如何判断市场重心，《卧虎藏龙》全球票房达十几亿元人民币，然而在中国大陆由于盗版猖獗，票房并不理想。可以想象，《英雄》的主要收入还是在海外市场。那么该片在“生产”过程中，就必须较多地顾及欧美观众的欣赏习惯。

而商业片成功与否还有一个最根本的环节，就是营销。电影如何营销？尤其是在中国如何营销电影？这是张伟平最关心的问题。因为根据协议，海外市场的营销和收益，都由江志强代表风险投资方操控，国内票房才是新画面公司盈亏的关键。

要营销就必须先了解市场现状。2002 年底，《英雄》拍摄完成，张伟平在新画面公司 60 平方米的小会议室连续开会，向有关人员分析收益渠道和市场现状，主要观点概要如下：

国内市场收益主要有三个方面：总票房的 40% 归新画面公司，贴片广告，出售音像版权。

问题也有三方面：首先，电影作为非必需消费品，观众的关注率越来越小，大家的娱乐方式太多了，不容易兴奋了。其次，国产电影的炒作方式太千篇一律，不是主要演员的花边新闻或丑闻，就是导演带着一帮明星走四方——大家见多了，不当回事了。最后，盗版猖獗。在西方，人们会认为周末的时候去电影院看场电影是一种享受；而在中国，人们习惯去租盗版碟，躺在自家沙发上廉价地把这事给办了。

那么营销的关键是什么呢？第一，手段要新鲜，要能真正引起观众的关注；第二，防盗版要不遗余力。

防盗版的事说来就来。由于参评奥斯卡奖的需要，《英雄》选择在深圳进行为期一周的公映。张伟平挑选了深圳一家刚建成尚未营业的影院，将放映厅里的天花板全部挑掉，以防止偷拍行为；同时每一位进场的观众，必须接受像飞机安检一样的程序。

盗版被彻底地遏制了，黑市上《英雄》的音像版权由此被炒到 500 万元，而此前中国电影音像版权最多也只卖到过 30 万元。这种形势下，张伟平再生一计：全世界没有一部电影是在公映之前出售音像版权的，而我们的策略是不仅要卖，而且要拍卖，起拍价 500 万元。

拍卖场不是谈判桌，拍卖场是赌场。全国的音像发行商在北京中国大饭店一较高下，《英雄》拍出了 1 780 万元的天价。媒体一阵爆炒，张伟平借势造势，斥资 130 万元在人民大会堂举行规模空前的首映式，中外 500 多家媒体应邀出席。

随后对张艺谋率领明星阵容的全国推广活动，张伟平也予以别出心裁的包装。他租用比尔·盖茨和联合国秘书长安南坐过的两驾公务机巡回各大城市。“这两架飞机每到一处，都成为当地媒体的报道焦点。”

张伟平出奇制胜的造势效果和张艺谋第一部武侠片的神秘号召，形成了具有强烈冲击力的组合。至 2003 年底，新画面在大陆市场不足 3 000 万元人民币的投资，获得了 1.3 亿元的回报（其中 2.5 亿总票房的 40% 为新画面所得，贴片广告 2 000 万元，音像版权 1 780 万元）。而在海外市场，仅北美地区的版权就卖出 2 500 万美元，票房突破 1 亿美元。

一个更加令张伟平和张艺谋开心的数字是，2003 年国内所有上百部电影的总票房为 5 亿元，《英雄》一部就占了半壁江山。

（四）“看《十面埋伏》去吗?”

2002 年 12 月 31 日傍晚，张艺谋和几个助手走出电影工作室。助手们要回家过年，张艺谋要找地方吃饭。

“导演晚上怎么过?”助手们离去之前问他。“我在大街上舞剑!”刚刚拍完《英雄》，正在构思《十面埋伏》的张艺谋，满脑子刀光剑影，满眼都是江湖情仇。

“导演真可怜，一个人过年。”

导演不认为自己可怜，他开车去了编剧王斌家，和王斌、李冯在街边吃了63块钱的“大餐”，又回到王家侃剧本。凌晨4点，一个“革命性的细节”诞生了，张艺谋眉飞色舞甚至手舞足蹈：“飞刀门的大姐对小妹说，千百年来，江湖都是男人的江湖；现在，我要让它成为我们的江湖……大姐将是整部影片的灵魂人物，这个角色非梅艳芳莫属。”

可惜梅艳芳最终没能如张艺谋所愿，她在约定赶赴剧组的前夕去世。2004年1月，张艺谋千辛万苦、一波三折地拍完《十面埋伏》最后一个场景，回到北京对着纪录片镜头，说了一句感人肺腑的话：“我不能说我是中国最好的导演，但可以说我是中国最勤奋的导演。”

“中国最勤奋的导演”的压力是显而易见的。《英雄》是如此的成功，但观众又是如此的目光炯炯，因此张艺谋绝不能有和别人相同的破绽。

比张艺谋压力更大的是张伟平。由于《英雄》的票房神话，新画面公司有实力承担了大部分《十面埋伏》的投资。“但《英雄》的标杆在那儿，你得超越它——从推广模式到市场效果都需要超越。而且试图模仿它的电影很多，没有一个成功的。”张伟平认识到，电影营销是一门高度需要创新的艺术。

不过后来的事实证明，在营销创新上，张伟平有着不可思议的、近乎癫狂的想象力。而他的自我评价则是，这些做法，完全来源于对电影市场消费者心理的研究和把握。

《广州日报》曾这样描述张伟平的“《十面埋伏》营销学”：

……第一招的使出是在拍摄期间，招式叫“越神秘越紧盯”，抓住了人们对神秘事物的好奇心理。自进入拍摄状态以来剧组就对外彻底封锁了消息，不管记者们如何打探也不肯透露半点口风，最后逼得有些记者变成“特工”，将正常的采访变成偷拍。就这样在模模糊糊、朦朦胧胧的状态下，《十面埋伏》成了人们心中最想揭开的谜。

第二招是在戛纳电影节使出的，招式叫“距离美”。《十面埋伏》的首次露面没有选在国内，而是选在了万里之外的戛纳。在全球5 000多名记者面前，剧组成员在电影放完之后登台亮相，他们露出的微笑传到了世界的每一个角落。远隔万里的国内观众，远远地看见那些魅力无限的微笑和赞美的报道后，渴望近距离一睹《十面埋伏》的心情也就格外迫切起来……

然而，在张伟平看来，前两招都是“吊胃口”，最后一招才是真正的临门一脚：他决定投资 2 000 万元做一个首映式，让它变成一个“前无古人”的电影文化群众运动。

要让观众参与！

2004 年 6 月，张伟平把张艺谋拉到新画面公司会议室，支起一块大大的演示屏幕；他和从中国香港、中国台湾、英国等地赶来的音响师、灯光师、晚会组织专家一道，第一次向张艺谋详细地解释他的首映式方案。张艺谋说：“这是中国电影史上没人想过也没人做过的事情。”

2004 年 7 月 10 日，主会场设在北京工人体育馆的首映式，于狂风暴雨中拉开帷幕。这台仅导演组就达 200 人的超级经典晚会，以张艺谋和《十面埋伏》为中心思想，以 20 多位国内外一线歌星影星为内容，以最豪华大气的现场形式主义，首先镇住了见多识广的北京市民，“那是一场 10 年来北京市最有现场激情的晚会”。

晚会还在上海、广州、深圳、厦门、成都、宁波设立分会场，通过租用卫星向六个分会场同时发送现场直播信号。这又是个具有极大冲击力和空前关注率的做法。

同时张伟平免费将实况转播权授予了全国 200 多家电视台，由此形成了一次真正的全民推广。根据收视统计，全中国共有 7 亿人通过电视收看了这场晚会。

《十面埋伏》尚未公映就成了一个文化事件，成了人们街谈巷议、茶余饭后的一个话题。“看《十面埋伏》去吗？”成为那几天中国人的时髦问候语。

一个星期后，《十面埋伏》公映；18 天后，国内票房突破 1.5 亿元。

紧接着盗版蜂拥而来。

紧接着媒体的讨伐声蜂拥而来。

◎链接

对话张伟平

记者：你和张艺谋自从转拍商业片以来，尤其是《十面埋伏》播映之后，可以说这些天你们是经历了一场“投枪和匕首的战斗”，当然也有“坚决捍卫”的声音。然而看上去你似乎并不在乎这些说法？

张伟平（以下简称张）：不是，我很在乎，但在乎有用吗？媒体一批判，第三天票房就哗哗哗下跌，从远远高于《英雄》到远远低于《英雄》。再创国内票房奇迹的想法不可能了，已经是既成事实了。

张艺谋的电影好不好，是一个人的认识能力的问题，有时候也是一个人的文化习惯和价值观的问题。国外的院线老板没有听见我们的宣传，都是看了片子再买版权，比国内卖得还好。难道他们如此丰富的票房经验，会眼睁睁看着一部烂片上映？所以今后我们会坚持我们做电影的原则：观众、票房才是硬道理，而不是媒体或某某专家是硬道理。

记者：现在看来人们的争议主要集中在两点：一是从拍摄上，有人认为张艺谋背离了电影的艺术精神和艺术追求；二是从营销上，有人认为你透支了张艺谋的电影信用……

张：先回答你的第一个问题。讲一个故事：有一个艺术家狂热地爱上了一个“完美的女人”，可是有一天他发现了一个可怕的事情，几乎要疯掉。原来他的爱人要上厕所，而且，天哪，太难以置信了，她居然要大便。这就是人们的心态：张艺谋居然这么庸俗这么商业，拍电影竟是为了阿堵物（钱）。可是我要反问的是，没有阿堵物，你艺术得下去吗？我认为张艺谋敢旗帜鲜明地拍商业电影，这恰恰是他长远的艺术责任感，同时还包括他的勇气。

关于透支电影信用，首先这个说法不专业，它根本就不懂市场对于电影的重要性。如果我们不采取这种大规模的市场推广方式，大家都看见的，中国电影市场还有救吗？全球都知道，电影是一个国家的文化表达、文化名片。好莱坞大片一般要拿出总投资的40%以上作为宣传费，它透支了吗？没有，它繁荣了。韩国政府为了抵制好莱坞“文化侵略”，规定全国电影院每年162天必须放国产片，于是韩国的电影也繁荣了。

如果你很优秀，照中国的传统美德，是要收敛，而不能放开大嗓门吆喝。可这是商业社会，“酒好也怕巷子深”。而且从大艺术的高度，艺术的目的是提升、影响和娱乐民众。你高高在上离民众那么远，你的社会意义就实现了吗？这就是我的看法。

记者：据说中国电影集团共有2 000多人，而你们新画面公司是16个人，创造的产值却不相上下。所以国家电影总局对你们赞赏有加，评价你们是中国电影的一个新的出路。但又有人说，你和张艺谋这种合作的模式可复制性很差，你认为呢？

张：这种模式是否能够复制，那要看缘分。但观念是可以复制的。我和艺谋共同的认识是，电影要成功，你必须是一个艺术家与计算器的综合体，或者换句话说，你必须明白艺术转化为商品的另一门艺术。我认为这就是中国电影的出路。

记者：概括来讲就是走向市场，走向商业？

张：是。

记者：那么从操作上怎么去做？

张：观念的问题解决了，操作的思路就很清楚了。无非是用商业的手段进行中外文化产品的角逐，首先打破国外大片无对手的状态，然后逐步树立本土电影的本土强势地位，以及走向世界的问题。同时还要学会打一场行业与行业的战争，就是用电影的魅力和电影的营销，去击败同质化的生活方式，什么电视、游戏、麻将、旅游夜总会，等等，把观众重新拉回电影院来。

电影营销是一个很专业的课题，《英雄》和《十面埋伏》都只是刚刚开始。比如，好莱坞很多大片票房收入只占总收入的20%，80%来自非银幕营销，就是电影的“后产品开发”。所以我们还有很大的空间。

记者：你现在的主要精力都在新画面吗？

张：是的。

记者：其他产业呢？

张：运行很平稳，不需要太多精力。

记者：你如何评价你现在的角色？

张：应该说我更喜欢我现在的角色，这也许是我的天性。

严格来说，我不是一个合格的商人，因为我很性情化，对商业利益的判断有时候并不是很准确，喜欢凭感觉，喜欢“谋事在人，成事在天”地去决策。我也没什么大志，只想好好和艺谋合作做点事情。有时候也感到自己很累。电影作为一种特殊的文化，它的风险非常之大，需要整合方方面面的资源，一个环节出现问题，这部影片就可能全歇了。而且做电影和做房地产不一样，房地产做砸了，房子还在那里，8 000元卖不出去我5 000元卖；电影做砸了，几千万资金就只剩下几卷拷贝，除了放给自己看，一文不值。

记者：现在是不是很后悔当年你太太拉你去参加那个Party？

张（大笑）：不，我很幸运，是张艺谋让我成为中华文化全球复兴的参与者。

记者：中华文化全球复兴？这倒是一个很激动人心的概念。

张：是的，中华文化全球复兴。你会在我和艺谋接下来的一系列影片中，看到我们如何不断地用商业的手段，去推动这一高尚的诉求。

记者：祝你成功，祝你和张艺谋的合作健康长寿！

张：谢谢！一定会的。

王长田：光线的十亿个掌声

2011年8月5日，北京一个普通的夏日午后。此前的一天，光线传媒登陆创业板，开盘价为70.88元，较发行价52.5元大涨35%，光线传媒创下80亿元市值，王长田身家也飙升到41亿元，成为民营电视制作领域的第一富豪。

王长田曾说要打造中国的时代华纳，几乎没有人信；他坚持不做奖项交易，要将音乐风云榜打造成中国格莱美，也几乎没有人信。他似乎总是憋了一嗓子。如今光线传媒风光上市，13年，王长田“熬”出了掌声一片。

光线上市，是王长田一个公开的梦。13年，当他从可以确定的传媒生涯转向不确定的创业之路时，很多人都为其捏把汗。王长田面临的不确定，既是电视业制播分离从趋势到落地的过程，也是企业发展是通过不断融资迅速催大还是精打细算按自身逻辑成长的抉择过程。

在做《娱乐现场》时，王长田说要打造中国的时代华纳，几乎没有人信；他坚持不做奖项交易，要将音乐风云榜打造成中国格莱美，也几乎没有人信。他似乎总是憋了一嗓子。

13年来，民营电视行业实在像是一片稚嫩的草原，既要承受市场的马蹄，更要面临政策的风云突变。包括光线传媒、欢乐传媒、派格太合、唐龙国际在内的民营电视四大门派，有三家相继退出历史舞台；另一边，老被外界拿来与自己比较的华谊兄弟通过融资高速发展，而光线则因为王长田对公司价值的坚持，数次与资本擦肩而过。

从某种意义上说，王长田选择了非常“轴”的一条路。他坚持传媒娱乐的工业化的理念，而华谊则紧扣人和资本。虽然两条路殊途同归，但今天资本市场对光线的追捧，让王长田 13 年来的精打细算，以及对自身商业模式的务实打造有了回报。

今天的光线传媒股权集中，基本规避了“与明星分手”所带来的管理风险；集电视节目制作与广告、演艺活动、影视剧制作与发行于一体的业务矩阵，协同效应非常明显。而光线每天的节目制作量共计 6 小时，也让王长田成为一个没有电视台的“民间电视台台长”。

——王长田的故事，是一个文化人对商业实践和商业理想坚持的故事。

（一）去做记者吧

2011 年 7 月 17 日，王长田从梦中惊醒——又是那个场景。

初中的时候，自己被一群小流氓围堵搜钱，小流氓还强迫 3 个漂亮女生和他们断混。王长田说，在梦里他始终和小流氓们交战厮杀，拼尽全力。而这个挥之不去的梦魇，跟随了他很多年。

那时候，王长田从大连农村插班到县城中学。“当时总觉得自己一个人很孤苦，很弱小。城里孩子们知道的、看到的，我都不知道，虽然我学习成绩是班里最好的。”“那次身上 5 毛钱，被小流氓拿走 4 毛，剩下 1 毛放到我口袋里，说看你学习成绩好，给你留一点。”

“我属于那种内心的英雄主义者”，这是多年后王长田自己眼中的王长田。而在别人眼里，他温和、寡言，不够强悍，乃至缺乏企业家特有的那种征服欲。凡此种种，王长田听在耳里，扔在风中，一个人的内心世界有必要向全世界开放吗？没有必要。

“我七八岁的时候就会做火枪，开始是打火柴的，10 岁时做成带枪管装火药的，12 岁时改成粗枪管换弹壳的，可以伤人打鸟。那时去邻村看露天电影时我会带着火枪，不断幻想遇到阶级敌人的情形。我的小手指还留有当年装枪走火造成的伤疤。多年来我一直试图搞清这一经历对我一生有何影响，到现在仍是个疑问。”这是王长田某天偶然发出的一条微博。

40岁前，王长田遍读西方传媒链上所有大鳄的传记，他总能从中找到梦想被轻轻划燃的感觉，比如，他曾推崇维亚康姆集团的雷石东，当今世界最伟大的娱乐帝国里的商业智慧令他唏嘘；而40岁后，王长田不再读这些。“中国的传媒娱乐产业，与西方有着太多不同，自己的路要自己去走。”

光线的路自1998年起，经过13年跋涉长途，穿越荒漠，王长田自比为骆驼。“娱乐圈大哥做关系，天才做项目，玩家搞演员，骗子搞资本运作，既不是大哥又不是玩家也不是骗子的只好做骆驼。”

“骆驼”王长田是记者出身，记者之路自1988年正式启程，而王长田所受的职业启蒙却要追溯到更早以前。他的小学语文老师是一名知青，自己一辈子扎根农村，却希望学生去看更大的世界；中学的语文老师是一名文青，理想主义情怀甚浓；高中的语文老师有些愤青，希望学生能够做一些影响社会、改变社会的事。当然，三位老师都说过一句相同的话：王长田，你以后就去当记者吧！

他真去了。1984年，王长田顺利考入复旦大学新闻系。多年以后，那些入学代码为“8432”的复旦新闻系84级的学生们登上了这个国家的传媒舞台，其中包括《解放日报》的总编辑裘新，新浪网的首席执行官曹国伟，《南方都市报》总编辑曹轲等，甚至当年的指导员张力奋，也都离开校园出任FT中文网总编辑……

如今，他们还会时不时聚会。

（二）躁动

年轻时面临的选择看似纵横交错，回过头看，路其实都是单向的。

有些路你天生就没有兴趣，有些路你想走时为时已晚，还有些路，你已经走了一半，才发现此路不通。多年后，当王长田被看作新闻人职业生涯转型的代表之一时，很少有人真正理解他每一步冒险中的机会成本。

1988年，大学毕业的王长田本准备去中新社，殊不知被同学走了后门。最终，他被分配到全国人大常委会新闻局，负责对外新闻宣传和内部资料整理。虽然工作单位挂着“新闻”两个字，但工作内容毕竟和一线记者差距太大。在那里，王长田待了一年零八个月。

一年零八个月后，王长田偶然看到了《中华工商时报》的创刊号，相比当时刻板的经济报道，《中华工商时报》显得轻松可读。王长田上午看了报纸，下午便找到报社。在 20 世纪 90 年代初，放着中央机关的铁饭碗不要，偏要跳去一份新创刊的报纸当记者，这是王长田职业生涯的第一次“冒险”。

在报社，这位初来乍到的记者有两个明显的特点：一是很难记住人名；二是算账的能力非常强，对各种经济数据过目不忘。“记不住人名在一个关系就是生产力的时代很悲惨，当然我一直不认为关系是最重要的，这跟我的个性有关。”在报社，王长田偏好“雷达表的中国攻略”，以及 EMS 与 DHL 之间的商战类作品，3 年后他升任市场新闻部副主任。

邓小平南方谈话引发热潮，1993 年，一批更贴近读者的综合性都市报开始崛起，媒体竞争变得激烈。此时的王长田经不住“下海潮”的拍打，他婉拒报社领导劝阻，竟然跑去东北卖起了涂料。放着工作不干，偏要跑去“练摊”，这是他人生的第二次“冒险”。

涂料卖了半年，王长田又重新回到报社，他还是习惯媒体的生活方式。只是时间很快又将他推向了一个全新的岔路口：第一条路通向香港，报社正在筹备收购一份香港报纸；第二条路通向仕途，为某国家领导人的儿子做秘书；第三条路则是突然出现的，一次偶然的机会，他见到了北京电视台的副台长吴天锡。

听说吴天锡要办一档全新的新闻栏目，王长田又按捺不住了。这是 1995 年，王长田的第三次“冒险”。也是因为这次冒险，王长田从纸质媒体转型电视媒体，从此踏上“不归路”。

1995 年，王长田住进了北京崇文门的一家小旅馆。住了 1 个月旅馆后，《北京特快》终于推出。因为节奏快、信息量大，一改颂歌式的新闻报道方式，该栏目很快成为当时国内最优秀的电视新闻栏目。

回过头看，王长田首先愿意去了解市场真正喜欢和需要什么，进而不客气地打破约定模式，制造有销售力的内容；其次，他也身患媒体人“这山望着那山高”的通病，新的浪潮打来，新的躁动便起。

当然，“躁动”这词，如果干差了叫浮躁，干好了便叫有激情……

（三）强行起飞，空中加油

传媒人创业为何难以成功？有人说记者看似见多识广遍地兄弟，创业初期朋友们可能会支持几单生意，但很快以同类成熟公司标准来要求你，换言之，关系不代表可持续的生产力。

其次，越是在传媒领域干得风生水起，越是习惯于文人的逻辑，这样的逻辑与商场是不兼容的。

1998年7月，王长田和北京电视台彻底脱离了关系。他拿出10万元钱与当时在《北京特快》时认识的4位朋友，成立了一家名为北京光线电视策划研究中心的公司。5位合伙人都有经济新闻背景，又懂得电视运营，因此一开始选择了做策划和出售创意。

1998年前后，策划业确实处于高热状态。专业的不专业的策划人脸上都挂着一副夸张表情，以云山雾罩的奇思妙想行走江湖，当时北京电视台的咖啡厅，总是被一群又一群的制片人和策划人围聚。

只是，做策划毕竟不是长远之计。在经历几次投标失败后，4位合伙人相继离开公司，剩下王长田一人苦苦支撑。而此时，传统的电视制播模式的弊病已显而易见，电视台自己投入很多去生产节目，可随着频道越来越多，节目时间越来越长，整体运作显得捉襟见肘。

大势所趋，但政策风险仍在，敢不敢赌？最终，王长田决定针对当时极度欠缺的娱乐资讯类节目，制作酝酿多时的《中国娱乐报道》（《娱乐现场》前身）。《中国娱乐报道》参考美国的节目“辛迪加”模式，自己制作节目，自己做发行销售。光线此举，是中国电视制播分离历史中最早的探索。

2 月招人，3 月开拍，4 月做样带，5 月媒体看片会，6 月开始发行。光线的发行人员开始一家家找地方台谈，但即使有电视台愿意花钱购买，一期节目最高不过上千元，而当时每期节目的制作成本都要上万元。

王长田虽然做好了心理准备，但创业初期的种种焦虑还是让他措手不及。虽然今天的光线可以在娱乐圈呼风唤雨，但彼时，这群人只能挨个打电话索要各艺人、演艺公司和娱乐机构的电话，碰壁受冷眼可想而知。

1999 年 10 月，《中国娱乐报道》在《北京青年报》上打出招聘广告。招聘内容看上去气势非凡，但广告版面却只有 1/24 版，可见资金之拮据。11 月，王长田的父亲突然去世，王长田回家处理完丧事，悲痛不已。走时还从亲戚那儿借了 10 万元，为的是回北京发工资。

回想过去，王长田自己都不知道是怎么熬过来的。好在此后的半年，签约电视台增加到 60 家，广告客户也实现了零的突破——北京恒基伟业商务通出钱买下了节目冠名权。

2000 年底，公司逐渐走上正轨，销售额 3 000 万元，盈利 1 000 多万元。而即便是 2000 年，光线都还时刻面临着倒闭或者被收编的危险。一个摄像或记者要走，王长田都要惊恐好半天，生怕人都跑光了。

记者们编片子到深夜，王长田安排专人甚至亲自上阵给大家煲汤、操持夜宵。晚上大家都加班，他也陪着加，“不能让大家觉得是扔下大伙自己睡觉去了”。

（四）明晚比今夜更难熬

自 1999 年起，中国民营电视界迎来了最活跃的 3 年。尘埃伴随曙光升腾，无名山丘纷纷崛起。单是 2000 年的“北京国际电视周”，参展的民营公司数量便达 317 家。只是这个带有“民”字头的传媒行业，第一敌人并非市场竞争，而是其自身身份的模糊。

在传统体制下，电视台集制作、播出、经营为一体，凤舞天下、无所不能，甚至把广告公司都当成对手。但随着从中央到地方的电视频道越来越多，内容缺口越来越大，单凭电视台一己之力，显然难以为继。

由此，电视台与制作公司本应形成上下游的依存关系。但是很遗憾，电视台依旧挟平台以令诸侯，比如，消灭或弱化节目制作商品牌，不准上标志，只能用素材，理由是不能影响本台形象；又如把本台即使水平不高的节目也放在好频道、好时段播出，而把制作商的节目放在次要时段，还经常无规则调整时间，致使制作商失信于客户。

制作公司和电视台的竞合关系一直持续了很多年。这种矛盾并非来自市场，而是来自固有观念及一群人对自身地位的眷恋。这很恼人。但《中国娱乐报道》的出现至少充当了中国电视改革的先行者，《人民日报》甚至为此在 1999 年 11 月 26 日发表文章《从〈中国娱乐报道〉看制播分离》，这让王长田非常兴奋。只是，中国电视真正迎来改革元年，中国民营电视节目制作公司真正拥有合法身份，还是在 2003 年 12 月 30 日国家新闻出版广电总局颁布《关于促进中国广播影视业发展的意见》之后。

于是，2004 年之前你在做什么，便直接决定了 2004 年之后你能做什么。

随着《中国娱乐报道》影响的扩大，娱乐界的资源开始主动向王长田靠拢。很多演艺公司和经纪公司都找上门来，王长田发现这些公司的资源都可以用来单独开辟栏目。于是，排行榜类的《音乐风云榜》、明星访谈类的《娱乐人物周刊》《娱乐中心》《明星》《影视风云榜》等栏目相继开始制作推出。2004 年，光线更是一口气推出了 7 档综艺节目。

2004 年前的布局，大致敲定了光线未来节目的架构方向。记者们满天飞，频频出国采访，除了中央电视台，连省级电视台都难以想象的事情在光线变为现实。越来越多的明星主动找上门来，光线办公区被誉为明星出没最多的京城秀场。

到 2010 年，光线日产节目超过 6 小时，节目产量和盈利是后面 5 ～ 10 家跟随公司的总和。

此处值得一提的是《音乐风云榜》。

2004 年，第四届“百事音乐风云榜”最后揭晓前夕，光线负责《音乐风云榜》艺人统筹的负责人，将第四届“百事音乐风云榜”相关资料提交到了王长田的案头——一些歌星、唱片公司或隐或明地表达了谈奖、要奖的意图，否则将不参加颁奖礼。此前，已经成功举办过了3届的颁奖典礼，遭遇空前压力。

事实上，此时的王长田也开始反省自己曾经犯过的错误：因为第一届音乐风云榜颁奖典礼反响非常好，到第二届各方面压力全来了。光线当时也存在过现实的短期想法，奖项设得多，个别奖项下获奖歌手数量也比较多，甚至还有歌星私下谈奖的情况。

从表面上看，最后出来的结果皆大欢喜，其乐融融。但长远看来，真正伤害了更多人。于是，第三届音乐风云榜坚持标准，部分艺人便推说来不了。王长田说，来不了就算了吧。

到了第四届风波再起。怎么办？

（五）音乐风云榜

提及当年的娱乐圈颁奖内幕，其实大家都心知肚明。

首先是事先谈奖。也即是说最后的颁奖现场是演给观众看的，所谓的大牌歌星很可能会跟主办方谈奖，如果主办方声明，不知道你最后获没获奖或获了什么奖，他们就会不高兴，说那我怎么去？我去了，结果没得奖，岂不很丢脸？所以你必须事先让我知道结果。

风气一旦形成，若是主办方绝不让步，大牌歌星和唱片公司就可能拒绝到颁奖现场，让主办方下不来台。甚至有公司直接要求主办方进行颁奖搭配：我们的大牌歌星可以参加，但你们还必须给另外的歌手也安排个什么奖，否则就一起不来。

此外，还有奖项会根据唱片公司和歌星的要求一变再变，主办方跟对方商量：我颁给你一个“明日之星”，对方说，不行，我要“亚洲之星”——就这样来回反复商量，直到对方满意为止。

显然，从王长田的性格而言，他不甘心被人绑架。

几年下来，光线渐渐成为内地颁奖礼的标准制定者、实施者，如果妥协，很有可能前功尽弃。光线决定宣战，当然这种强势姿态还得益于颁奖礼的经费、赞助都早已经确定，其次颁奖过程的组织严密和专业性也毋庸置疑。

2004 年 2 月 16 日，光线在北京把风云榜颁奖盛典的入围提名发布会搞得规模很大，各路电视及平面媒体闻风而来，几大网站也现场直播，因此有报纸评论说：这个颁奖提名发布，都跟正式颁奖阵容差不多了。此举，光线切断了要奖唱片公司的退路，也切断自己的退路。

2004 年 3 月 26 日，光线旗下周刊《明星 BIGSTAR》独家刊登了一篇引起极大轰动的采访:《音乐颁奖惊人内幕》。面对媒体，王长田称:“一些公司在用自己的方式试图来破坏我们制定的规则，我们不会妥协，我们要坚持走下去。”即使一个大牌歌星都不来，奖也照颁不误。

由于王长田事先向媒体抛出所谓“内幕”炸弹，文章矛头所指的“国际唱片公司”也被认为是影射拥有周杰伦、王力宏、王菲等重量级歌手的索尼唱片。当晚的颁奖礼，索尼旗下艺人也确无一人到场。“四大国际唱片”港台公司只有环球的潘玮柏和华纳的蔡健雅出席。到场的港台一线歌手只有前一年最佳男歌手得主陈奕迅，他属于香港英皇娱乐集团。

一时间，光线和索尼成为舆论焦点。针对这一敏感的缺席，索尼唱片也于颁奖礼的第二天做出回应。抛开各种解释，其中一个表态是：光线是内地最重要的娱乐媒体机构，索尼与光线的关系是鱼和水的关系，在下届音乐风云榜上，索尼唱片将全力支持光线。

事实上，当年究竟是哪家唱片公司要奖并不重要，重要的是，光线此举，让大家觉得，规则始终比潜规则重要。

（六）平台开花

2005—2008 年，暴风雨再次袭来。

彼时，国内省市电视台与有线电视台全面合并，比如，北京地区本有北京电视台、北京有线台，现在一经合并，便变成了一个北京电视台。两台合并直接导致一大批“民”字头的制作公司相继倒地。

曾经，王长田、董朝晖、孙健君、陆兴东，时称“民营电视四公子”。四人分别率领光线传媒、欢乐传媒、派格太合、唐龙国际，风头盛极一时。连续多年的国际电视周上，四家公司同台搭建豪华展位，彼此较劲比拼。殊不知，两台合并的直接影响导致其中三家退出舞台。

王长田不胜唏嘘，民营电视行业实在像是一片稚嫩的草原，既要承受市场的马蹄，更要面临国家政策的风云突变。与之同时，光线也开始面临低潮煎熬，好在此前积累的资金没有乱花，而且还能靠着自身日播节目特性和已经形成的影响力勉强支撑。也是在此时，王长田决定，光线传媒必须要形成产业矩阵，光线不仅仅要报道娱乐界，还要深度参与娱乐产业。

2006 年，光线开始涉足电影领域，2007 年开始做线下活动，由单一业务发展到集“节目制作和发行公司 + 广告公司 + 公关公司 + 活动公司”各种功能于一体的整合营销公司。

多业务矩阵的协同效应非常明显——电视节目为演艺活动和影视剧提供宣传平台，演艺活动和影视剧为电视节目提供内容素材，影视剧发布会又成为演艺活动盈利来源之一，而演艺活动也为自身影视剧提供宣传服务。

“从这个角度看，我们的模式其实有点像腾讯，它们原来所有的业务都是架构在 QQ 上，不断扩展，彼此黏连。光线则是依托电视网，进行内部资源的组合，想做什么事，没人找人，没项目找项目。”

采访中，王长田不止一次提及他对平台型公司的看重。2010 年，光线传媒三大主营业务板块中，电视栏目及广告业务收入占比 57.0%，演艺活动业务收入占比 10.8%，影视剧业务收入占比 32.2%。

相比其他影视公司，光线传媒还拥有中国最大的地面电视节目发行网。其在国内建立了覆盖 307 个地面频道（包括地市级城市电视台和部分省级地面电视台）每日超过 1 200 个台次的节目联供网，依靠如此强势的节目播出平台化优势，光线每天的节目制作量共计为6小时，相当于一个省级电视台的节目制作规模。

（七）光线发光

王长田是熬出来的。这是业界共识。王长田还能熬多久，也曾一度被追问。

把光线做上市也是王长田一直以来的梦想。2007年，光线传媒与华友世纪（音乐）合并，但不到半年，双方便“离婚”。这一次，被业界人士认为是曲线在纳斯达克上市未果。2008年算是光线传媒较为低潮的一年，当年的利润仅有1 300万元。不过，在文化产业大复兴的宏观背景下，这一年，加入影视、活动业务的光线传媒获得北京银行超过1亿元的贷款额度，为重启上市作铺垫。

同一时期，国内另外几家影视公司华谊兄弟、博纳影业及华策影视相继上市。面对媒体，王长田总被问到上市问题，他似乎总憋着一嗓子。

身处浮光掠影的娱乐圈，王长田有着不一样的地方。员工有时开玩笑说他是农民企业家，他也不生气，因为自己本来就生在农村。王长田注意形象，他爱买衣服，也给身边的高管买，“因为代表企业形象”。

光线还有两条规定：一是绝对不勉强陪客户喝酒，不管对方是什么人；二是不陪客户去也不接受邀请去夜店。王长田一直坚信，所谓“关系”在生意中收效甚微，客户与你合作是因为相信你能给他带来帮助，其他全是虚的。王长田说，13年来他也从来没有与任何客户喝醉过，也从来不带“陪酒员”，有些人可能会失望，那就失望吧。

13年来，即便外界纷纷追问王长田还能扛多久，光线是否要倒闭了的时候，王长田最终都挺过了难关。和行业内其他上市公司不一样的地方，光线13年来没有引进风投，但找到王长田的风投却有很多，涌动在行业内的投资则更多。好几次，王长田都临场放弃了。

2011年8月3日，作为“国内制播分离第一股”，光线传媒登陆创业板。上市首日表现不俗，按上市首日收盘价计算，光线传媒董事长王长田身家达41.64

亿元，已成为民营电视制作领域的第一富豪。而同一天，先于光线传媒两年上市的华谊兄弟，收盘价每股 15.93 元，比前一天涨了 1.15%。

与华谊的“明星股”不同，光线传媒骨干管理层的股份几乎占到了 20%，并与公司签订了锁定协议，3 年不得出售股份，包括王长田本人。这基本规避了“与明星分手”所带来的管理风险。

至这篇文章发稿前的 2011 年 8 月 12 日，在市场“飞流直下”的时候，光线传媒收盘价达 80.90 元，得到众星捧月般的待遇。其上市以来 8 个交易日的前 6 天里，机构席位天天出现在买入前五席中，且 6 天内便狂扫其近 20% 的流通股，抢筹速度之快令人瞠目结舌。

在光线上市第二天，记者在光线传媒办公室见到了王长田。他并没有将喜悦挂在脸上。此前的一天晚上，他发了一条微博——“我曾经给过好多人承诺，也许他们永远不知道，但这些承诺却像石头压在我心底，在夜深人静时，时时会泛起。有一些我可能会忘记，有一些可能永远无法兑现，这让我觉得自己无力且可鄙。明天公司上市……”

◎链接

王长田的普鲁斯特问卷

著名的普鲁斯特问卷由生活、思想、价值观及人生经验等一系列问题组成。2011 年 8 月 5 日，上市第二天，北京光线总部，王长田回答了这份问卷。从这样的切口看出去，或许可以更立体地认识王长田。

1. 你最希望拥有的才华是什么？

王长田：能够预知未来我会犯什么错误。

2. 现在还在世的人当中你比较佩服谁？

王长田：默多克、雷石东等。

3. 你最让自己痛恨的一个缺点是什么？

王长田：坐不住，没耐心。

4. 你最喜欢的旅行是哪一次？

王长田：我现在基本上没什么旅行。

5. 你最痛恨别人什么特点？

王长田：撒谎，我跟撒谎的人死活没办法共存。

6. 你对你的外表有什么不满意的吗？

王长田：我对外表现在已经不太重视，但是我还是挺时尚的一个人。

7. 你现在最珍惜的是什么？

王长田：其实我满脑子都在公司上，我希望这个公司能够形成一些值得流传下来的东西，不管是产品还是它的文化或是它的影响力。

8. 对你而言，现在最奢侈的一件事情是什么？

王长田：时间。

9. 你最喜欢的职业是什么？

王长田：首先我觉得现在我这个职业就挺好的，传媒和娱乐结合；其次是设计，包括建筑、生活用品、艺术品、电影的设计。

10. 这么多年你最后悔的事情是什么？

王长田：每一个阶段都会有一些事情做得不够好，但是过了那个阶段之后都会觉得很正常，所以就没有什么好后悔的。

11. 你最鄙视的现在还在世的人是谁？

王长田：没有要鄙视的人，但是我一直想争一口气，让那些小看了我们公司的人后悔。当初没有能够合作，实际上是他们人生当中的一个错误，我希望他们能够意识到这个错误。这个是我脑子里面一直有的念头。

12. 你最喜欢男性身上的什么特点、什么品质？

王长田：责任。

13. 如果时间可以重现或者倒流的话，你希望做一些什么事情，如果可以让你任意选择？

王长田：可能有一些业务能更早启动，比如说艺人经纪业务。还有一些领域应该更早进入，比如互联网、新媒体。